Werner von Langsdorff

U-Boote am Feind

45 deutsche U-Boot-Fahrer erzählen

Werner von Langsdorff

U-Boote am Feind

45 deutsche U-Boot-Fahrer erzählen

ISBN/EAN: 9783954271023
Erscheinungsjahr: 2012
Erscheinungsort: Bremen, Deutschland

© maritimepress in Europäischer Hochschulverlag GmbH & Co. KG, Fahrenheitstr. 1, 28359 Bremen. Alle Rechte beim Verlag und bei den jeweiligen Lizenzgebern.

www.maritimepress.de | office@maritimepress.de

Bei diesem Titel handelt es sich um den Nachdruck eines historischen, lange vergriffenen Buches. Da elektronische Druckvorlagen für diese Titel nicht existieren, musste auf alte Vorlagen zurückgegriffen werden. Hieraus zwangsläufig resultierende Qualitätsverluste bitten wir zu entschuldigen.

Werner v. Langsdorff

U-Boote am Feind

45 deutsche U-Boot-Fahrer erzählen

Verlag C. Bertelsmann Gütersloh

Zum Geleit!

800 U-Boote waren im Bau. 343 kamen an die Front, 199 sanken vor dem Feinde, die meisten mit der ganzen Besatzung. Diese nüchternen Zahlen und die schlichten Erzählungen zeugen von der selbstverständlichen Einsatzbereitschaft und vom Kameradschaftsgeist der U Bootleute. Dies dem heranwachsenden Geschlecht zu überliefern, soll Zweck dieses Buches sein.

Lothar v. Arnauld de la Perière

Konteradmiral a. D.
Im Kriege Kommandant „U 35" und „U 139"

Istanbul, den 26. Mai 1937

Inhaltsverzeichnis

	Seite
v. Langsdorff, Deutscher U-Boot-Krieg	6
Weddigen, U 9's große Stunde	15
Schön, Leitender Ingenieur bei Weddigen	19
Wegener, U-Boot-Kommandant 1914	25
Forstmann, Aller Anfang ist schwer	27
Schneider, Erster Nachtangriff	31
Schwieger, U 20 versenkt die „Lusitania"	33
Hersing, Dardanellen-Sieg	35
Fechter, Kriegsfahrt zu den Senussi	39
v. Arnauld de la Periére, Aus 3 Jahren U-Boot-Krieg	46
Haiungs, Auf U 35	67
Dönitz, Erinnerungen eines Kriegs-U-Boot-Fahrers	70
Schulze, Aus meinem Kriegstagebuch	84
Beitzen, „Hampshire" und Eismeer	109
Walther, Kriegsschiffe im Sehrohr	115
Pickert, Mit Kapitän König nach Amerika	127
König, Kriegs-Handelsfahrten unter See	134
Rose, U 53 fährt nach Amerika	138
Rosenthal, Wir machen eine Prise	161
Lange, Ins Mittelmeer	169
Christiansen, U-Boote retten uns Flieger	178
Acksel, Der Letzte von UC 26	184
Schirmer, U 22 läuft auf eine Mine	195
Krüger, Die Seeschlange	203
Reinhard, Noch mal gut gegangen	204
Steinbrinck, Pech und Glück	218
Schulz, Torpedos, die uns nicht erreichten	221
Wodrig, Kapitänleutnant Schneiders Tod	223

	Seite
Streng, U-Boot-Alltag	228
Weinreich, Minen-Glück und U-Boot-Pech	243
Salzwedel, Die kaltblütige U-Boot-Falle	244
Zachow, Ein Munitionsdampfer zerplatzt	246
de Terra, Nachtgefecht	248
Werschkull, stürmische Kriegsfahrt	255
Schmidt, U 110's letzte Fahrt	258
Akkermann, Gänse im Hafen	269
Eichberger, Auf Kreuzerfahrt	272
Schwabe, UB 48 im Hafen von Carloforte	275
v. Preußen, Prinz Sigismund, U-Boot-Fahrer im Mittelmeer	280
Jonas, Griechischer Film	283
Boldt, Unser Kommandant	286
v. Mellenthin, Kriegs-Erinnerungen in Columbien	290
Saalwächter, Die letzte Fahrt	297
Ruf, Bis zum bittren Ende	299
v. Georg, U-Boot-Treue	306
Lorenz, Der letzte Salut	309
Unsere Mitarbeiter	313

Deutscher U-Boot-Krieg
Von Werner v. Langsdorff

Das Unterseeboot wurde zwar bereits 1849 durch den deutschen Unteroffizier Wilhelm Bauer erfunden, und was nicht weniger ist, von ihm in den folgenden Jahren im Großen versucht, trotzdem mußte aber der Weg vom Bauerschen „Brandtaucher" zum frontreifen U-Boot weit und schwierig sein, denn verschiedene, unentbehrliche Teilgebiete der Technik waren jahrzehntelang noch nicht weit genug entwickelt. Bis zur Jahrhundertwende nahm daher die deutsche Marine beobachtende Stellung zur U-Bootfrage ein, um dann von 1907 ab an einigen Versuchsbooten eigene Erfahrungen zu sammeln. In schwieriger und gefahrvoller Pionierarbeit haben junge Marinebesatzungen zusammen mit deutschen Werften grundlegende Arbeit geleistet und bewiesen, daß die U-Boote zwar noch nicht vollkommen waren, aber als wichtige Ergänzung der bisherigen Kriegsschiffe angesehen werden könnten. Als erstes Opfer blieben auf diesem Wege 1911 Kapitänleutnant Ludwig Fischer, Leutnant z. S. Kalbe und U-Obermatrose Rieper, die beim Untergang von U 3 nicht gerettet werden konnten. Bei Kriegsbeginn besaß Deutschland 19 U-Boote. Die U-Waffe war durchaus noch in der Entwicklung begriffen, aber ihre Besatzungen wollten trotzdem nicht hinter den anderen Waffen zurückstehen. sie haben alles getan, um an den Feind zu kommen und der höheren Führung zu beweisen, welche militärischen Möglichkeiten im U-Boot stecken. Der erste Einsatz der U-Boote erfolgte vom 6. bis 11. August 1914. 10 U-Boote stießen in breiter Aufklärungsfront nach Norden gegen das dort vermutete englische Gros vor. U13, Kapitänleutnant Graf Schweiniz, und U 15, Kapitänleutnant Pohle, blieben als erste Kriegverluste der jungen Waffe. In der Zeit vom 15. bis 21. August 1914 erschienen U 20, U 21 und U 23 als erste deutsche U-Boote an der englischen Küste. Den ersten scharfen U-Boot-Torpedoschuß der Welt löste Kapitänleutnant Hersing, U 21, am 5. September 1914. Er erzielte zugleich einen vollen Erfolg durch Versenkung des englischen Kreuzers „Pathfinder" vor dem Firth of Forth. Am 22. September 1914 konnte Kapitänleutnant Otto Weddigen mit U 9 die englischen Panzerkreuzer „Hogue", „Aboukir" und „Cressy" vernichten. Damit brach er dem Ansehen der deutschen U-Waffe beim Feind und nicht zuletzt auch bei der eigenen Marine entscheidend Bahn. Weddigen erhielt das erste Eiserne Kreuz 1. Klasse der Marine. Am 28. September 1914 passiere U 18, Kapitänleutnant v. Hennig, als erstes deutsches U-Boot die Straße Dover—Calais. Für die Versenkung des englischen Panzerkreuzers „Hawke" am 15. Oktober 1914 erhielt Weddigen, U 9, als erster Marineangehöriger im Weltkrieg den höchsten Orden, „Pour le mèrite". In der zweiten Oktoberhälfte umrundeten U 20, Kommandant Kapitänleutnant Droescher, und U 29, Kapitänleutnant Plange, erstmalig die englischen Inseln. Sie fuhren nach einem Schulatlas und einer Zeitungsreklamekarte, weil die U-Boote nur Karten bis zum Kanal in ihrer Ausrüstung hatten, im Gegensatz zu den Linienschiffen, die über Kartenmaterial der ganzen Welt verfügten. Man sieht, wie die hohe Führung damals noch urteilte, und wie sie im Laufe des Krieges ihre Ansichten auf Grund der überraschenden Kriegsleistungen der U-Boot-Fahrer umstellen mußte.

Bis dahin war das U-Boot nur zur Aufklärung und Bekämpfung feindlicher Kriegsschiffe eingesetzt worden. Am 20. Oktober 1914 versenkte Oberleutnant z. S.

Feldkirchner, U 17, als erstes Handelsschiff den englischen Dampfer „Glitra" an der norwegischen Küste. seitens der Besatzungen ist 1914 bereits der Wunsch ausgesprochen worden, Handelskrieg zu führen. Dieser Wunsch war besonders berechtigt, nachdem England gegen jedes Völkerrecht die gesamte Nordsee als Kriegsgebiet erklärt und die Hungerblockade über Deutschland verhängt hatte. Die Erlaubnis wurde zunächst nicht erteilt. Erst am 4. Februar 1915 erfolgte die Erklärung der Gewässer um England als Kriegsgebiet. Der U-Boot-Handelskrieg sollte am 18. Februar 1915 beginnen. seine Aussichten schienen nicht allzu gut, da damals in der Nordsee nur 21 U-Boote zur Verfügung standen, so daß bei einem Wechsel von drei Ablösungen höchstens vier Boote am Feind waren. Sofort entstanden außenpolitische Schwierigkeiten, da die Vereinigten Staaten Sicherheit für ihre Handelsschiffe und ihre Bürger auf allen andere" Schiffen verlangten. Deutschland sagte darauf Schonung aller unter amerikanisier Flagge fahrenden Schiffe zu und erklärte sich bereit, den U-Handelskrieg aufzugeben, wenn England die Londoner Seerechtserklärung achte. Amerika schlug daraufhin Aufgabe des U-Boot-Krieges durch Deutschland vor, England solle Lebensmittel nach Deutschland hineinlassen. Deutschland nahm diesen Vorlag am 28. Februar 1915 an, England lehnte aber am 15. März 1915 ab, nachdem schon am 3. März 1915 eine Verschärfung der Hungerblockade eingetreten war.

Am 29. März 1915 wurde die in der Folge außerordentlich erfolgreiche U-Boot-Flottille Flandern geschaffen. Am 7. Mai 1915 versenke U 20, Kapitänleutnant Schwieger, den englischen Hilfskreuzer „Lusitania". Außer Passagieren befand sich an Bord

Munition. Am 15. Mai 1915 verlangte Amerika in der ersten Lusitania-Note Einstellung des Handelskrieges, Genugtuung und Schadensersatz. Letzteren sicherte Deutschland zu. Kapitänleutnant Schwieger, der seine Pflicht erfüllt hatte, wurde fallen gelassen und zog sich die kaiserliche Ungnade zu. Derartige Fälle, „Arabic-Fall", „Suffex-Fall" usw., lösten sich in der Folgezeit ab. Alle hatten folgendes gemeinsam: Die Kommandanten und Besatzungen der deutschen U-Boote hatten ihre Pflicht unter persönlicher Lebensgefahr getan; Amerika protestierte im offensichtlichen Interesse des Feindbundes; die Bethmannsche Regierung fiel jedesmal prompt um, es wurden neue beschränkende Bestimmungen erlassen, die Erfolge fast unmöglich machten bei erheblicher Gefahrensteigerung für die U-Boote. Unter diesen Umständen sind die an sich schon hervorragenden Leistungen der deutschen U-Boot-Besatzungen noch höher zu bewerten, wußte doch jeder Kommandant, daß er u. U. von seiner Regierung nicht gedeckt würde. Jeder Frontsoldat weiß, wie bitter es ist, unter solchen Verhältnissen kämpfen und seiner Mannschaft und sein eigenes Leben einsetzen zu müssen. Zugleich wurde die Gefahr, unter der gekämpft wurde, durch Vervollkommnung der Abwehr immer größer, die Ritterlichkeit des Feindes geringer, wie die Ermordung von Kapitänleutnant Wegener und seiner Besatzung des U 27 durch die englische unter amerikanischer Flagge fahrende U-Boot-Falle „Baralong" am 19. August 1915 unter dem Kommando des englischen Lieutenant-Commander Mc. Bride zeigte. Der gleiche hat am 23. September 1915 U 41, Kapitänleutnant Hansen, versenkt und hierbei ebenfalls einen Mordversuch an zwei Überlebenden ausführen lassen. Kommandant und Besatzung erhielten in beiden

Fällen Ordensauszeichnungen und eine Prämie von 1000 Pfund, die im dienstlichen Schriftverkehr der englischen Flotte als „Blutgeld" bezeichnet wurde.

Auf Druck Amerikas hin wurde am 20. September 1915 der Handelskrieg in den Gewässern um England eingestellt. Der U-Boot-Krieg Sollte in der Nordsee nur noch nach Prisenordnung geführt werden. Nur vor Flandern durften U-Boote noch Minen legen, im Mittelmeer unter gewissen Einschränkungen arbeiten.

Hier war Kapitänleutnant Hersing mit U 21 Anfang Mai 1915 erstmalig aufgetaucht. Ende Mai 1915 rettete er die Dardanellen durch Versenkung zweier englischer „Linienschiffe. Generalfeldmarschall v. Hindenburg nannte ihn den „einzigen Seeoffizier, der im Weltkriege eine entscheidende Wendung herbeigeführt hat". Die Später gegründete Mittelmeerflottille errang hervorragende Erfolge.

Vom 29. Februar 1916 an durfte der Handels-U-Boot-Krieg etwas wieder aufleben, aber feindliche Passagierdampfer, auch bewaffnete, mußten geschont werden. Doch am 27. April 1916 wurde er wieder mit Ausnahme des Mittelmeers, eingestellt. Im Sommer 1916 wurden aber verschiedene feindliche Kriegsschiffe durch U-Boote versenkt, wobei die Vernichtung des englischen Kreuzers „Hampshire" durch eine von U 75, Kapitänleutnant Beitzen, gelegte Mine besonders beachtet wurde, da hierbei der englische Oberstkommandierende Lord Kitchener sein Leben verlor.

Große Propagandawirkung hatte das erste Auftauchen des Handelsunterseebootes „Deutschland" unter Kapitän König am 8. Juli 1916 in Amerika. Es gelang, wertvolle Rohstoffe nach Deutschland zu bringen. Am 7. Oktober 1916 traf U 53, Kapitänleutnant Rose, im amerikanischen Hafen Newport ein. Es verließ diesen nach zweieinhalbstündigem Aufenthalt ohne Betriebsstoffergänzung und kehrte nach Deutschland zurück. Am 1. Februar 1917 begann der uneingeschränkte U-Boot-Krieg. Er hat eine Unmenge hervorragender Soldatenleistungen der U-Boot-Besatzungen gezeitigt. Anfang April 1917 bereits erklärte der englische Admiral Jellicoe dem amerikanischer Admiral Sims, daß England den Krieg verlöre, wenn es nicht gelänge, mit amerikanischer Hilfe der U-Boote Herr zu werden. Am 6. April 1917 erklärten die Vereinigten Staaten Deutschland den Krieg. Die im Laufe der Monate erzielten U-Boot-Leistungen übertrafen erheblich die Voraussagen der Marine. Bis Kriegsende wurden nach Lloyds Register 5861 Fahrzeuge zu 13233672 Tonnen versenkt, hiervon entfalten nachweislich mindestens 5554 Schiffe über 100 Br.-R.-T. mit Insgesamt 12191996 Br.-R.-T. auf deutsche U-Boote, wobei die höchsten Ziffern im April und Juni 1917 erzielt wurden. Da die Gegenwirkung auf den verschiedenen Seekriegsschauplätzen nicht gleich war, ist ein Vergleich der Leistungen der einzelnen Besatzungen und ihrer Kommandanten kaum möglich. Der Tonnage nach Steht an erster Stelle Kapitänleutnant Lothar v. Arnauld de la Periére mit über 400000 Tonnen vor Kapitänleutnant Forstmann mit 380000 Tonnen und Kapitänleutnant Max Valentiner mit 300000 Tonnen. Alle drei haben den größten Teil ihrer Erfolge im Mittelmeer errungen. Hinsichtlich der Anzahl versenkter Schiffe Steht der Flandernkommandant Kapitänleutnant Steinbrinck an führender Stelle mit 216 Schiffen. Über oder fast 100000 Tonnen wurden von weiteren 43 Kommandanten erreicht. Außer dem Befehlshaber der U-Boote und dem Führer der U-Boote in Flandern erhielten 29 Kommandanten für ihre und ihrer Besatzungen hervorragende Leistungen den höchsten Kriegsorden „Pour le mérite". Die erzielten Erfolge Sind besonders groß, wenn man bedenkt, über welche verhältnismäßig geringe Anzahl von U-Booten Deutschland meist verfügte. Die Höchstzahl der gleichzeitig vorhandenen U-Boote betrug 140. Von diesen Standen am Feind gleichzeitig etwa ein Drittel zur Verfügung. Insgesamt hatte Deutschland während des Krieges 343 U-Boote, von denen 199 vor dem Feinde sanken. Mehr als die Hälfte der kämpfenden U-Boot-Mannschaften starb den Heldentod: 5132 Mann.

Wenn trotz dieses vorbildlichen Einsatzes das Ziel, England niederzuringen, nicht erreicht wurde, so ist das nicht den Besatzungen zur Last zu legen, sondern in erster Linie der Unentschiedenheit und Uneinigkeit der politischen Leitung. Zu später Beginn eines wirklich großzügigen Bauprogramms, Verzögerungen im Einsatz, bis die feindlichen Abwehrmaßnahmen außerordentlich verschärft waren, unterbanden ein weiteres Ansteigen der Versenkungsziffern vom Juli 1917 an. Seit Mai 1918 gingen diese Ziffern dann bedenklich zurück. Trotzdem machten die U-Boote bis zuletzt dem Engländer größte Sorgen. Nicht zu Unrecht ist von ihm das Wort geprägt worden von den „five minutes", die Deutschland zu früh seine Waffen aus der Hand gegeben hatte. Es besteht Grund zur Annahme, daß ein weiteres Kriegsjahr Deutschland erhöhte U-Boot-Erfolge gebracht hätte, konnte man doch von den bei Winterbeginn 1918 fertiggestellten 38 U-Kreuzern und den anderen neuen U-Booten viel erwarten.

Wir denken heute an den U-Boot-Krieg nicht ohne Bitternis, weil er besonders anschaulich das Fehlen eines unbedingten Siegeswillens der Leitung des damaligen Deutschen Reiches zeigt. Mit um so größerem Stolz blicken wir aber auf die unvergänglichen Taten, die unsere U-Boot-Besatzungen vollbracht haben. Ihr Wert liegt nicht allein in ihrem militärischen Erfolg, sondern vor allem auch in dem Beispiel der Kameradschaft. Es gab nicht viele Truppenteile, bei denen Tod und Leben so von jedem einzelnen abhing, wie im U-Boot. Der Seemann war verloren ohne die Leistung des Maschinenpersonals, und umgekehrt. Offiziere und Mannschaft teilten gleiche Entbehrungen und dieselbe Not. Je größer die Gegenwehr, desto besser mußten die Besatzungen sein. Die deutschen U-Boot-Fahrer kämpften wie die anderen deutschen Soldaten gegen zahlenmäßig weit überlegenen Feind. Sie kämpften mit noch nicht vollkommener Waffe und mußten sich zunehmend mit Ersatzstoffen begnügen, deren Verwendung noch wenige Jahre zuvor jeder verantwortungsbewußte Ingenieur mit Entrüstung abgelehnt hätte. Kein Soldat der Welt hat unter annähernd so schlechten Verhältnissen Seine Pflicht erfüllt wie der Deutsche. Die U-Boot-Fahrer haben die Hauptlast des Seekrieges getragen. Ihr bis zuletzt unbeugsamer Geist wird durch zwei letzte U-Boot-Taten gekennzeichnet: Das Eindringen von UB 116, Oberleutnant z. See Emsmann, in die Bucht von Scapa Flow, wo es am 20. Oktober 1918 vernichtet wurde, und die Versenkung des englischen Linienschiffes „Britannia" durch U B 52, Kapitänleutnant Kukat, am 9. Nov. 1918 bei Trafalgar.

Auf Verlangen des Feindbundes wurden die U-Boote ausgeliefert und manche U-Boot-Fahrer verfolgt und verurteilt. Die Empörung und der Widerstand weiter Kreise des deutschen Volkes gegen diese Behandlung bester Frontkämpfer war eines der ersten Zeichen wiedererwachenden deutschen Stolzes. Nun hat unser Führer mit der Zurückgewinnung der Wehrfreiheit uns wieder eine U-Boot-Waffe geschaffen, die erneut wahrmachen wird, daß Deutschland die besten U-Boot-Besatzungen der Welt besitzt.

Dieses Buch enthält nun schlichte Tatsachenberichte deutscher U-Boot-Fahrer; Kommandanten, Matrosen, Wachoffiziere und Maschinisten erzählen nebeneinander, so wie sie nebeneinander ihre Pflicht getan haben. Sie sprechen ohne Aufmachung und ohne Beschönigung, denn Sie wollen ein wahres Bild des U-Boot-Dienstes geben, bei dem einer für den anderen Stand und bei dem es tausendmal kein „Unmöglich" gab. Aus jedem Bericht spricht wirkliches Leben und jeder Abschnitt soll uns an die erinnern, die im U-Boot für Deutschland geblieben sind.

U 9's große Stunde
Von Otto Weddigen

22. September 1914: Wind Nord 3, klar, Dünung. 6,12 Uhr vormittags. Eine kleine Gruppe von drei Panzerkreuzern gesichtet, getaucht, Angriff auf mittleres Schiff angesetzt. 7,20 Uhr vormittags: 2. Rohr 0 Grad auf mittelsten Kreuzer 500 Meter Fahrt 10 Seemeilen, 90 Grad Schneidungswinkel. — Treffer. Schiff krängte nach einigen Minuten stark und kenterte, während der Angriff auf den 2. Kreuzer angesetzt wurde. 7,55 Uhr vormittags: Doppelschüsse aus 1. und 2. Rohr. 5 Sekunden Intervall. 0 Grad Winkel auf östlichen Flügelkreuzer, der dem havarierten Schiff zu Hilfe kam und es mit Rettungsbooten unterstütze. Schiff lag fast Still. Zielverteilung durch Drehen des Bootes. Schußentfernung etwa 350 Meter. Schneidungswinkel geschätzt 70 Grad, zwei Treffer, Schiff krängte und sank unbeobachtet, während der Anlauf auf das nächste Schiff angesetzt wurde. 8,20 Uhr vormittags: Doppelschuß aus 3. und 4. Rohr. 180 Grad Winkel auf das letzte Schiff, welches in der Nähe stoppte und sich ebenfalls an der Rettung zu beteiligen schien. Schiff lag fast stil. Schußentfernung etwa 1000 Meter. Beide mit 5 Sekunden Intervall nacheinander im Ablaufen Mitte losgemacht. Vom Boot nur eine allerdings trotz der großen Entfernung sehr heftige Detonation gespürt. Es Scheint nicht ausgeschlossen, daß der 2. Torpedo von der Detonation des ersten mit zur Explosion gebracht worden Ist. Vom Sehrohr wurde die erste Wirkung am Ziel durch eine besonders große Sprengwolke gekennzeichnet. Beim ersten Zeigen des Sehrohrs, nach Verlauf von etwa 4 Minuten, konnte ich wohl eine

veränderte Trimmlage des Schiffes feststellen, eine Schlagseite jedoch nicht, wegen der seitlichen Stellung zum Schiff. Um sicher zu gehen, entschloß ich mich noch zum Abfeuern des letzten 6. Torpedos.

8,35 Uhr vormittags: 1. Rohr 0 Grad auf das stilliegende havarierte Schiff. Schußentfernung 500 Meter. Treffer. Bei der ersten Beobachtung, nach Verlauf von etwa 5 Minuten, lag das Schiff mit etwa 45 Grad Krängung da und legte sich, wie vom ablaufenden U-Boot gut beobachtet werden konnte, allmählich mehr und mehr auf die Seite, dann Kiel oben und verschwand schließlich gänzlich. Dazu brauchte das Schiff etwa 35 Minuten. In derselben Weise wird der Untergang der beiden ersten Schiffe erfolgt sein.

Rückmarsch angetreten.

23. September 1914, 1,35 Uhr nachmittags: Helgoland.

20. Oktober 1914: Nordsee, Höhe von Stavanger Fjord. Entsinnst du dich, daß am 15. Oktober 60 Kilometer von Schottland ein alter englischer Kreuzer in den Grund gebohrt worden ist? Die armen Kerle im Wasser taten mir leid. Sie sind zum Teil nach einiger Zeit von einem Dampfer übernommen worden und werden in ihrer Heimat schon davon berichtet haben, und von da wird die Kunde auch nach Deutschland gelangt sein. U 9 hat es gemacht. Der Erfolg ist mehr moralischer als praktischer Art. Der Kreuzer gehört wahrscheinlich der „Dido"-Klasse an, seinen Namen werdet ihr längst kennen. Ich weiß ihn noch nicht, erst in Helgoland werde ich ihn erfahren. Über 6 Stunden dauerte der Kampf; aber schließlich habe ich ihn doch noch zu fassen gekriegt. Nach 7 Minuten war er von der Bildfläche verschwunden.

23. Oktober 1914: Helgoland. Gesund eingetroffen. Diesmal war es nur der „Hawke".

7. November 1914: Je mehr uns die Menschen ehren, um so bescheidener müssen wir werden.
15. Februar 1915. Nächstens fängt es an allen Ecken mächtig zu rauchen an. Wir erleben, davon sind wir alle überzeugt, einen Frühling, der alles Bisherige in den Schatten stellt. Es Ist eine Lust zu leben!
6. März 1915. U 29 hat infolge eines belanglosen Maschinenschadens Ostende anlaufen müssen. Es hat sich mir bei dieser Gelegenheit als ein hervorragendes Seeboot gezeigt. Die Reparatur Ist morgen mittag beendet und ich werde am 8. in aller Frühe auflaufen, um zu sehen, was sich machen läßt. Das Boot kommt zurück, wenn es keine Torpedos mehr hat. — Von U 8 traf heute die Meldung ein, daß es abends in der Nähe von Dover angerannt und die Besatzung gerettet sei. Vielleicht traute Stoch seinem Glücksstern zu viel zu? Ich bin auch kein Pessimist. Im Vertrauen auf unseren Herrgott will ich aber kein Mittel unversucht lassen, das zur Erhaltung meines glücklichen Sternes beitragen könnte. Nach meiner Ansicht muß das sogenannte Glück immer wieder durch Vorsicht, Energie und Fleiß errungen werden. Vertrauensseligkeit kann zum Verhängnis werden.
8. März 1915: Es Ist viel Wind draußen, aber wer weiß, wann das Wetter besser wird! Gleich um 11 Uhr geht's in See. Wenn es draußen zu schlecht ist, komme ich gleich wieder zurück, Sage mir aber, je eher ich hinausgehe, um so eher bin ich wieder heim.
9. März 1915. Heute wegen stürmischen Wetters wieder nach Ostende geflüchtet.
10. März 1915. Gleich um 9 Uhr soll es nun wirklich losgehen. Ich will mir jetzt erst den Orden „Pour le mérite" wirklich verdienen.

Leitender Ingenieur bei Weddigen
Von Karl Schön

Wir blieben die Nacht unter Wasser. An Schlaf war trotzdem nicht zu denken, denn wir befanden uns im Kanal, in unmittelbarer Nähe des Feindes.

Um 5,30 Uhr morgens tauchten wir auf, denn unser Kommandant Kapitänleutnant Weddigen hatte festgestellt: draußen in der Dämmerung des heraufsteigenden 22. September 1914 Ist die Luft rein! — Also: „Turmluk auf! — Wachen an Deck! — Petroleum-Motoren klar zur Fahrt!" — — Die 20 Zylinder der P-Motoren surrten, brummten und knatterten drinnen; weißer Petroleumqualm hüllte draußen das ganze Boot in einen dichten Nebel. Dies Qualmen war eine gefährliche Eigenheit jener alten Motoren dieser ältesten Boote. — Alles, was vom Personal dienstfrei ist, krabbelt an Deck, nimmt die Lungen voll frischer Morgenluft und raucht die langentbehrte Zigarette.

Der Wachoffizier, Oberleutnant z. S. Spieß, führte das Boot, während der Kommandant und ich uns auf der Back die Beine vertraten. Es war inzwischen 6 Uhr geworden. Die Sonne tauchte langsam aus der nebelblauen Tiefe. Golden glitzerten die an dem grauen Leib des Stahlfisches aufspritzenden Wassertropfen; der Petroleumqualm verschwand mit dem Warmwerden der Motoren. In flotter Fahrt trug uns U 9 in den aufleuchtenden Tag. Der frische, herbe Hauch der Morgenluft und das Gefühl, jeden Augenblick auf den Feind stoßen zu können, lösten in uns ein seltsames Prickeln aus — —

U 9 fuhr, eine lange Petroleumfahne nachziehend, in den golden glänzenden Herbstmorgen hinein.

Da rief plötzlich der diensthabende Offizier in unsere Morgenseligkeit: „Backbord drei Strich, eine Rauchwolke!" — — Das Gesicht des strahlenden Tages, der so friedlich über uns blaute, veränderte sich mit einem Ruck. — Wie ein harter Schlag ging es durch uns alle: wir waren jetzt nur noch die Glieder eines Organismus — der denkenden Maschine — —

Kaum war ich unten im Maschinenraum, schrillte mir Schon die Alarmklingel nach: „P-Motoren stoppen, Tauchklappen öffnen! — — Tiefenruder vorne hart unten, achtern hart oben! — — E-Maschinen volle Fahrt voraus!" In uns zitterte Erregung, der beseelte Stahlleib unseres Bootes bebte — versank, versand aus dem eben erwachten Licht. Oben Spielten nun die Sonnenstrahlen auf den Wellen. Unten aber — — „Maschinen langsam, Boot auffangen" — „Boot auf Seerohrtiefe!"

„Drei feindliche Kreuzer!" gab Otto Weddigen in die Zentrale. —

Mit einem liebevollen Blick streichelte ich noch einmal meine Maschinen. Mit der größten Sorgfalt wurde der Trimm — die Tiefenlage — genau einreguliert, Trotz sehr starker Unterwasserdünung, die noch von dem Sturm der letzten Tage herrührte, ließ Sich das Boot einwandfrei auf zehn Meter steuern und lag glänzend.

„Achtung! Angriff beginnt! Beide Torpedorohre klarmachen!" ertönte aus dem Sprachrohr dumpf die klare Kommandostimme Weddigens.

Ich hatte da unten neben den Maschinen das Gefühl, als wenn ich mich an einen prächtigen Sechserbock heranpirschte, dem ich schon wochenlang nachgejagt. Ich kannte Weddigen, merkte an dem vielen Aus- und Einfahren des Sehrohrs, daß die Beute nicht mehr weitab sein konnte, wußte auch, daß er träfe, wenn wir

Blinden in der Zentrale ihm das Boot so hielten, wie er es brauchte. Die Rohre werden klar gemeldet; es war 7,15 Uhr.

„Erstes Rohr — — — Achtung!"

Im Boot herrschte größte Ruhe. 7,20 Uhr. „— — — Los!" — — —

Sofort ging es auf 15 Meter Tiefe. „Torpedo ist raus!" wurde von vorn gemeldet. Nun einige Sekunden atemlose Spannung. Dann ein lauter Knall: Treffer! „Hurra, hurra, hurra!" tönte es wie aus einer Kehle — —

Von oben kam bereits: „Schnell auf 10 Meter!" Das Sehrohr wurde ausgefahren. „Der hat genug!" sagte Weddigen — — „Erstes Rohr nachladen."

Der Torpedooffizier, beim Angriff selbst zur Unterstützung des Kommandanten im Turm, Sprang nach vom und leitete das Nachladen. Gar nicht so einfach, diese Arbeit. Das Reservetorpedo mußte etwa fünf Meter bewegt werden, hierfür war Platz zu schaffen. Der Deckoffizier-Wohnraum mußte dran glauben. Die wenigen Möbelstücke flogen wirr durcheinander und zerkrachten! — Um den ungeheuren Gewichtsverschiebungen gerecht zu werden, schickte ich Leute mit zentnerschweren Trimmgewichten ins Heck. Denn durch den Transport des Torpedos von mittschiffs in das am Bug befindliche erste Rohr hatte das Boot starke Neigung vorn nach unten bekommen. Kaum hatte ich es ausbalanciert, folgte auch schon ein Maschinenkommando dem andern — der Angriff auf den zweiten Kreuzer wurde angesetzt.

„Erstes Rohr nachgeladen!" kam es von vorne. Ein wenig später: „Achtung, Angriff auf den zweiten beginnen! — Nicht unterschneiden! Nicht herauskommen! Vorsicht! — — Versicht! — — — — Versicht! — — — — Bloß nicht rauskommen — —

Vorsicht! — — —" rief Weddigen wieder, „die Kerle halten scharfen Ausguck, Stehen klar an den Geschützen!" Jeder tat Schweigend Seine Pflicht. „Erstes und zweites Rohr — — — Achtung!" 7,55 Uhr: „Los!" — — „Looooos!"
Darauf Kommando von mir: „Alle Mann mit Trimmgewichten voraus! Fluten — — Fluuuuten! Auf 15 Meter!" Die Erleichterung des Bootes durch die abgeschossenen Torpedos mußte ausgeglichen werden. Keuchend schleppten die Leute die schweren Eisenkugeln in den Bug. Blau und dick traten dem Tiefenrudergänger die Adern auf die Stirn. Mit seinen Fäusten mußte er eine 15 Meter hohe Wassersäule durch die großflächigen Tiefenruder anheben. Von meinen Leuten tropfte der Schweiß auf die Eisenplanken des Bodens.

„Bumm" — — — Na? — — — Nochmal: „Bumm." — — — Hurra! Beide Torpedos also Treffer, ein Meisterschuß eines Meisterschützen!

Es ging allmählich heiß her im Boot; die Leute mußten laufen und schleppen. Kaum hatten wir das Boot auf 15 Meter ausbalanciert, kam bereits Gegenbefehl: „Auf zehn Meter Tiefe gehen! — Sehrohrtiefe!" — Freudig gab Weddigen nun nach unten: „Der erste hat ausgelitten, der zweite sinkt!" — —

Der Obersteuermann Traebert, der das anstrengende Tiefenruderlegen selbst besorgte, ermattete. Diese entsetzliche U-Bootsluft! Mein bester Mann! Mit erschöpfter Stimme fragte er nach oben: „Herr Ka'leu', verdammt, wo lang duert dat noch?" und Weddigen brüllte die prächtige Antwort durchs Boot: „Vorläufig schwimmt noch einer!" Ich ließ den Steuermann für einen Augenblick ablösen, drückte ihn in den Rahmen der Schottür. Mütze vom Kopf! Schnell einen großen

Schuß Sauerstoff ins Boot. — Meinen anderen Leuten schien es nur wenig besser als dem Steuermann zu gehen! Und mir? — Na, gleichgültig! Der Mann erholte sich schnell und ging wieder auf Station. — Alles arbeitete wie im Manöver; wenn auch über alle eine tiefe Erregung gekommen war. Vorn wurde der letzte Torpedo nachgeladen. Der dritte Angriff begann.

„Beide Heckrohre klarmachen!" „Drittes — viertes Rohr — — — Achtung! — Achtung! Los! Los! — —" 8,20 Uhr. Totenstille, das Surren wurde leiser, die E-Maschinen sangen, da, bumm! — —? — —? — —

Aber es blieb bei einer Explosion!

Dem letzten Kerl scheint es allmählich gedämmert zu haben! Aber er sackte achtern schon etwas weg. Wir schlugen einen Kreis um ihn, um ihm mit dem letzten Bugtorpedo den Gnadenstoß zu geben. Nur noch Minuten: Das Rohr war indessen nachgeladen. Nur noch Sekunden: „Rohr fertig?"

„Rohr fertig!"

„— — — Achtung! — Los"

Und dann zum letztenmal: „Bumm!"

Gleich darauf rief mich Weddigen in den Turm, und ich konnte wenigstens sehen, wie unser letztes Wild sein Grab fand.

Nur wenige Boote trieben auf dem Wasser. Nur wenige Menschen in ihnen. Sonst nichts, gar nichts, nicht das Geringste, das noch daran erinnert hätte, daß noch vor einer Stunde und dreißig Minuten drei stolze Schiffe hier fuhren.

Weddigen kam aus dem Turm nach der Zentrale, schüttelte uns Mann für Mann die Hand und sagte dann, als wir in der Offiziersmesse ein Glas Wein auf den Sieg leerten und die Gläser klingen ließen auf die deutsche Heimat und den obersten Kriegsherrn: „Meine Herren,

den Erfolg danke ich Ihnen, denn das Boot funktionierte! Ich habe eigentlich nichts zu tun brauchen — —!"
Wir sprachen wenig, denn jeder war mit seinen Gedanken beschäftigt. Um 8,50 Uhr tauchten wir auf. Über uns strahlte die Herbstsonne. Das Wasser war glatt bis auf eine leichte Dünung. — Zigaretten!
In großer Entfernung erschien ein Dampfer, der Kurs auf das Schlachtfeld nahm. Schnell ließ ich unsere P-Motoren anwerfen; die Engländer mußten uns jetzt sehen. — Und nun heimwärts, was die Maschinen halten wollten! Unsere Stimmung war freudig ernst: Dieser Morgen hatte uns die Erfüllung dessen gebracht, für das wir eingesetzt waren, für das wir uns eingesetzt hatten: Unsere neue Waffe hatte sich glänzend bewährt.

U-Boot-Kommandant 1914
Von Bernd Wegener

18. Oktober 1914: Wir versenken mit unserem U 27 vor der Ems das englische U-Boot E 3 nach planmäßigem getauchten Auflauern.

25. Oktober 1914: In der Nordsee. 7 Uhr vormittags. Vier Gefäße in 500 Meter Abstand auf dem Wasser schwimmend angetroffen. Es konnten die Ankerbojen des eingezogenen Ruytinger Feuerschiffs sein. Um mir Gewißheit zu verschaffen, schickte ich den Wachoffizier Oberleutnant z. S. v. Ahlefeld mit Wurfleine schwimmend an das erste Gefäß. Leinen angesteckt und an Bord belegt. Leine brach bei Rückwärtsgang. Oberleutnant z. S. v. Ahlefeld wurde darauf nochmals schwimmend zu dem 2. Gefäß hinübergeschickt. Er nahm hierbei, an dünner Leine angesteckt, eine 60 Meter lange Stahlleine mit Teufelsklau mit und befestigte so die Leine an dem Gefäß. Das Boot ging darauf halbe Fahrt zurück, Das Gefäß legte sich nun Stark über. Nach drei Minuten Versuch aufgegeben. Kurz nach „Stopp!" detoniert das Minengefäß mit 30 Meter hoher Wassersäule. — Zur ersten Mine zurückgekehrt und mit M.-G. abgeschossen.

28. Oktober 1914: Navigatorische Erkundungsfahrt zur englischen Küste. Ahlefeld soll später auf dem Flaggschiff des Befehlshabers der Aufklärungsschiffe (Admiral Hipper), beim beabsichtigten Vorstoß der Schlachtkreuzer zur Beschießung befestigter englischer Küstenplätze an der Ostküste mitfahren, zur Unterstützung der Navigation.

31. Oktober 1914: Haben 8 Kilometer westnordwestlich von Calais im englischen Kanal Das englische Flugzeugmutterschiff „Hermes" versenkt.

5. November 1914: Eisernes Kreuz 1. Klasse erhalten.
23. Dezember 1914: Nach einigen kleinen Unternehmungen bin ich wieder nach Wilhelmshaven gekommen, um das Weihnachtsfest hier zu begehen. Wenn ja auch in diesem Jahre alles unter dem Eindruck unseres Existenzkampfes steht, so gibt es doch gerade in diesen Tagen wohl manche ruhige Stunde, wo die Gedanken an den Krieg schwinden und nach der Heimat eilen. Wenn dort der Weibnachtsbaum angezündet wird, dann werden auch wir unter unser Bäumchen treten und alle Hoffnungen und Wünsche dieses Weihnachtsfestes werden wir in Gedanken austauschen. Was uns die Zukunft bringen wird, wissen wir nicht, wir wollen auch nicht darüber nachgrübeln. Nur arbeiten wollen wir, jeder an seiner Stelle, zu einem großen, glücklichen Ende. Auch ich weiß nicht, was mir selbst für die nächste Zeit bevorsteht. Naturgemäß werden die Unterseebootunternehmungen in der kalten Jahreszeit ja etwas eingeschränkt werden, denn die langen, dunklen Nächte sind ja unsere größten Feinde. Und doch ist es wohl unser sehnlichster Wunsch, daß endlich die große Entscheidung dieses Krieges kommen möchte.

Aller Anfang ist schwer
Von Walter Forstmann

Im August 1914 zog ich mit U 12 in den Krieg. Unsere Stimmung war schlecht. Dieses ewige aussichtslose Kringeln um Helgoland herum! Halt, nicht übertreiben — einmal durfte ich die Nase ins Skagerrak stecken, und ich dehnte diesen Ausflug auf eigene Faust bis auf die Höhe von Stavanger aus. Im allgemeinen aber hielt man sich für den bestimmt erwarteten Angriff der Engländer in den heimischen Gewässern klar. Doch auf dem Wasser sah es ganz anders aus, als wir es uns im Frieden hatten träumen lassen. Man dachte sich große, entscheidende Seeschlachten und sah sich selbst als U-Boot-Kommandant zwischen den feindlichen Geschwadern mit Torpedos wirken, daß es nur so krachte. Aber alles wurde ja anders, denn die „Fleet" wagte sich nur einmal im Nebel in die Nähe von Helgoland.

So hatte ich bis Anfang November vom Feind eigentlich noch nichts gesehen. Allerlei Dampfer waren mir wohl vor den Bug gekommen, doch die ließ ich laufen. Wir wußten ja noch nichts vom englischen Aushungerungsplan. Endlich bekam ich aber Befehl, U 12 an die feindliche Küste zu führen. Wir konnten uns nur ganz unvollkommene Vorstellungen von der feindlichen Gegenwirkung, der Minengefahr und der Bewachung des Englischen Kanals machen. Ausgerechnet auf dieser langersehnten Fahrt herrschte ein derartiger Weststurm und Seegang, daß ein Vorstoß in den Kanal aussichtslos war. Deshalb suchte ich mir unterwegs ein Ersatzunternehmen und beschloß, in die „Downs" vorzustoßen, die vor Westwinden geschützt liegen. Wenige Seemeilen östlich Dover bei Kap South

Foreland biegt die englische Küste nach Norden um. Die „Downs" nennt man die Schmale Fahrrinne, die zwischen der Küste von Kent und dem flachen Goodwin-Sand nach der Themse fuhrt. Allerdings war hier mit starken Strömungen zu rechnen. Tatsächlich wurde trotz des draußen herrschenden Orkans so dicht unter Land der Seegang viel ruhiger. Mehrere Dampfer und Segler sah ich durch das Sehrohr vor Anker liegen, aber von einem Kriegsschiff war nichts zu sehen. „In 10 Minuten sind wir querab von Deal, Herr Kapitänleutnant! Wir müssen dann kehrtmachen. Da oben wird es zu flach" meldete Steuermann Rath. Der gute Mann schwitzte förmlich vor Eifer an seiner Karte. Er hatte es auch wirklich nicht leicht bei meinen vielen Ausweichmanövern in dem sehr schwierigen Fahrwasser. An Backbord vier Strich voraus sehe ich dicht am Wasser die kleine Stadt mit ihren weißen Häusern, ein paar Schornsteinen und Kirchtürmen. Ja, bald ist der Reinfall fertig, und wir können wie die begossenen Pudel wieder abziehen! Noch einmal sehe ich scharf die See ab: Dampfer, Segler, Segler, Dampfer, wohin ich auch das Sehrohr drehe. Dicht vor Deal liegt ein grünes Wrackschiff. Doch halt! — Was kommt jetzt von diesem frei? Ein flaches Fahrzeug! Rahen tragen seine Masten. Das Ist kein Dampfer! Den Kahn will ich mir doch genauer ansehen. „Steuermann, wir müssen noch eine Seemeile weiter. Geht's?" frage ich hastig. „Dann ist's aber auch allerhöchste Zeit, sich zu verdrücken, Herr Kapitänleutnant. Sonst kommen wir bestimmt auf Dreck." — Wir kurbeln also weiter. Zweifellos ist es ein Kriegsfahrzeug, das ich nun nicht mehr aus dem Sehrohr lasse. Es bewegt sich nicht, liegt unter Land vor Anker oder nur gestoppt. —

Donnerwetter! — Ein Torpedoboot oder ein kleiner Kreuzer scheint es zu sein!

Beschleunigt wird ein Bugrohr klargemacht. Die Entfernung ist allerdings verdammt groß, aber heute gilt's. Auf etwa 1800 Meter heran. „Los" brülle ich und schon gibt es einen kleinen Ruck, — mein erster Kriegstorpedo zieht von dannen. „Wahnsinnig weit!" Schimpfe ich vor mich hin und verfolge in höchster Spannung die Bahn des Torpedos. Einmal durchbricht er hochaufspritzend die Wasseroberfläche, aber tadellos gerade steuert er seinen weiten Weg zum Engländer. Da — ein Scharfer Knall im Boot — und drüben unterhalb der Brücke steigt eine weiß-schwarze Sprengwolke in die Höhe. Treffer!

Ja, Dusel gehört nun mal zum Geschäft. wunschlos glücklich sind wir alle! Jetzt ist der Bann gebrochen, unser erster Treffer geschafft! — „Wir müssen kehrtmachen, Herr Kapitänleutnant!" mahnt Rath. „Steuerbord 20 auf Südkurs gehen!" — Aber das getroffene Schiff mag ich noch nicht aus dem Sehrohr lassen. Ich bin zu gespannt, wie jetzt die Geschichte weitergeht. Es Ist 12 Uhr mittags. Wir mögen ihnen tüchtig die Suppe versalzen haben. Eine lebhafte Bewegung entsteht auf den Dampfern, Boote werden zu Wasser gelassen und pullen zu unserem Opfer. Auch von Land eilt man mit allerhand Fahrzeugen zu Hilfe. „Auf 20 Meter gehen!" Keinesfalls darf die Richtung bemerkt werden, in der wir uns entfernen. Aber allzu lange halte ich es da unten nicht aus. Ich will doch melden können, ob der Gegner gesunken ist. „Auf 10 Meter gehen!"

Die Tiefenrudergänger waren wohl vom Jagdfieber etwas durchgedreht, jedenfalls kam U 12 zu hoch heraus und wurde von einem Zerstörer gesehen. Der kam nicht schlecht angebraust! Plötzlich ein dumpfer, eigenartiger Ton, von oben herkommend, und dann ein knarrendes Kratzen und Scharren, und tief wurden wir heruntergedrückt. Scharf horchten wir auf, doch nichts erfolgte weiter. Ein schwerer Gegenstand mußte auf uns geworfen oder über das Boot geschleppt worden sein. Wie mir die Leute vom Vorschiff später meldeten, hatten sie ein Schlieren von Ketten über Oberdeck deutlich gehört. Na, es war noch einmal gut gegangen, aber beschleunigt verließen wir den Platz und blieben auf großer Tiefe, bis es dunkel geworden war. Am nächsten Mittag machte U 12 als erstes deutsches Unterseeboot in Zeebrügge fest. Auf der Mole hatten sich ein paar Kameraden zum Empfang eingefunden. „Sind Sie einen Torpedo losgeworden?" rief mir gleich ein Neugieriger zu. „Geschossen und getroffen habe ich wohl, aber wen und was, kann ich euch wirklich nicht verraten!" — „Mensch, da haben Sie ja das englische Torpedokanonenboot ‚Niger' versenkt! Heute Nacht hat es die englische Admiralität in alle Welt gefunkt!"

Alles beglückwünschte uns. Bald brachte mich ein Kraftwagen nach Brügge, wo ich mich beim Führer des Marinekorps melden mußte. Nach meiner Berichterstattung überreichte mir Exzellenz v. Schroeder mit wohlwollenden Worten in allerhöchstem Auftrag das Eiserne Kreuz. Ich muß gestehen, ich war stolz und bewegt. Einige Zeit später erhielten 12 Mann meiner Besatzung, der Bootsnummer entsprechend, die gleiche Auszeichnung.

Erster Nachtangriff
Von Rudi Schneider

In der Neujahrsnacht 1914/15 Suchte U 24 im Englischen Kanal nach dem englischen Linienschiffsgeschwader, auf das es schon bei Tage mehrere, allerdings vergebliche Angriffe gefahren hatte. Bei diesen waren wir unbemerkt geblieben. Um 2,55 Uhr vormittags in heller Mondnacht Alarm, da in 80 Grad abgeblendete Fahrzeuge in Sicht kamen. Beim Näherkommen wurden sie als große Schiffe ausgemacht. Ich schoß mit dem ersten Rohr bei sehr spitzem Schneidungswinkel. Die Entfernung betrug etwa 700 Meter. Keine Detonation des Torpedos erfolgte. Die drei Fahrzeuge liefen ab. Gleich darauf kam eine größere Anzahl, etwa fünf Schiffe, in Sicht. Sie waren abgeblendet auf gleichem Kurs. Auf eines derselben setzte ich zum Angriff an und ließ das 3. und 4. Torpedorohr im Abstand von 6 Sekunden losmachen. Nach 19 Sekunden war eine heftige Detonation zu hören. Das Schiff bekam Schlagseite nach Steuerbord. Alle anderen Schiffe entfernten sich eiligst. Scheinwerfer wurden nicht angestellt. Das getroffene Schiff lief noch Fahrt. Ein zweiter Angriff mußte ausfallen, da unser Boot zu dicht an dem Schiff war. Aber ein dritter Angriff führte um 4,07 Uhr zum Schuß aus dem 2. Rohr, gefolgt von einer Detonation nach 9 Sekunden. Nach weiteren fünf Sekunden klangen noch drei dumpfe Detonationen herüber. Es erweckte den Anschein, als ob Munitionskammern aufflögen. Die Stander unseres achteren Sehrohres brachen. Ein Nietbolzen sprang vom Turm ab. Von der Wirkung des Schusses etwas zu sehen, war nicht mehr möglich, da die Sehrohre sich nicht mehr ausfahren ließen. Auf dem Turm waren heftige Erschütterungen spürbar, als ob Schiffsteile gegen ihn flögen.

Mit Kurs 190 Grad liefen wir 3 Seemeilen unter Wasser ab. Die Art des Schiffes war nicht auszumachen, aber ich nahm an, daß es ein Schiff des Geschwaders sei, das am Vormittag evolutioniert hatte. Nach meiner Erfahrung werden bei Nacht abgeblendete Fahrzeuge zuerst immer als Zerstörer angesprochen. Das Entfernungsschätzen bei Nacht aus dem Sehrohr bietet große Schwierigkeit. Ich glaubte stets weiter ab zu sein, während ich nach der Laufbahn des Torpedos aus 360 und 160 Meter heran war. Während des Angriffes war das Boot kaum auf Tiefe zu halten, kam oft an die Oberfläche und schnitt dann wieder unter, wodurch die einwandfreie Beobachtung sehr erschwert wurde. Es mußte sehr starker Seegang herrschen. Beim Auftauchen im Hellen zeigte sich, daß das hintere sehroher und alle Stützen für Minenabweiser nach einer Seite umgebogen waren. Am Wellenbrecher war rote Schiffsbodenfarbe Sichtbar. U 24 war also entweder bei dem Nahangriff unter dem angegriffenen Schiff durchfahrend gerammt worden oder von einem Verfolger. Erst im Hafen kam der Name des Opfers heraus: das englische Schlachtschiff „Formidable" von 15290 Tonnen, bewaffnet mit 34 Geschützen bis zu 30,5 Zentimeter, 2 M.G. und 4 Torpedorohren. Auf kaiserlichen Befehl wurden darauf an der ganzen Westfront drei Hurras auf U 24 ausgebracht.

U 20 versenkt die „Lusitania"
Von Walter Schwieger

Am 30. April 1915 war U 20 von Emden aus in See gegangen, um laut Befehl große englische Truppentransporte an der Einfahrt von Liverpool abzufangen. Wir sollten auf kürzestem Weg um Schottland unsere Station aufsuchen und so lange aushallten, wie es unsere Vorräte gestatteten. Leider konnten wir keinen Truppentransport fassen. Nur ein englisches Segelschiff konnten wir am 5. Mai, zwei englische Dampfer am 6. Mai versenken. Am Mittag dieses Tages trafen wir einen großen Passagierdampfer der White Star-Linie, ohne daß ein Torpedoschuß wegen des zu großen Abstands möglich gewesen wäre. Dicker Nebel hinderte das Arbeiten. Als der Ölvorrat zur Neige ging und nur noch zwei Torpedos vorhanden waren, wurde die Heimreise angetreten. Am 7. Mai fuhren wir daher mit nördlichem Kurs bei dickem Nebel und rauher See unter Wasser. Einmal hörten wir Schraubengeräusch über uns, zu stark für Zerstörer. Ich fuhr das Sehrohr aus. Ein großer Panzerkreuzer war über uns weggefahren und bei seiner hohen Geschwindigkeit nicht mehr einzuholen. Wir haben nicht schlecht geflucht. Als der Nebel sich lichtete, tauchten wir auf. Um 2,20 Uhr nachmittags sichteten wir genau rechts voraus an der irischen Südküste Schornsteine und Masten, scheinbar von mehreren Schiffen. Es war ein Dampfer mit vier Schornsteinen und vielen Masten. Er kreuzte unseren Kurs Senkrecht, kam aus Südsüdwest und steuerte Holley Head an. Um 2,25 Uhr drehte ich nach Steuerbord ab in der Hoffnung, daß der Dampfer an der irischen Küste entlang laufen würde, und tauchte. Um 2,35 Uhr drehte der Dampfer und nahm

Kurs auf Queenstown. Dadurch kam er auf Schußentfernung an uns heran. Wir liefen höchste Fahrt, um auf Portion zu kommen. Um 3,10 Uhr Torpedoschuß, Bugtorpedo, 700 Meter Entfernung, 90 Grad Schneidungswinkel, geschätzte Fahrt 22 Seemeilen, alter Bronze-Torpedo auf drei Meter Tiefgang eingestellt. Treffer Steuerbord Hinterkante Brücke. Ungewöhnlich starke Detonation, gefolgt von ungeheurer Rauchwolke. Trümmermassen flogen bis in Schornsteinhöhe. Es folgte eine zweite Explosion, als wäre Munition in die Luft gegangen. Die Brücke und die Stelle der Bordwand, wo der Torpedo traf, waren weit aufgerissen. Es brannte. Das Schiff stoppte und legte sich sehr schnell nach Steuerbord über. Gleichzeitig sank es über den Bug. Der neben mir stehende Kriegslotse, ein alter erfahrener Dampferkapitän, blickte durch das Sehrohr und erkannte in dem Dampfer die „Lusitania". jetzt war auch am Bug des Schiffes der Name „Lusitania" in goldenen Buchstaben zu lesen. Die Schornsteine waren schwarz gemalt, die Reedereiabzeichen überstrichen, eine Flagge nicht gesetzt. Das Schiff sank sehr schnell" Auf den Decks herrschte größte Panik, überfüllte Rettungsboote flogen kopfüber ins Wasser und Zerschellten zwischen ertrinkenden Menschen. Verzweifelte rannten hin und her, andere rangen schon mit den Wellen, versuchten sich an kielobentreibenden Booten hochzuziehen. Der Dampfer sank immer mehr. Ich hätte es nicht fertiggebracht, in die Massen von Passagieren, die sich zu retten versuchten, einen zweiten Torpedo zu Spießen. Da der Dampfer sicher um Hilfe gerufen hatte, mußten Hilfsschiffe und Bewacher bald eintreffen. Ich lief deshalb auf 20 Meter Tiefe ab.

Dardanellen-Sieg
Von Otto Hersing

Um den Besitz der Dardanellen tobte der Großkampf. Am 25. Mai 1915 gegen 12 Uhr entdeckte ich auf einmal dicht unter der Küste von Gallipoli ein feindliches Kriegsschiff, es war das englische Linienschiff „Triumph". Ich fuhr sofort mein Sehrohr ein und steuerte dem Linienschiff entgegen, denn ich hatte festgestellt, daß unter Land die feindliche Bewachung bedeutend schwächer war. Nach ungefähr dreiviertel Stunden kam ich wieder auf zehn Meter, um meinen Angriff anzusetzen. Das englische Linienschiff hatte den Vormittag über die türkischen Schützengräben von der Flanke beschossen und machte nun Mittagspause. Das Schiff fuhr mit ausgebrachten Torpedoschutznetzen und ungefähr 5 bis 6 sm Fahrt unter der Küste hin und her. Die ganze Besatzung lag an Oberdeck und sonnte sich, nur die Ausguckposten, schwer bewaffnet mit Doppelgläsern, waren auf der Suche nach einem U-Boot. — Ich setzte sofort meinen Angriff an, war aber leider noch etwas zu weit weg, um gleich schießen zu können. Als ich mein Sehrohr wieder einfahren wollte, um meine Anwesenheit nicht zu verraten, entdeckte ich etwas, was mir gar nicht in meinen Angriff paßte. Das englische Linienschiff hatte sich gesichert durch einen großen Zerstörer, der immer mit äußerster Kraft um das Linienschiff herumfuhr, in einem Abfand von ungefähr 1000—1200 Metern — der günstigsten Schußentfernung für ein U-Boot, was der Brite selbstverständlich genau wußte. Als ich nun gerade mein Sehrohr einfahren wollte, um auf Schußentfernung an den Gegner heranzukommen, sehe ich diesen Zerstörer gerade um den Bug des Linienschiffes herumkommen und mit äußerster Kraft auf mich losfahren.

In dem Bruchteil einer Sekunde mußte ich überlegen: Den Angriff wagen? Das bedeutete den vollen Einsatz des Bootes! Wenn ich vernichtet wurde, dauerte es 6 Wochen, ehe wieder ein deutsches U-Boot da war — Warum jetzt? Der Brite kommt mir schon noch morgen oder übermorgen vor den Steven — — Näher! Pfeilschnell schäumt der Zerstörer heran — — Schließlich genügte die bloße Anwesenheit eines U-Bootes vor den Dardanellen, den Gegner in größte Unruhe zu versetzen — — Noch einen Augenblick, die Chance des Angriffs war vorbei — — Da wagte ich es doch!

„Auf 16 Meter!" In dieser Tiefe konnte mich der Zerstörer nicht mehr rammen — — Tiefer konnte ich nicht — — das beanspruchte Zeit. Und ich mußte Sofort schießen, wollte ich nicht mit dem „Triumph", auf den ich gerade lossteuerte, zusammenprallen — — Jetzt war ich auf 16 Meter, da klirrten schon die Schrauben des Zerstörers über mir — — Immer lauter klangen die Schrauben — — Was war das? Das Boot Schaukelte — — jetzt mußten die Wasserbomben detonieren — — mußten uns vernichten, denn er war ja genau über uns. Wir hielten uns fest, holten tief Atem, denn jetzt mußte Entsetzliches geschehen — — Die Sekunden tropften träge — — nichts. Das Schraubenklirren verebbte — keine Bombe zerriß das Boot. Er hatte uns nicht bemerkt!

„Auf 10 Meter!" Ich blicke aus dem Sehrohr: 400 Meter vor mir das Schlachtschiff. Ich war an der Ziellinie vorbeigefahren, mußte hart beidrehen. Mit erhöhter Fahrt vorwärts. 300 Meter — — 200 Meter — — Da löse ich den Torpedo! Durch das Torpedonetz hindurch!

Sehe, bevor ich, um den einzig möglichen Weg zu machen, unter dem Schlachtschiff hindurchtauche, daß fleh Sämtliche Geschütze auf mich richten — — Krachende Salven. — Furchtbare Schläge erfolgen — — Das U-Boot wird wie ein Ball umhergeworfen — — Wir taumeln an die Wände — — Wie wir uns von unserem Schrecken erholt haben, verlange ich Meldung von den Stationen: Gottlob alles dicht — — die Batterie unversehrt — — Es war ein Schrecken, der sich gelohnt hat. Das Linienschiff kenterte und war in 9 Minuten in der blauen Flut verschwunden.

Am 27. Mai 1915 wuchsen über viele Bewachungsfahrzeuge und Dampfer an der englischen Anlegestelle bei Kap Helles plötzlich die Masten eines Kriegsschiffes. Grau und mächtig ragten sie empor, in dem bunten Wirrwarr immerhin geschützt durch ihre Schutzfarbe. — Der Silhouette nach war das die „Majestic", die sich in diesen Gewässern befand und sich nun dicht unter Land vor Anker gelegt hatte, damit es ihr im Falle eines Torpedotreffers nicht so ergehen sollte wie ihrem Bruder, dem Linienschiff „Triumph", vor zwei Tagen. Der Kommandant hoffte wohl, daß im Falle des Getroffenwerdens fein Schiff bald auf Grund kam und die Aufbauten dann noch aus dem Wasser herausragen würden, so daß sich die Besatzung noch retten konnte. — Ob diese Rechnung stimmte, ließ sich allerdings schwer ausprobieren. Sooft ich auch die Fahrzeuge entlang hinauf und hinunter fuhr, entdeckte ich keine Lücke, dem Engländer meinen Torpedo in den Leib zu jagen. — Noch einmal fuhr ich das ganze Nest entlang, da entdeckte ich wirklich eine Stelle. Sie war nicht groß, wenn es hoch ging, 20 Meter. Aber ich versuchte es. Zielte genau mit meinem ganzen Boot, vielleicht — —

Jetzt war ich in der Richtung genau achterlich der „Majestic". Ich drückte auf den elektrischen Taster — das Boot Schüttelte sich. Der Schuß war draußen. Der Torpedo zog seine feine Blasenbahn, hindurch durch die vielen Fahrzeuge — wenn nichts dazwischen kam, wenn keine dieser Motorbarkassen dazwischen kam — —
Nichts kam dazwischen: eine die Welt schüttelnde Detonation — — Ich hatte offenbar in den Heizraum getroffen — — mit einemmal sah ich das Schiff sich bewegen — — merkwürdig — — kopfzeitz, wie der Seemann sagt — — es schien kentern zu wollen — — senkte sich — — eine Minute verrann, eine zweite, dritte, vierte. Da wand sich das Schiff wie ein Wal, überschlug sich ganz, Wellen brausen über die anderen kleinen Fahrzeuge, und aus dem Chaos, aus der namenlosen Panik ragte plötzlich das Vorderschiff der „Majestic", kieloben — der übrige Teil des Schlachtschiffes war verschwunden. Viereinhalb Minuten hatte die Vernichtung des 15000 Tonnen-Linienschiffes gedauert.

Kriegsfahrt zu den Senussi
Von Hans Fechter

Im Oktober 1915 bekam U 35 Befehl, aus einer verschwiegenen Bucht des Golfes von Kos türkische Offiziere und Munition und einen Schleppzug mit gleicher Last nach Afrika zu den Senussi zu bringen. Wir nahmen 2 Trabakel in Schlepp. In der Straße von Skarpanto sahen wir im Mondschein einen anderen sonderbaren Schleppzug: Ein Fischdampfer schleppte einen dunklen Gegenstand, den wir nur für ein U-Boot halten konnten. Später erfuhren wir, daß es tatsächlich ein solches gewesen ist. Am folgenden Morgen erschien nämlich ein Fischdampfer in jener verschwiegenen Bucht, in der wir unsere Ladung an Bord genommen hatten, und setzte ein Landungskorps an Land. Der deutsche Offizier bereitete ihm aus einer Flankenstellung mit seiner aus drei deutschen und zwölf türkischen Soldaten bestehenden Streitmacht einen so warmen Empfang, daß er sich mit mehreren Toten und Verwundeten sofort wieder an Bord zurückzog. Nun wurde von dem Fischdampfer aus das Feuer erwidert, und gleichzeitig tauchte mitten in der Bucht ein U-Boot auf, das uns wohl abschießen sollte. Also wieder Verrat! Indes ärgerten wir uns reichlich über die Trabakel-Führer, die keine Seeleute waren. Ihre Schleppleine geriet uns in die Schraube, so daß ich mich schließlich trotz der Dünung, die alle Augenblicke über das Heck lief, der Länge nach hinlegen mußte, um die Schraube klar zu bekommen. Inzwischen segelten unsere Trabakel davon. Am nächsten Morgen fanden wir statt ihrer einen englischen Dampfer, der sich nach ein paar Schüssen ergab. Wir schlugen den türkischen Offizieren vor, ihn als Prise nach Port Bardya zu bringen, das nur einen halben Tag entfernt war. Aber sie wollten nicht, und wir selbst konnten niemanden entbehren. so mußten wir das Schiff versenken. Nachmittags schossen wir auf einen Dampfer, der floh und dann in der Dunkelheit zu entkommen suchte. Unser Mündungsfeuer blendete so, daß wir ihn nach jedem Schuß erst suchen mußten. Plötzlich war er dicht bei uns. Er war in der Dunkelheit auf uns zugelaufen, wohl um uns zu rammen. Wir mußten schleunigst abdrehen und die Jagd aufgeben. Die Türken konnten wir nicht alle auf den Turm oder auch nur in die Zentrale lassen. Dazu war ihre Anzahl zu groß. Ich ließ jeden aber einmal durch das Sehrohr sehen. Mit rollenden Augen und saft schäumendem Mund fragten sie mich: „Warum ergibt er sich nicht? Was werden Sie mit ihm machen? Ich würde ihn töten!" Meine Antwort, daß wir ihn erst einmal haben müßten, schienen sie beinahe als persönliche Kränkung aufzufassen.

Am nächsten Morgen standen wir vor Port Bardya. Die Türken warnten uns, mit unseren Marinemützen an Deck zu gehen, denn die Araber schössen auf jeden Träger einer solchen. Sie liehen uns freundlich ihre Schakals (Lammfellmützen). Trotzdem wurden einige Schüsse vom Ufer auf unser Boot abgefeuert. Erst als der türkische Major mit dem Dingt an Land fuhr und dabei die grüne Flagge des Propheten entfaltete, gingen die Schüsse in ein Freudenschießen über. Und dann war der Empfang ganz afrikanisch herzlich. Als der Dingi-Gast wieder an Bord kam, wischte er sich dauernd beide Backen. Ich fragte ihn, was er habe. Da erzählte er, daß sie ihn an Land abgeküßt hätten, nicht nur einmal, sondern alle der Reihe nach.

Das Ausladen unserer Ladung war schwirig, da nur unser Dingi, keine Brücke zur Verfügung stand. Da im nahen Solum drei englische Kreuzer liegen sollten, öffneten wir zur Zeit nur immer ein Luk, um möglichst tauchklar zu bleiben. Oben auf dem Berge neben der Einfahrt wurde ein Araberposten aufgestellt, der mit bloßem Auge das Auslaufen der Kreuzer aus Solum hätte sehen können. Kaum standen die ersten Kisten an Land, da kamen die Araber in hellen Scharen. Jeder nahm eine Munitionskiste auf die Schulter, und zurück ging es im Laufschritt. In 5 Stunden war die Arbeit geschafft.

Inzwischen war der Oberkommandierende des türkischen Heeres Nuri Pascha an Bord gekommen, mit Stab, darunter der später ermordete Rittmeister Mannesmann. Sie baten unseren Kommandanten, Kapitänleutnant Kophamel, um ständige U-Boot-Verbindung mit den Mittelmächten und der Türkei. Die Araber ließen es sich trotz ihrer Lebensmittelknappheit nicht nehmen, uns zwei lebende Hammel zu schenken. Als die Arbeit fertig war, sprang alles außenbords, denn trotz des 4. November war das Wasser 29 Grad warm. Viele Schwammen dem Land zu, um dort das Schlachten der Hammel zu beobachten oder, was ich noch eher glaube, ein Auge auf die Arabermädchen zu werfen, die unverschleiert am Lande standen. Da krachte ein Schuß. Niemand kümmerte sich zunächst darum. Die Araber hatten am Morgen so oft in die Luft geknallt. Erst als schreiend und winkend ein Araber den Berg herabstürzte, begriffen wir, daß die englischen Kreuzer kamen. Alles schwamm eiligst an Bord. In Badehosen wurde das Boot tauchklar gemacht, und wir sahen uns nach den Kreuzern um, konnten aber bis zum Dunkelwerden nichts finden. so ankerten wir im Eingang der Bucht. Es war eine herrliche Nacht, so ruhig und still, so warm und milde. Anfangs saßen wir zu vieren im

Turmluk, der Kommandant mit seinen drei Offizieren. Aus dieser abendlichen Unterhaltung wuchs langsam der Plan, die drei englischen Kreuzer abzuschießen. Tiefer und tiefer sank die Nacht und der Inhalt der letzten Wermutflasche nahm in gleichem Maße ab. Ein Wachoffizier löste den anderen ab, der Kommandant ging auch schlafen, nur ich wachte als letzter dem Morgen entgegen. Von Land wurde mit bewundernswerter Ausdauer die ganze Nacht nach uns hin gemorst. Es waren türkische Signale, wir sollten wohl den Major abholen. Aber wir waren zufrieden, endlich wieder einmal unter uns sein zu können.

Um 5 Uhr früh standen wir vor dem Hafen Solum. Ein Blick durch das Sehrohr zeigte dem Kommandanten, daß im Hafen nur zwei kleine Fahrzeuge lagen, die er eines Torpedoschusses nicht für wert hielt. Aber wir unten in der Zentrale hielten Nichtschießen für unvereinbar mit dem Ansehen der deutschen Flagge bei den Arabern und Türken. Der Kommandant ließ sich erweichen, aber beim Heranfahren kamen wir auf Dreck. Bei so flachem Wasser hätte ein Torpedo beim Einsteuern zu leicht vor unserem Bug in den Grund gehen können. Also kehrt. Bald trafen wir einen Dampfer mit zwei Schornsteinen und zwei Masten, den wir torpedierten. Die Besatzung wollten wir in Afrika als Gefangene lassen. Viele hatten nichts am Leibe, denn Sie waren unmittelbar aus der Koje ins Wasser gefallen. Ohne irgendwie aufgefordert zu fein, verteilten unsere Leute ihr eigenes Zeug unter die Gefangenen, damit Sie nicht der südlichen Sonne zu sehr ausgesetzt wären. Auch Tabak und Zigaretten wurden, ohne lange zu fragen, geteilt. Es war der englische Hilfskreuzer „Tara", 6322 Tonnen. Nach Abgabe der Gefangenen bekamen wir eine Quittung über 15 Offiziere, 79 Mann, 7 Tote. Sie wollte Nuri Pascha dem Groß-Senussi schenken, um ihn damit endgültig auf seine Seite zu ziehen. Ehe wir abfuhren, bat uns Nuri Pascha, in Solum die beiden Schiffe und das Haus des englischen Konsuls zu vernichten. Auch sonst war seine Kriegsführung von keiner Humanität angekränkelt. So sagte er, als wir ihm erzählten, die Araber hätten anfangs auf uns geschossen: „Wieviel soll ich töten lassen?" Auf die Erklärung, daß wir das ja gar nicht wollten, erwiderte er erstaunt: „Warum erzählen Sie es mir denn?"

Wir fuhren also wieder nach Solum und eröffneten das Feuer mit unserem Geschütz, jeden Augenblick zum Tauchen bereit, auf die Kanonenboote. Mit Schnellfeuer schossen wir uns bald ein. Die Kanonenboote erwiderten keinen Schuß, ja ihre Besatzung stieg sogar in Feuerlee in die Boote und ruderte eiligst an Land. Treffer aus Treffer schlug drüben ein, und was bei der leisen Bewegung des Bootes drüber wegging, das fiel von selbst an die rechte Stelle, in das Haus des englischen Konsuls, das pompös und repräsentativ den Hafen überragte. Der Engländer hat es ja von jeher verstanden, mit derartigen verhältnismäßig kleinen Mitteln großen Eindruck auf die Fremdvölker zu erzielen. Für uns war die Lage dieses Hauses eine moralische Beruhigung, denn Solum war nicht befestigt. Wir gingen dann noch näher heran und nach dreiviertel Stunden waren die Kanonenboote versackt.

Dann suchten wir die Trabakel, fanden aber statt ihrer nur einen Tankdampfer, den wir innerhalb zwei Stunden niedergekämpft hatten. Die Besatzung ging in die Boote. Die Leute des einen schickten wir an Bord zurück. Sie sollten das Geschützrohr abschrauben und uns bringen. Noch heute ist es mir rätselhaft, warum sie uns, die wir jetzt unmittelbar in ihrer Nähe lagen, nicht einfach unter

Feuer nahmen. Unser Geschütz war freilich auf sie gerichtet. Sobald wir das Rohr, es war das erste durch ein U-Boot erbeutete, an Bord hatten, schossen wir auf den Dampfer. Mit jedem Treffer kam er aber höher heraus, statt tiefer zu gehen, denn das Heizöl lief in hellen Strömen aus den Schußlöchern und verbreitete sich auf dem Wasser. Bei jedem Schuß spritzte ein Springquell von Heizöl und Wasser hoch empor und ergoß sich über die Zuschauer bei uns an Deck. Auch die schöne neue Uniform unseres türkischen Majors wurde über und über mit dieser übelriechenden Tunke bespritzt, aber er ließ sich nicht stören, sondern machte eine Aufnahme nach der anderen. Mittags kenterte der Tankdampfer. Zwei weitere Dampfer versenkten wir bald danach. Am nächsten Morgen versenkten wir einen Pferdetransport. Das fiel uns nicht leicht, denn was hatten die armen Tiere uns getan? Nur der kalte Verstand zwang uns. Nachmittags setzte sich ein müdes Vögelchen an Deck nieder und ließ sich in seiner Ermattung ohne weiteres einfangen. Die ganze Besatzung bemühte sich um sein Wohl. Es war, als ob sie wieder gutmachen wollte, was Sie notgedrungen an der armen Kreatur, den Pferden, hatte verüben müssen.

Am nächsten Morgen flog der Vogel davon. Wir haben dann noch mehr Dampfer versenkt. Als wir einmal gerade einen Dampfer jagten, schossen zwei Fischdampfer auf uns. Ihr Feuer lag in bedenklicher Nähe dicht um uns herum. Obwohl wir jeden Augenblick einen Treffer bekommen konnten, wartete der Kommandant so lange mit dem Torpedoschuß, bis das letzte Beiboot abgelegt hatte und nicht mehr in Gefahr war, mit dem Torpedo in die Luft zu fliegen. Dann mußten wir tauchen. — Als wir nach 32 Tagen, trotz vieler Maschinenschäden, nach Cattaro zurückkehrten, hatten wir 59000 Brutto-Registertonnen versenkt und unsere Aufgaben fast restlos gelöst. Die Trabakel hatten wir allerdings nicht gefunden. Sie sind niemals angekommen. Eins von ihnen lief eine Woche später wieder einen türkischen Hafen an, während das zweite in die Hände der Engländer fiel, ein Ausgang, der bei etwas mehr seemännischem Geschick unserer Bundesgenossen sicherlich zu vermeiden gewesen wäre.

Aus 3 Jahren U-Boot-Krieg
Von Lothar v. Arnauld de la Periére.

Vor dem Kriege Wachoffizier auf der „Emden", war ich ausgerechnet bei Kriegsausbruch Adjutant des Admiralstabschefs, des Admirals v. Pohl. In einer Zeit, wo meine Alterskameraden auf Luftschiffen, Torpedobooten und U-Booten am Feinde waren, mußte ich im Großen Hauptquartier hinter der Front sitzen, in einer zwar ehrenvollen, mich aber in keiner Weise befriedigenden Stellung. Heraus wollte ich da, und zwar bald, denn sonst kam man womöglich noch zu spät. Nach allem, was ich sah und hörte, hatten bei der Marine nur Luftschiffe und U-Boote Aussicht, an den Feind zu kommen. Ich meldete mich zu den Luftschiffern, wurde aber wegen Überfüllung nicht angenommen. Erst im Frühjahr 1915 gelang es mir, zur Unterseeboot-Waffe zu kommen. Bis zum Herbst dauerte die Ausbildung als Unterseeboot-Kommandant, und endlich wurde dann Ende 1915 ein Front-U-Boot für mich frei, und zwar U 35 im Mittelmeer. Ich übernahm U 35 von Korvettenkapitän Kophamel, der die Mittelmeerflottille führen sollte.

Da war noch einer bei uns, den litt es auch nicht im Hauptquartier. August Haiungs aus Dithmarschen. Groß, hager und sehnig. Viel Worte machte er nicht. Aber man wußte, was man an ihm hatte. Er quälte mich, ich solle ihn mitnehmen. Er ging als mein Bursche mit, sollte meine paar Sachen in Ordnung halten und spezialisierte sich auf das Entern der Schiffe. Wie kein anderer kletterte er an Bord, um die Ladungen festzustellen und die Sprengpatronen anzulegen. Er hat mich bis Kriegsende begleitet.

Meine erste Frontfahrt begann Anfang Januar 1916, in einer Zeit, wo der uneingeschränkte U-Boot-Krieg wegen der amerikanischen Proteste bereits wieder eingestellt worden war. Handelsschiffe durften nicht mehr ohne vorherige Warnung versenkt werden.

Als Operationsgebiet war mir das Seegebiet zwischen Malta und Kreta zugewiesen. „Versenken brauchen Sie nichts, die Hauptsache ist, daß Sie das Boot von Ihrer ersten Fahrt heil zurückbringen." Mit diesen Worten entließ mich unser Flottillenchef in Cattaro. —

Am 17. Januar 1916 hielt ich meinen ersten Dampfer, den Engländer „Sutherland", an und versenkte ihn durch Geschützfeuer. Alles ging glatt, und nun war der Bann gebrochen. Der nächste, der in Sicht kam, war ein bewaffneter Engländer, der auf unseren Warnungsschuß abdrehte und das Gefecht annahm. Während der Verfolgung erschien ein weiterer Dampfer, unter holländischer Flagge, der unseren Kurs schneiden mußte. Mir blieb also nichts anderes übrig, als ihm einen Schuß vor den Bug zu setzen, und von dem anderen zunächst abzulassen. Auf das Signal „Boot schicken" wurde ein Boot zu Wasser gelassen. 4000 Meter lagen zwischen uns und dem Dampfer; ehe das Boot herankam in der offenen See, konnte es Abend werden. Also mußte ich heran. Eingedenk all der guten Lehren meiner Kameraden tat ich das sehr vorsichtig in getauchtem Zustand, das Sehrohr weit ausgefahren. Wir umkreisten den Dampfer in 100 Meter Entfernung. Nichts regte sich bei ihm an Bord. Am Bug stand der Name „Melanie". Die Besatzung war in den beiden Schiffsbooten, die, wie üblich, 800 Meter hinter dem Heck lagen. sehr genau sahen wir uns den Dampfer an, durch das eine Sehrohr ich, durch das andere abwechselnd mein Wachoffizier Oberleutnant z. S.

Steinbauer und mein Obersteuermann Neumann, die beide schon manche Fahrt hinter sich hatten. Wir waren uns einig: der war harmlos, wir können also zur Untersuchung auftauchen. Schon will ich die erforderlichen Befehle dazu geben, da habe ich ganz instinktiv eine Hemmung, mein Mißtrauen ist wieder da. Wohl werde ich auftauchen, aber nicht hier, 100 Meter querab von dem Dampfer, sondern da hinten bei den beiden Schiffsbooten. Habe ich die beiden erst längsseits, kann er nicht schießen, ohne seine eigenen Leute zu gefährden. Ich fuhr also hin und gab Befehl zum Auftauchen und Besetzen der Kanone. Oben waren wir schon, noch 30 Meter von den Booten entfernt, die Geschützbedienung wollte gerade das Geschütz besetzen, als vom Dampfer her ein Höllenfeuer losbrach. Klappen fielen, hart über unseren Köpfen sausten die ersten Granaten, andere peitschten uns das Wasser an Deck, dazwischen rasendes Maschinengewehrfeuer.

„Fluten", „Schnelltauchen", „rein mit der Geschützbedienung"! Hinter mir polterten die braven Geschützleute durchs Turmluk, einer riß es zu. Schon wollte ich auf Tiefe gehen, da schrie einer von den Leuten: „Leutnant Lauenburg ist nicht unten!" Unseren Wachoffizier konnte ich doch nicht ertrinken lassen, also nochmal hoch, Turmluk auf und schon kam er mit einem ordentlichen Schuß Wasser herunter. Nun aber weg! Wir Sackten gleich weg bis auf 50 Meter. Das war noch mal klar gegangen! Warum? Es ist nur so zu erklären, daß der Engländer sein Feuer einstellen mußte, weil wir in der hilflosen Situation, nämlich beim Schnelltauchen, uns gerade zwischen den englischen Schiffsbooten befanden.

Unser zweimaliger Versuch, einen Torpedo anzubringen, mißlang, weil der Engländer, nunmehr gewarnt, den Torpedo ausmanövrieren konnte.

„Trotz aller Anstrengungen wurde ‚unglücklicherweise' das U-Boot nicht versenkt," sagt mein damaliger Gegner, der Kommandant des Q-Schiffs „Margit", einer englischen U-Boot-Falle, *lieutenant commander* G. L. Hodson in seinem Bericht. „Glücklicherweise wurden wir nicht versenkt," konnte ich melden. Ein Gutes hatte dieser Vorfall für uns, es war eine heilsame Lehre, die uns der Feind gegeben hatte. Ausgestattet mit einem unfehlbaren „Riecher", sind wir von nun an rangegangen und haben Dampfer auf Dampfer sinken lassen. Es war meine erste und wertvollste Kriegserfahrung, die konnte man durch keine Theorie, nur durch die Praxis gewinnen. —

Einer der zähesten Leute, mit denen ich aneinandergeriet, war der Kommandant des englischen U-Boot-Jägers „Primula". Es war ein völlig neuer Schiffstyp, der mit der „Primula" im Mittelmeer auftauchte, dazu bestimmt, die „U-Boot-Pest" auszurotten. Sah aus wie ein Kreuzer, war gut armiert, hatte Wasserbomben, dazu wenig Tiefgang, damit man sie unterschießen sollte, außerdem gute Unterwassereinteilung. Sie konnte schon manches Torpedo vertragen. Aber das alles wußten wir nicht, als wir mit ihr anbanden. Mein erster Torpedo traf sie im Vorschiff, so daß der Vormast nach vorn umkippte. Da sie nicht mehr vorwärtsfahren konnte, fuhr sie mit äußerster Kraft rückwärts, um uns zu rammen, so daß wir schleunigst verschwinden mußten. Dabei schoß Sie wie wild, wenn ich mein Sehrohr zeigte — und das mußte ich schon, denn so schnell durfte ich den Kampf nicht aufgeben. Was man angefangen hat, muß man auch zu Ende führen! Ich griff an und schoß zum zweitenmal, traf aber nicht, denn mein Gegner manövrierte den Torpedo geschickt aus. Genau so ging es mir mit dem dritten Torpedo. Ich hatte mich aber so verbissen, daß ich niemals aufgegeben hätte. Schweren Herzens opferte einen vierten Torpedo, der endlich (der Kampf hatte vier Stunden gedauert) die „Primula" im Achterschiff traf und sie manövrierunfähig machte. jetzt hatte sie genug, das sah ich, so daß ich beruhigt davonfahren konnte. Aus den Zeitungen ersahen wir, daß nach weiteren drei Stunden das Schiff gesunken und daß seine Besatzung gerettet worden war. —

Nicht gerade angenehm war immer der Durchbruch durch die Straße von Gibraltar, aber er mußte gewagt werden, um den atlantischen Handel zu fassen. Auf dem Gibraltarfelsen standen starke Scheinwerfer, die dauernd die Enge nach U-Booten absuchten, dazu kamen dann U-Boot-Jäger und Zerstörer, welche uns jagen und zum Tauchen zwingen sollten. Saß man erst unter Wasser, dann kam man mit der geringen Geschwindigkeit gegen den Stetig von draußen nach innen setzenden starken Strom nicht an, außerdem wußte man nicht, was der Feind unter Wasser für schweinereien vorbereitet hatte. Deshalb ging ich nachts immer über Wasser durch und nahm die ekelhaft hellen Scheinwerfer in Kauf. Wenn nicht gerade ein Zerstörer in der Nähe war, war es ja nicht schlimm. Am besten ging es noch hart unter der afrikanischen Küste: einmal war der Strom nicht so stark, außerdem hatte man von dort nach der Straße hin gegen die hellen Scheinwerfer einen guten Überblick.

So hatte ich wieder einmal den Vorstoß nach dem Atlantik beschlossen, weil das westliche Mittelmeer abgegrast war und da, wo ich war, niemand mehr fuhr.

Fünf englische Dampferkapitäne führte ich als Gefangene mit, sie sollten später in Cattaro abgegeben werden. Ihr Schicksal war mit dem unsrigen verknüpft. Ihr Leben hing davon ab, wie ich mein Boot führte. Kein Wunder, daß wir einander näherkamen. Während sie sonst viel Bridge spielten, wurden sie unruhig, als es durch die Straße ging, denn sie mußten ja die Gefahren kennen, vielleicht besser als ich. — Die Sonne war hinter dem vorspringenden Felsen von Gibraltar versunken, als wir uns bei Ceuta unter die afrikanische Küste klemmten. Nach der Straße zu war es klar und übersichtlich, was aber links von uns unter den drohenden dunklen Küstenbergen verborgen lag, konnten wir nicht sehen. Die Wache vor mir auf dem Turm war besetzt mit den besten Augen, die wir hatten: rechts vor mir der ältere Wachoffizier, Oberleutnant z. S. Loycke, links die seemännische Nr. 2, Bootsmannsmaat Timm. Hinter mir zwei weitere Seeleute. Die gesamte Besatzung auf Gefechtsstation, bereit, jedes Kommando ohne Zögern auszuführen. Die Motoren, liebevoll betreut durch den Leitenden Ingenieur, gaben ihr Äußerstes her und machten in der ruhigen Nacht einen Höllenlärm.

„Zerstörer zwo Strich an Backbord, ganz nahe bei!" schreit Timm. Und schon braust der schwarze Schatten heran, es sieht aus, als ob er uns rammen will, und dann zieht er sich etwa 50 Meter vor unserem Bug vorbei. Wie ein riesiges Gespenst. So nahe, daß wir seine Ventilationsmaschine, ja sogar englische Kommandoworte hörten. Uns blieb die Spucke weg. Die Hauptgefahr war nun vorüber, also blieb ich oben und tauchte nicht. Offenbar hatte der Zerstörer unter der Küste auf der Lauer gelegen, uns vielleicht kurz im Scheinwerferlicht gesehen, Sicherlich aber unsere Motoren gehört und hatte uns dann im Rammangriff

verfehlt. Jetzt hob er sich klar gegen die Straße ab, so daß wir ihn gut sehen konnten, wie er suchend umherraste. Als ich mich umdrehte, sah ich an Backbordseite gegen die dunkle Küste ein zweites Fahrzeug, das anscheinend dem Zerstörer unseren Aufenthalt signalisierte, aber wohl zu Anker lag, denn es kam nicht und begnügte sich damit, uns mit seinem Scheinwerfer zu beleuchten, dem wir aber leicht ausweichen konnten. Als der Morgen graute, lag die Gibraltarstraße hinter uns, der Atlantische Ozean nahm uns auf, wo wir gute Beute machten. —
Es war ein Sonntagnachmittag. Wir befanden uns auf dem Rückmarsch und standen bei schönem Wetter südlich Sardinien. Gerade wollten wir uns im Bugraum zu einem Sonntagskaffee niedersetzen, den unser tüchtiger „Schmut" Bölts aus erbeuteten guten Bohnen gebraut hatte, als mir ein großer Dampfer mit drei Schornsteinen gemeldet wurde. Er kam sehr schnell heraus, mußte also hohe Geschwindigkeit laufen. Zickzackkurse lief er auch, hatte aber keine Sicherung dabei. Getaucht machte ich seine Bewegungen mit, hatte aber Trefferaussichten nur dann, wenn er in meiner Nähe vorbeikam. — Der Angriff war insofern schwierig, als wir nur noch einen Torpedo hatten, und zwar ausgerechnet im Heckrohr. Wir mußten schon viel Glück haben, wenn wir ihn anbringen konnten. Der Kasten kam rasch näher, er war grau gemalt, war ein Passagierdampfer mit großen Promenadendecks. Und die durften wir ja nicht abschießen, es konnte ja vielleicht ein Amerikaner an Bord sein. Auf jeden Fall führte ich den Angriff durch, die letzte Entscheidung, ob schießen oder nicht, wollte ich von meinem letzten Eindruck abhängig machen. Schon glaubte ich, es würde nichts werden mit dem Schuß, da ich bei seinen

Zickzackkursen nicht in Schußstellung kam. Da plötzlich drehte er in unsere Nähe. Allerdings auf normalem Wege war der Torpedo nicht anzubringen, nur noch als Winkelschuß, d. h. er mußte nach dem Ausstoßen entsprechend dem vorher eingestellten Winkel drehen und seinem Ziel zujagen.

Alles ging nun sehr schnell. Letzter Eindruck war: doch Truppentransporter, obwohl keine Truppen an Deck zu sehen waren. Es war wieder Instinkt. Auf 900 Meter Abstand kam er vorbei. Zielen war schwierig. „Torpedo los!" Das Boot vibriert beim Ausstoß. Ich beobachte. Der Torpedo macht vorschriftsmäßig seine Drehung und läuft in Richtung auf den Dampfer. Unten zählt einer die Sekunden mit. Im Boot kann man eine Stecknadel fallen hören. Es ist enttäuschend, wenn der Mann da immer weiterzählt und nichts erfolgt. Hier aber nach 40 Sekunden ein scharfer metallischer Schlag — die Gefechtspistole — dann das Krachen der Detonation. Ein Schaltendes „Hurra!" tönt von unten herauf. Durch das Sehrohr sehe ich eine hohe Sprengwolke stehen, erst 10 dann 50 Meter hinter dem Heck, so daß ich einen Augenblick glaube, der Feind habe eine Wasserbombe geworfen. So schnell fuhr das Schiff. Erst allmählich verliert es feine Geschwindigkeit und fängt ganz langsam an, achtern tiefer zu tauchen. Ich kann noch immer nicht glauben, daß dieses Riesenschiff mit einem Torpedo genug haben sollte.

Nun entsteht an Deck des Schiffes ein furchtbares Durcheinander. Massen von Menschen quellen an Oberdeck, ein Teil versucht noch in letzter Pflichterfüllung Geschütze klarzumachen, viele stürzen in die zahlreichen Boote. Diese werden überhastet heruntergeworfen, so daß sie falsch ins Wasser kommen und vollschlagen. An den Bootstaljen hängen die Menschen. Jeder will zuerst ins Boot. Es war grausig anzusehen. Ich hatte genug, ließ einzeln meine Leute in den Turm kommen und einen Blick durchs Sehrohr werfen. Einige starren unbeweglich, auf anderen Gesichtern malt sich Entsetzen. Neugierig und hastig kamen sie nach oben, nachdenklich und ernst nahm jeder wieder seinen Platz ein.

Immer tiefer sank hinten das mächtige Schiff, bis es, sich gegen den glutroten Abendhimmel abhebend, senkrecht den glänzenden Bug gegen den Himmel aufrichtete, vielleicht 1—2 Minuten so stand, um dann kerzengerade in die Tiefe zu schießen. Ein großartiges und grausiges Bild, das ich lange nicht loswerden konnte. 20 Minuten nach dem Torpedoschuß war nichts mehr übrig als ein Trümmerfeld mit einer Anzahl überfüllter Rettungsboote, zu deren Rettung ich nichts tun konnte. Wir fuhren auf 30 Meter Wassertiefe davon, jeder seinen Gedanken nachhängend.

Als wir in den nächsten Tagen einliefen, hörten wir Näheres. Es war die „Gallia", der größte französische Truppentransporter, mit höheren Stäben und Truppen für die Saloniki-Front unterwegs. 1852 Mann verloren. „Frankreichs größte Schiffskatastrophe seit Kriegsbeginn," schrieben die französischen Zeitungen. Eine Schlacht gegen Frankreich war gewonnen. Erst jetzt gewann die Freude über unseren Erfolg die Oberhand. — Besonders Stolz war der Obersteuermann Neumann mit seiner Wache, welche das Schiff zuerst gesehen hatte und daher den Erfolg für sich buchen konnte. Denn es herrschte ein reger Wettbewerb zwischen den drei Wachen, die eifrig Buch über die Schiffe führten, deren Sichtung zur Versenkung führte.

Eines Tages wurde ich, während mein Boot noch in Reparatur lag, nach Berlin berufen und erhielt einen außergewöhnlichen Auftrag: U 35 sollte ins westliche Mittelmeer gehen und in Cartagena einlaufen mit einem kaiserlichen Handschreiben an den König von Spanien als Dank für die gute Behandlung der in Fernando Po internierten Kamerunkämpfer und mit 35 Kisten Chinin und anderen hochwertigen Medikamenten für diese. Auf anderem Wege war es nicht möglich, den Kamerunkämpfern Hilfe zukommen zu lassen. Auch sollte erprobt werden, wie sich die Alliierten einem neutralen Land gegenüber verhalten würden, wenn dieses einem der damaligen Weltmeinung nach außerhalb jeden Völkerrechtes stehenden U-Boot den normalen völkerrechtlichen Schutz gewähren würde. Selbstverständlich sollte ich keinesfalls die international vorgeschriebene Aufenthaltsdauer von 24 Stunden überschreiten. Größte Vorsicht beim Ein- und Auslaufen war mir anempfohlen. Im Hafen sollte ich auf Sabotageakte der feindlichen Spionage gefaßt fein.

Auf dem Hinweg wurde noch recht gute Beute gemacht. Einen Tag vor dem vorgesehenen Einlaufstermin hörten wir auf mit Kriegführen und brachten das Boot, so gut es ging, in einen besuchsmäßigen Friedenszustand. Es war ein eigentümliches Gefühl, als wir für einen Tag das rauhe Kriegshandwerk niederlegten und uns zu einer reinen Friedenmission mitten im Kriege anschickten. — Der spanische Hafenlotse war etwas erstaunt, als U 35 bei Hellwerden am 21. Juni 1916 überraschend zwischen den Molenköpfen des Hafens auftauchte und in den Hafen von Cartagena hineindrehte, um gleich längsseits des dort festliegenden deutschen Dampfers „Roma" anzulegen. Feindliche Kriegsschiffe waren nicht im Hafen. Eine Sorge war mir damit genommen. — Als um 8 Uhr unser Landessalut von 21 Schuß über den Hafen rollte — der erste und einzige, den je ein U-Boot geschossen hat —, waren die Medizinkisten bereits unauffällig an die „Roma" abgegeben und unser Marineattaché aus Madrid nach Cartagena unterwegs, um das Handschreiben in Empfang zu nehmen. Schnell waren die offiziellen Besuche bei den örtlichen Würdenträgern abgewickelt, die je nach ihrer persönlichen Einstellung herzlich oder kühl verliefen. Unser deutscher Konsul Dr. Tell begleitete mich. Er hat es mir nicht übelgenommen, daß ich beim Mittagessen in feinem Hause völlig übermüdet einfach einschlief.

Das spanische Volk war voll herzlicher Freundschaft für Deutschland. Bis in die tiefe Nacht umsäumten Menschenmassen den Hafen, um U 35 zu sehen. Mit Genehmigung der Behörden hatte ich mich dann längsseits des Spanischen Kreuzers „Cataluna" gelegt, wo ich vor Sabotageakten sicher war. Bei der reichen Gastfreundschaft, die uns geboten wurde, mußte ich den wenigen Deutschen, aber auch den vielen spanischen Offizieren die Besichtigung des Bootes gestatten, wobei scharfe Kontrolle und strenge Absperrung gegen Annäherung unbekannter Boote durchgeführt wurde. Mit Gastgeschenken wurde die Besatzung überschüttet. Um 2 Uhr morgens nach 22stündigem Aufenthalt warf U 35 los und verließ unter brausenden Hochrufen der spanischen Matrosen und den Sympathiekundgebungen der noch immer ausharrenden Menge den Hafen. — Da man draußen das Leuchten vieler Scheinwerfer sah, wurde jetzt ein spannender Kampf erwartet. Außerhalb der Molenköpfe ließ ich die Lichter abstellen und ging unter Wasser, um uns nach dem Trubel dieses anstrengenden Tages erst mal etwas Ruhe zu gönnen. Und da unsere Feinde allerhand aufgeboten hatten, um uns vor dem Hafen abzufangen, gelang es uns erst am

Spätnachmittag, wieder aufzutauchen, um den Rückmarsch anzutreten. —

Neben dem grimmigen Ernst des Krieges erlebten wir aber auch manche launige Abwechslung. Zur Aufbesserung unserer Stimmung war das verdammt notwendig. Einfach unbezahlbar für diesen Zweck war unser Bordaffe Fips, zur Gattung der Meerkatzen gehörig. Wir holten ihn im letzten Augenblick vom verlassenen Abendbrottisch eines sinkenden Dampfers, dessen Besatzung längst das Weite gesucht hatte. „Obermüller, gehen Sie nochmal an Bord und retten Sie den Affen, " rief ich dem Wachoffizier zu. Der Affe wollte aber gar nicht weg von seinem leckeren Mahl. Das Klettern auf der Jakobsleiter die senkrechte Bordwand herab schien ihm gar nicht zu gefallen. Und so biß er den armen Obermüller, der ihn hinter sich herzog, dauernd in die Hand, bis dieser ihn, unten im Dingi angekommen, mal kräftig ins blaue Meer tunkte, was sichtlich beruhigend auf Fips wirkte.

Schnell wurde Fips wegen feiner lustigen Streiche und seiner Anhänglichkeit der Liebling an Bord. Als Quartier wurde ihm der Hecktorpedoraum angewiesen, da war er ganz in der Nähe des Küchenchefs Bölts, dem er manches für Spiegeleier beistimmte Ei aus der Hand Stahl. — Seitdem Fips an Bord war, war immer etwas los. Mit Vorliebe beehrte er auch meinen Raum mit seinem Besuch, fraß meine Bleistifte, zerriß meine Funkmeldungen und trank ab und zu das Tintenfaß leer. selbst die Wache an Deck ging er oft mit, und zwar in der Seitentasche von Obermüllers ledernem Wachjackett, aus der sein Köpfchen possierlich herausschaute. Böse Zungen behaupteten, daß es in dieser molligen Tasche auch ab und zu feucht gewesen sein Soll.

Mit unserem „Funkenpuster", dem Oberfunkgast Weichler, lebte er auf Kriegsfuß. Fips soll nämlich, und zwar in der ersten Nacht, noch nicht ganz vertraut mit den an Bord herrschenden Manieren, auf seiner Torpedolaufschiene genau über Weichlers Kopf sitzend, diesen längere Zeit in andächtiger Bewunderung beobachtet haben. Dann soll ihn, sagt die Fama, angeregt durch das den ganzen Raum erfüllende Schnarchen des Schläfers, eine menschliche Rührung überkommen haben, wofür wiederum Weichler keinerlei Verständnis aufzubringen vermochte. Jedenfalls gab es einen Mordskrach, wobei Fips den kürzeren zog, was er dem Weichler niemals vergessen hat.

Bei schönem Wetter turnte Fips an Oberdeck herum, wo er seine sonnigen Schlupfwinkel hatte. Oft fürchteten wir, er würde glatt versaufen, wenn wir Hals über Kopf tauchen mußten. Aber er war so mit dem U-Boot-Dienst verwachsen, daß er, wenn die Luft aus den Schnellentlüftungen rauschte, mit einem Satz im Turmluk war und nach unten verschwand. Nachts schlief er meist auf der Alarmkoje bei unserem Leitenden Ingenieur, Marine-Oberingenieur Fechter, mit dem er besonders befreundet war.

Fast ein Jahr fuhr Fips auf U 35. Als er dann Husten bekam, brachte Haiungs ihn in den Berliner Zoo. Dort habe ich ihn nach dem Kriege mal besucht, ohne daß Fips seiner Freude darüber sichtbaren Ausdruck verlieh. Er war inzwischen Großmutter geworden, sagte der Wächter. —

Zwei Jahre, von Ende Januar 1916 bis März 1918, führte ich mit U 35 Krieg im Mittelmeer. Offiziere, Deck- und Unteroffiziere wechselten stark, weil immer mehr U-Boote gebaut wurden. Der übrige Teil der Besatzung blieb im wesentlichen zusammen. Wir dachten nur noch in Tonnen. Im Lloyds-Register (Verzeichnis aller Handelsflotten) waren wir zu Hause. Zwar wären uns Kriegsschiffe lieber gewesen. Sie fuhren aber spärlich. Und es war besonderes Glück, wenn man auf eins stieß. Unendlich viel wichtiger für den Kriegserfolg war aber die Vernichtung der für den Feind fahrenden Tonnage. Das war uns allen klar. „Immer runter von der See!" war die Losung. Rastlos durchsuchten wir alle Winkel des Mittelmeers. Spürten das Wild auf, wo es sich auch versteckte. Dehnten unsere Fahrten aus bis in den Atlantik. Paßten unsere Kampfmethoden denen des Feindes an. Fuhr er einzeln auf bestimmten, überwachten Routen, so jagten wir ihn dort, bis er diese wechselte. Fuhr er im Geleitzug, so hingen wir tagelang daran, bis er zersprengt war. steuerte er tagsüber in neutralen Gewässer, so wurde er nachts außerhalb derselben überfallen.

Einmal versenkten wir auf einer Reise von vier Wochen 56 Schiffe mit 90000 Tonnen. Nicht einen Torpedo, keine Granate, auch nicht eine Sprengpatrone hatten wir noch an Bord. Und so blufften wir noch einen Dampfer mit ein paar auf Cartagena übriggebliebenen Salutpatronen, die nur knallten, und versenkten ihn durch öffnen der Ventile. Kein Wunder, daß wir uns nach neunmonatiger Kriegführung hinsichtlich der Versenkungsziffer bis an die dritte Stelle hochgearbeitet hatten, um sehr bald darauf an erster Stelle zu führen. An Auszeichnungen war vergeben, was zu vergeben war. Da wurden Anfang 1918 die neuen U-Kreuzer fertig, die den Krieg an die amerikanische Küste tragen sollten. Dort reizte eine neue Aufgabe. Im Mai 1918 ernannte mich mein Oberster Kriegsherr durch persönliches Handschreiben zum Kommandanten des U-Kreuzers U 139, der den Namen meines gefallenen

Freundes und Kameraden „Kapitänleutnant Schwieger" führen sollte. Und so schloß ich meine Tätigkeit auf U 35 im März 1918 ab mit einer Strecke von 200 Schiffen mit einem Tonnengehalt von 500000 Tonnen, die größtenteils namentlich festgelegt waren. Das schlimmste stand mir aber noch bevor: das war die Trennung von meinem braven Boot und von einem Teil meiner Männer. Wir sahen ein, daß einige zurückbleiben mußten, um U 35 aktionsfähig zu halten. Die Hälfte meiner Besatzung durfte ich mitnehmen. Niemals werde ich diesen Abschied am 17. März 1918 vergessen. Viel Worte wurden nicht gewechselt, aber manchem von uns harten Seeleuten wurde das Auge naß.

U 139 war kein Boot mehr, Sondern ein richtiges Unterwasserschiff von mehr als 2000 Tonnen Wasserverdrängung mit 8 Offizieren, 100 Mann Besatzung, zwei 15-Zentimeter-Kanonen, 1000 Granaten und 20 Torpedos. Vier Monate konnte es in See bleiben, ohne Brennstoff und Vorräte auffüllen zu müssen. Nach dreiwöchiger stürmischer Ausreise Standen wir am 1. Oktober 1918 in der Biskaya, um dort ein Abenteuer zu erleben, wie wir es noch nie erfahren hatten. Wir hatten einen Geleitzug von 10 Dampfern erwischt, der von zwei Hilfskreuzern und einem Schwarm von kleinen Bewachern geschützt wurde. Da mein schweres Schiff unter Wasser nicht so schnell manövrierte, wie der Geleitzug zickzackte, saß ich plötzlich mitten im Geleitzug und mein Torpedo ging vorbei.

Dies war mißlungen. Wozu aber hatte ich schließlich meine großen Kanonen? Also wollte ich es über Wasser nochmal versuchen. Der Geleitzug fuhr über mich weg. Als er 5000 Meter ab war, tauchten wir auf, und zum ersten Mal sausten unsere schweren Brocken dem

Feind entgegen. Nun ging aber auch bei ihm ein Höllenfeuer los. Aus allen Knopflöchern ballerten sie. Um uns herum stiegen die Wassersäulen hoch. Gottlob, ohne zu treffen. Nun brauste aber auch schon der Führerkreuzer heran, so daß ich von den Dampfern ablassen und mich auf ihn konzentrieren mußte. Er hatte uns bald eingedeckt. Ich erwischte noch den richtigen Augenblick zum Tauchmanöver. Kaum war das Wasser über dem Turm zusammengeschlagen, ein Knall. Die letzte Salve des Hilfskreuzers war am Turm eingeschlagen. Kraftlos klatschten die Granatsplitter gegen den Turm. Das war noch einmal gut gegangen. Über die paar Wasserbomben, die folgten, lachten wir. Die Hauptsache war, er ließ von uns ab und folgte seinem entschwindenden Geleitzug.

Mein Entschluß stand fest. Nachgeben jetzt? Kommt nicht in Frage. Also zum dritten Mal angreifen, diesmal aber gut vorbereitet mit gut angewärmten Dieselmotoren, um unsere Geschwindigkeit mit in die Waagschale zu werfen.

Es war Mittagszeit. Der Besatzung erst mal etwas in den Magen. Inzwischen Stand der Geleitzug an der Kimm. Dann hoch und mit äußerster Kraft hinterher. Hand über Hand holten wir auf. Der Geleitzug Sieht uns wohl kommen, er läuft auch, was er kann, und zieht sich breit auseinander. Alles steht bei uns klar zum Feuern, 40 Mann sind allein auf Gefechtsstationen an Oberdeck, die alle herunter müssen, wenn der Feind uns zum Tauchen zwingt. Auf meinen Befehl „Feuererlaubnis" knöpft sich der Artillerieoffizier Kapitänleutnant Pistor den nächsten Dampfer vor. Nach wenigen Schüssen Treffer und schon dreht er, anscheinend manövrierunfähig, bei, setzt Boote aus, ein Zeichen, daß er aufgibt. „Zielwechsel!" auf den nächsten. Auch da dauert es nicht lange, da sackt er achteraus. Das wäre so weitergegangen, wenn nicht wieder der Hilfskreuzer mich in ein Feuergefecht verwickelt hätte, wobei er einige Treffer abbekam, ich aber doch auf die Dauer den kürzeren zog. Ich mußte also wieder verschwinden. Er verzichtete zunächst auf weitere Verfolgung. Er mußte wohl zur Unterstützung der beiden havarierten Schiffe. Ich folgte, durchs Sehrohr die Vorgänge beobachtend. Denn eines stand für mich fest: hier muß ganze Arbeit geleistet werden. Keinesfalls durften die beiden Brüder etwa eingeschleppt werden. Der Sorge um den einen war ich bald enthoben, er sank während meiner Annäherung. Der andere lag mit leichter Schlagseite auf dem Wasser. Von der französischen Küste war Hilfe gekommen. Jedenfalls schwirrte ein Schwärm U-Boot-Jäger wie Hornissen um ihn herum, um mir einen Angriff unmöglich zu machen.

Seit 10 Uhr waren wir in Tätigkeit. Jetzt fing es an zu dunkeln. Gelang es mir jetzt nicht dem Havaristen einen Fangschuß zu verabfolgen, würde er in der Nacht mit Sicherheit eingeschleppt. Und so fuhr ich wohl meine 4—5 Anläufe. Immer, wenn ich gerade in Schußentfernung war, sauste so ein Biest von U-Boot-Jäger über uns weg und ich mußte nach unten ausweichen. Inzwischen war es völlig dunkel geworden.
— Die Männer der Freiwache saßen beim Abendessen. Beteiligt war ja nur die Wache des Maschinenpersonals, des Torpedopersonals, das Personal der Tiefensteuerung und bei mir im Turm mein tüchtiger Obersteuermann, der Gefechtsrudergänger Obermatrose Otto und der Maschinentelegraphposten Ob. F. T.-Gast Plate.

Und so kam der letzte Anlauf. Schraubengeräusche nähern sich. Tiefer gehen. Wieder hoch. Vor mir die schwarze Wand des Dampfers. „Erstes Bugrohr los!" Und der Torpedo braust ab. Ich lasse beschleunigt auf Tiefe steuern und sage noch nach unten in die Zentrale: „Etwas nahe dran. Hoffentlich fällt er nicht auf uns drauf." Da ertönte die wohlbekannte Detonation und von unten ein Hurra, das in einem fürchterlichen Krachen und Bersten über mir erstickt. Die Sehrohre schlottern durcheinander. Das Licht erlischt. Gleichzeitig legt sich der Kasten schwer nach Backbord über, Wassermassen stürzen über uns in den Turm, und nur langsam richtet er sich wieder auf. Und dazwischen hinein hört man um uns herum das Krachen der Wasserbomben.

Das eben torpedierte Schiff muß im Sinken auf uns gefallen fein, ist mein erster Gedanke. Da ein so schnelles Sinken eigentlich selten vorkommt, muß der Dampfer durch Granatlöcher schon viel Wasser gesogen haben.

Das Licht geht wieder an. Die Pumpen werden angestellt. Der Zeiger des Tiefenmanometers wandert unablässig tiefer. Immer Stärker wird der Wasserschwall, der durch die Lecks in der Turmdecke und durch das aufgesprungene Turmluk auf uns herabstürzt. Der Wasserspiegel im Sehrohrschacht steigt langsam höher. „Die Pumpen schaffen das Wasser nicht mehr," meldet der „Leitende", Marine-Oberingenieur Fechter, aus der Zentrale. Also sinken wir. Der absackende Dampfer reißt uns mit in die Tiefe! Bei 1000 Meter Wassertiefe keine angenehme Ausficht! Die Haare standen mir zu Berge bei diesen Gedanken. Bleibt nur die andere Möglichkeit, unser letztes Mittel: mit Preßluft nach oben und unser Leben so teuer wie möglich verkaufen. Bestenfalls winkt einem Teil meiner Männer die Gefangenschaft. Aber das Hirn arbeitet fieberhaft an einem anderen Ausweg. Einen ganz kleinen Hoffnungsschimmer habe ich doch noch. „Der Leitende Ingenieur in den Turm." — „Wir werden mit Preßluft das Schiff an die Oberfläche bringen. Gelingt dies, so werden wir sofort wieder tauchen, aber nur so tief gehen, daß nur wenige Zentimeter Wasser über der Turmdecke find. Und dann will ich versuchen, mich so aus dem Schlamassel herauszuziehen." Es folgen die Kommandos: „Preßluft auf alle Tanks!" — „Beide Maschinen alle Fahrt voraus!" — „Auftauchen!"

Meine Augen Saugen sich am Tiefenmanometer fest. Wird das Schiff gehorchen? Werden diese letzten Mittel wirken? Einige bange Sekunden folgen, jetzt steht der Manometerzeiger auf 40 Meter, dann hebt sich über unseren Köpfen ein fürchterliches Rucken, Reißen, Schleifen, Schurren an, als ob etwas von unserem Turm abgleitet. Unser Schiff legt sich einen Augenblick nach Steuerbord über. Und plötzlich steigen wir hoch wie ein Ballon. Der Wassereinbruch ließ langsam nach. Man konnte aufatmen, wenn auch um uns herum noch Wasserbomben krachten. Jetzt durchstießen wir die Oberfläche, nun Schleunigst wieder herunter, unser Schiff abfangen, Schnellentlüftungen auf. — Auf 10 Meter gehen! — Endlich konnten die Pumpen das eindringende Wasser halten. Die Sehrohre hingen durcheinander, waren unbrauchbar. Wir waren blind. — Eben unter der Wasseroberfläche schlichen wir von dannen, jeden Augenblick gewärtig von einem der herumtosenden Wachfahrzeuge über den Haufen gerannt zu werden. Langsam verstrich Minute um Minute. Die Detonationen der Wasserbomben wurden immer schwächer und hörten schließlich ganz auf. Nach einer Stunde tauchten wir auf. Tiefe Nacht umfing uns, Gott sei Dank! Nichts war zu sehen, nur im Süden, da wo wir herkamen, fingerten einige Scheinwerfer durch die Nacht.

    Jetzt konnten wir unser Schiffchen etwas näher besehen. Die Brückenaufbauten waren zertrümmert, die Einbeulung des Dampferbugs genau erkennbar. Das Oberdeck verbeult. Das Turmluk verbogen, ließ sich nicht öffnen, und das Schlimmste: alle drei Sehrohre waren umgebogen und hingen herunter wie abgebrochene Spargel. Das ganze Oberdeck war übersät mit Granatsplittern und Schrapnellkugeln. — Vor mir stand die bange Frage: wie sollte ich unseren U-Kreuzer mit seinen braven Männern in diesem Zustand heil nach Hause bringen? Würden wir je wieder herauskommen an den Feind bei der gegenwärtigen Kriegslage? Wir alle mußten erst mal schlafen jetzt. Die bis zum Zerreißen angespannten Nerven mußten sich erholen. Dann wollte ich weiter sehen.

    Der nächste Tag sah schon freundlicher aus. Er brachte uns gleich morgens einen kleinen Segler, auf dem wir zweierlei fanden: einen für Cardiff bestimmten ausgezeichneten Portwein als Nervenstärkung und ein Faß Zement. Mit letzterem gelang es dem Leitenden Ingenieur Fechter mit feinem braven Maschinenpersonal alle Riffe und Lecks in der Turmdecke pottdicht zu betonieren, so daß wir wenigstens wieder ohne Lebensgefahr tauchen konnten. Blind blieben wir allerdings unter Wasser.

    Kein Mensch dachte mehr an Heimreise. Wenn wir eben unter Wasser nicht mehr kämpfen konnten, dann wollten wir wenigstens über Wasser unsere 1000 Granaten an den Mann bringen und herunterholen, was herunterzuholen war. Unser Lebensmut war ungebrochen. Wenn nur nicht die trostlosen

Funknachrichten aus der Heimat gewesen wären, um die unsere Gedanken kreisten!

Bei den Azoren hatten wir noch ein heißes Gefecht. Wir jagten einen großen Dampfer, der aber schneller war und uns entkam. Dafür griff uns sein Begleiter, ein kleines portugiesisches Kanonenboot an, das uns artilleristisch weit unterlegen war. Trotzdem focht es mit beispielloser Tapferkeit, ohne sein Schicksal abwenden zu können. Die Hälfte der etwa 40 Mann starken Besatzung mit dem Kommandanten war gefallen. Die Überlebenden nahmen wir auf, verbanden Sie und sorgten für ihre ungehinderte Heimkehr. Dem verwundeten ersten Offizier konnte ich nur meine Hochachtung vor ihrem heldenhaften Kampf aussprechen.

Das war unser letzter Kampf. Am 21. Oktober kam funkentelegraphisch die Nachricht von der Einstellung des U-Boot-Krieges. Schweigend mußten wir die Waffe aus der Hand legen. Gern gingen wir nicht nach Hause.

In Kiel wehten die roten Lappen der Revolte, als wir am 14. November 1918 einliefen. Das war das bittere Ende.

Auf U 35
Von August Haiungs

Mit unserem verehrten Kommandanten v. Arnauld de la Periére war ich bereits vor dem Krieg zusammen, schon aus der Kaiserlichen Jachtstation in Potsdam 1913 war er unser Kompanie-Führer. Bei Kriegsausbruch kam ich als Ordonnanz zum Admiralstab in Berlin und dann in Frankreich. Aber zwischen Bergen fühlt sich der Seemann nicht wohl, und die See rief. Im Frühjahr 1915 meldete sich Kapitänleutnant v. Arnauld zur U-Boot-Waffe. Da sein Bursche, ein Binnenländer, Angst vor dem Wasser hatte, meldete ich mich freiwillig und wurde gern mitgenommen. Im Herbst 1915 kamen wir dann auf U 35 ins Mittelmeer, und hier ist dann unser Boot wohl das erfolgreichste geworden.

Eines Nachts lagen wir bei Kap Gata außerhalb der spanischen Drei-Meilen-Zone mit gestoppten Maschinen auf Lauer. Mit dem Bug nach See schaukelte U 35 langsam in der schwachen Dünung. Wache hatten Obersteuermann Neumann, Bootsmaat Timm und ich. Es war Windstille bei sternklarer Luft. Angestrengt suchte jeder mit dem Glase seinen Sektor fortwährend ab. Da — etwas achterlicher als querab eine grüne Seitenlaterne. Ein Neutraler? Kein Feind würde doch ein Licht zeigen. Dann war das Licht verschwunden, aber auf einmal erkannten wir trotz der Dunkelheit deutlich vor dem Bug und hinter dem Heck je einen amerikanischen U-Boot-Jäger. Jetzt aber runter und schnell tauchen! Ran ans Tiefenruder und gleich vorlastig auf 50 Meter! Der Kommandant erschien und fragte: „Was ist los?" Ja, — so und so — — „Ach was, ihr habt wohl Gespenster gesehen! Wer hat übrigens getaucht?" Ich meldete mich. Da gab's aber einen

Segen, wegen des vorlastigen Tauchens. Ich war aber von dem Gedanken getrieben: Runter so schnell wie möglich, um jeden Preis! — Als ich meinen Segen weghatte, befahl der Kommandant: „Höher gehen!" Da, auf einmal platzten in der Nähe Wasserbomben. Also doch! Aber der Gegner hatte sich diesmal zu spät von seiner Überraschung erholt. —
Wir hatten uns eine ganze Zeit im Atlantik aufgehalten und den Feind empfindlich geschädigt. Jetzt strebten wir wieder dem Mittelmeer zu. Vor uns lag die Straße von Gibraltar. Bei hellem Mondschein und ruhiger See fahren wir aufgetaucht an Kap Tarifa vorbei und der Kommandant befaß die Frechheit, über Wasser dicht unter den Felsen von Gibraltar entlang zu fahren. Da, an Steuerbord ein feindlicher Zerstörer! Der Steuermann bemerkte: „Herr Kapitänleutnant, er muß uns doch sehen!" — „Ach, wo! Steuermann!" Nach einer Weile wieder: „Er sieht uns!" — „Ach, wo!" Es wiederholte sich noch mal, dann stampfte der Kommandant mit dem Fuße auf: „Steuermann, wenn ich sage: er sieht uns nicht, dann sieht er uns nicht!" Und so war es auch. — Nach einer Weile kam aber ein U-Boot-Jäger auf uns zu, und so mußten wir tauchen. Am nächsten Morgen tauchten wir auf der anderen Seite wieder auf, mußten aber bald wieder unter Wasser, weil ein Geleitzug kam. Drei Torpedos wurden ausgeschickt und trafen ihr Ziel. Die dann folgenden Wasserbomben taten uns nichts. Uns allen kam unwillkürlich das Versprechen des Kommandanten in den Sinn, der auf der Hinfahrt angesichts der Festung Gibraltar vor angetretener Besatzung erklärt hatte: „Ihr lacht darüber, aber ich gebe euch die Versicherung, wir kehren heil zurück in den Hafen! Und nun los! Heute nacht fahren wir durch die Straße von Gibraltar!" —

Eines Tages hatten wir einen Dampfer versenkt. Auf einmal sahen wir etwas zwischen den Kisten herumschwimmen, ein großes dunkles Etwas mit Hörnern. Tatsächlich eine Kuh. Da ging uns ein kleines Licht auf und Dingi zu Wasser, rangerudert, einen Tamp um die Hörner und im Schlepptau zum U-Boot war eins! Aber nun, o je, wie das Ding an Deck kriegen? Hinaufziehen mißglückte immer wieder. Da kam der Oberingenieur auf einen guten Gedanken. Es wurde so weit getaucht, daß wir das Biest auf den Tauchtank ziehen konnten. Dann wurden die Tauchtanks wieder ausgeblasen und unser Rinderbraten lag auf dem Trockenen. Noch ehe er auf den Beinen stand, machte ein Pistolenschuß seinem Leben ein Ende. Einen gelernten Schlachter hatten wir nicht an Bord, und so ging das Gefitzel los. Einer war klüger als der andere, aber „twei mut se!" Es gab Rinderbraten nach wochenlangem Dörrfleisch. Bölts, unser Smutje, konnte mal wieder zeigen, was er loshatte, und so wurde Tag und Nacht geschmirgelt, und so kam es, daß die Kuh in wenigen Tagen bis auf Haut, Knochen und Eingeweide verzehrt war. Nur kahle Knochen hingen noch da.

Erinnerungen eines Kriegs-U-Boot-Fahrers
Von Karl Dönitz.

Wir fuhren einmal im Malta-Kanal. Schnelltauchen vor englischen Fliegern, die sich sehr geschickt in der Sonne ganz herangepirscht hatten und schon fast über dem Boot standen. Wie unser Boot nun tauchend wegging — plötzlich ein Klopfen außen auf der Turmdecke — ein Schauer lief uns über die Haut — Herrgott, ein Mann von uns ist an Oberdeck geblieben.

Hoch klingt das Lied vom braven Mann — singen will ich es hier meinem Kommandanten Kapitänleutnant Forstmann von U 39! Er hatte 400000 Tonnen versenkt, als einer der ersten den „Pour le mérite" bekommen und hatte vor allem stets ein warmes Herz für seine Männer. Einen Mann von uns im Stich lassen — nein, das gibt es nicht, — auch nicht in dieser Gefahr für das ganze Boot! — Das war unseres Kommandanten Wille und blitzschnell gefaßter Entschluß: „Preßluft auf alle Tanks — Auftauchen!" Jetzt muß doch die Turmdecke bald über Wasser sein! — Turmluk auf — und herein fällt mit einem breiten Strahl grünen Meerwassers ein armes verschüchtertes Heizerlein, der brave Hausotte, und ruft nur im schönsten Sächsisch: „Runter, runter, Fliecher, Fliecher!" Das wußten wir ja nun schon lange, du Guter! Bis wir nun wieder unten waren mit dem halbangeblasenen Boot — eine Ewigkeit — und schon längst waren die Bomben fällig — endlich waren wir auf 20 Meter, und da krachten auch die ersten Bomben, aber ohne zu treffen.

Erstes Nachspiel: Unten auf 50 Meter Tiefe beichtet Hausotte, daß er an Deck eingeschlafen sei, die Alarmklingel nicht gehört habe und erst wach wurde, als das Boot vorne wegsank und pfeifend die Luft aus den Tanks fuhr. Dann wäre er nach dem immer tiefer sackenden Turm gestürzt, hätte sich ans Sehrohr geklammert, unten das versinkende Boot, oben drei feindliche Flieger und dazwischen er, der auch nicht einmal schwimmen konnte. Keiner lernte nach der Heimkehr in Pola schneller schwimmen als Hausotte. Es hat dem Armen nichts mehr genutzt. Auf einer der nächsten Reisen wurde der Brave vom Luftdruck einer neben dem Boot einschlagenden Fliegerbombe außenbords gefegt und ertrank.

Zweites Nachspiel: Wir zerbrachen uns den Kopf, warum die über dem Boot stehenden Flieger nicht eher ihre Bomben geworfen hatten. Nach Monaten bekamen wir die Antwort. Eine italienische Zeitung schrieb, ein deutsches U-Boot wäre im Malta-Kanal mit einem von einem Mann besetzten Fliegerabwehrgeschütz gesehen worden. Englische Flieger hätten das berichtet. Das war des Rätsels Lösung: das Flakgeschütz war unser überranntes Schiefstehendes Sehrohr — es war unsere Heimfahrt nach der Rammung im Atlantik — und die Geschützbedienung war das an Oberdeck vergessene Heizerlein. Und dadurch hatten die Brüder in der Luft sich hemmen lassen — und ihre Bomben erst nach Verschwinden des formidablen Geschützes geworfen. Wozu doch eine Rammung und ein vergessenes Heizerlein gut fein können.

Wir waren bei St. Vinzent. Um Haaresbreite entrannen wir einer U-Boot-Falle. Wir hatten einen kleinen Schnellaufenden Dampfer gejagt und mit Artillerie beschossen. Er wehrte sich mit einem Heckgeschütz, aber dicke Treffer schlugen auf ihn ein, so daß er vorzog, sich einzunebeln und hinter der Nebelwand zu verschwinden. Mit Siegergefühl stießen wir in den Nebel hinein — da wären wir beinahe auf ihn draufgerannt — gestoppt lag er hinter der Nebelwand — Klappen fielen an seiner Bordwand herab, und aus vier Geschützen werden wir plötzlich behämmert. Gott sei Dank waren wir, aus dem Nebel kommend, so nahe an ihn herangeprallt, daß seine Granaten über uns hinwegbrummten. Alarm und Schnelltauchen — Krachen der Granaten, Pfeifen der Luft aus den Tanks, ein ohrenbetäubender Lärm an Oberdeck — ich schlug unsere Geschützbedienung einzeln ins Kreuz, da die Kerle bei dem Krach nichts hörten und nicht merkten, daß unser Boot schon auf Tiefe ging. Dann purzelten wir nacheinander Hals über Kopf in den Turm hinein und bekamen das Luk gerade noch zu, bevor die See hineinschlug. Donnerwetter war das ein gemeiner Reinfall! Noch auf 50 Meter Tiefe hörten wir die Scharfen Detonationen der berstenden Granaten. —

Einmal holte mich die „Nummer Eins", der älteste seemännische Unteroffizier an Bord, selbst durch eine Leine zum Boot hin gesichert, aus der großen Atlantiksee heraus. Ich war schon blau und steif, aber Gott sei Dank, sie legten anscheinend an Bord Wert auf mich und halfen mir wieder zum Leben zurück.

Und die Lehre von der Geschichte: Nie wieder in meinem Leben werde ich versuchen, mit einem lecken Beiboot an einem von der Mannschaft verlassenen, aber noch fahrenden Schiff in rauher Atlantiksee längsseit zu gehen. Denn gerade als wir am Dampfer waren, war unser Bootchen voll Wasser und sackte ab — ich konnte nur noch nach oben greifen und mich an einer Leine festhalten, die über Bord hing. Aber, o Kummer, Sie rauschte aus, und ich sauste mit ihr nach hinten, bis kurz vor die große schlagende Schiffsschraube. Da hing ich nun, ich armer Tor — jede See ging mir übern Kopf weg.

Ich konnte weder vor noch zurück, denn gegen den Fahrstrom an nach vorne war's unmöglich, und hätte ich losgelassen, hätte die Schraube aus mir Ragout gemacht.

So allmählich hatte ich genug Wasser geschluckt, und die Sehnen meiner Arme taten es nicht mehr. Ich sah nur noch unser U-Boot in meine Nähe kommen, dann war's vorbei — und ich fand mich auf meiner Koje in unserem Boot nach einer Stunde wieder. Als ich vom Dampfer abtrieb, hatte gerade die Schraube zu Schlagen aufgehört, und der brave Unteroffizier hatte mich dann gegriffen.

Bei Vinzent bekamen wir im Frühjahr 1917 einen englischen Dampfer, er hieß „Isle of Jura", im Artilleriekampf nach erbitterter Gegenwehr. Wir halfen dann mit Verbandmitteln, so gut wir konnten. Es war eben Krieg.

Und einst wären wir hier um Haaresbreite in Gottes Keller gekommen. Beim Unterwasserangriff auf einen Geleitzug plötzlich ein ohrenbetäubender Krach, das Reißen von Stahl und Eisen. Das Boot wird unter Wasser hart auf die Seite geworfen, eben noch auf 12 Meter, jetzt schon auf 30 Meter, jetzt auf 50 Meter unter Wasser — und unter uns noch 2000 Meter Platz! „Preßluft!" — doch Gott sei Dank, das Boot bleibt dicht, wir bleiben unten und gehen erst nach oben, als sich dort alles beruhigt hat und das Meer leer ist. Welcher Anblick nach dem Auftauchen! Das Oberdeck unseres Bootes aufgerissen, unser Geschütz umgeworfen, der Turm eingedrückt — und, das schlimmste von allem, sämtliche Sehrohre umgeknickt.

Wir waren unter Wasser überrannt, und nur dem Herrgott verdankten wir es, daß wir noch am Leben waren. Aber mit dem Boot ohne Sehrohre, also als blindes Huhn nach Hause kommen? — Doch es gelang. Nach zehntägiger Fahrt, voller Erlebnisse, durchgeschüttelt von Wasserbomben, jedes Auftauchen auf gut Glück und voller Spannung — vielleicht mitten in die feindliche Bewachung hinein — kamen wir glücklich im Heimathafen an. Eine glänzende Leistung unseres Kommandanten.

Ein ander Mal klemmte bei raschem Alarm und Schnelltauchen unser Turmlukdeckel, wir tauchten mit offenem Turmluk, das dicke grüne Meer stürzte ins Boot, da schlug auf 30 Meter unter Wasser der Lukendeckel aus irgendeinem Grunde dicht — Preßluft und Pumpen fingen das Boot vor dem Versinken in gähnende Tiefe ab — und nach stundenlanger Arbeit hatten wir das Boot wieder einigermaßen unter Wasser in Ordnung und in der Hand. Einigermaßen — denn alle elektrischen Leitungen hatten durch den Salzwassereinbruch Schluß bekommen, und die plötzlich aufflackernden Brände, die uns in den nächsten Tagen nicht zur Ruhe kommen ließen, bedrohten das Leben unseres wackeren Bootes.

Und dann Gibraltar! Oft sind wir hier im Krieg mit unserem U-Boot durchgeschippert. Bei Abenddämmerung standen wir, vom Mittelmeer kommend, vor der Straße von Gibraltar — bei Dunkelheit dann hinein — durch die Bewachung, die Scheinwerfersperren hindurch und an den Magnesium-Foxgloves vorbei. Möglichst über Wasser, denn das Tauchen war häßlich, da man nie wußte, wo einen der starke unberechenbare Unterwasserstrom, der kaum auszudampfen war, hinsetzte. Bei Hellwerden war dann meistens die Überwachungszone überwunden, und naß, schmutzig und übernächtigt, aber freudig ob der gelungenen Fahrt hockte man in der aufgehenden Sonne auf dem Turm, noch nach den letzten verschwindenden Zerstörern spähend, und ließ sich von der ersten anlaufenden, langen Atlantikdünung wiegen.

Im Morgengrauen kamen auch die ersten Fischerboote heraus — Spanier. „Eviva Alemania!" „Eviva Espana" — winkten und riefen wir hin und her.

Dann ging's weiter, dem Operationsgebiet vor der Gibraltar-Straße entgegen. Einst passierte uns nachts dicht ein hell erleuchteter Spanischer Passagierdampfer. Lange Promenadendecks, weißgekleidete Menschen, Musik schallte herüber. Gab's so etwas überhaupt noch? Menschen, die nicht in Öl- und Lederzeug, rauh und rissig, vom Salz der See gegerbt, wie Raubtiere jagend, wie Geächtete gejagt, über das Meer fuhren?

Einmal trafen wir nachts schon in der Straße auf den ersten Geleitzug aus dem Westen. Wir stießen hinein, ein Dampfer mußte runter, dann Alarm, Schnelltauchen und ein Hagel von Wasserbomben. In endloser Unterwasserfahrt mußten wir dann nach Westen, Raum gewinnen. Am nächsten Abend konnten wir erst wieder hoch, mit fast leerer Batterie — von der Strömung gänzlich versetzt — wir standen eben erst bei Kap Trafalgar.

Am 1. März 1918 übernahm ich als Kommandant UC 25, später UB 68 bei Unternehmungen im Atlantik und im Mittelmeer. Im Morgengrauen wurde die afrikanische Küste, Kap Tenez — Kap de Fer — Kap Bone, angesteuert, bei Hellwerden getaucht, der Tag auf Unterwasserwartestellung verbracht, das Auge am Sehrohr, voller Sehnsucht nach einem anlaufenden Geleitzug, im Boot eine unerträgliche Hitze und eine allmählich kaum noch zu atmende Luft. Die Sonne steht im Meridian — kein Dampfer — nur patrouillierend Zerstörer und gelegentlich ein paar Flieger. Der Himmel färbt sich, die Sonne geht unter — kein Geleitzug — ein vergeblicher Wartetag! Jetzt ist's oben dunkel, durchs Sehrohr ist nur noch die schwarze, schäumende See wie flüssiges Metall zu erkennen. Im Boot lautlose, dumpfe Stille — jeder wartet auf das erlösende Wort „Auftauchen"! Wie köstlich ist dann der erste Atemzug frischer Luft — nach 14stündiger Unterwasserfahrt — und wie köstlich für den Raucher der erste Zug aus Seinem Glimmstengel.

Da hatte ich nach dem Auftauchen bei Kap Bone einmal „Glück". Wir waren von der Küste abgelaufen und luden die Batterie auf, als in der hellen Mondnacht ein Geleitzug ankam, in milchigem Licht scheinbar lauter Riefendampfer. Vorneweg jagende Zerstörer, davon einer mit einer „Wurst" — mit einem geschleppten Fesselballon. Getaucht und hinein in den Geleitzug, und dann kam's doch so ganz anders als erhofft. Ich quälte mich am Sehrohr, bis mir kochheiß war, und kam dann trotzdem nicht zum Schuß, so schwierig war es, im Sehrohr etwas auszumachen. Zerstörer mahlten am Boot vorbei — ungesehen, zuerst gehört — oder im letzten Augenblick erst als große schwarze Wand im Sehrohr erkannt. Ergebnis: der heißersehnte Geleitzug lief vorbei — und kein Schuß! Der teutonische Zorn hatte mich erfaßt. Ist es unter Wasser zu dunkel, muß es über Wasser gehen!

„Auftauchen!" Dahinten fährt der Geleitzug, hell vom Mond beleuchtet. „Ran!" — Verflucht, ist das hell — die Zerstörer müssen ja schlafen, wenn — noch laufen wir näher heran, noch sehen sie uns nicht. Doch, ach herrjeh, da hatten wir's schon: Aufblitzen drüben, und tsing — tsing — fliegen uns die Granaten übern Kopf. — Hart Backbord — Alarm — „Schnelltauchen". — Donner, will das Boot nicht runter? — „Regler vollnehmen!" — Gott sei Dank, jetzt fällt es, sicher genau so schnell, wenn nicht noch rascher als sonst auch, aber es kommt einem dann immer wie eine Ewigkeit vor. Da kamen auch schon die Schraubengeräusche und dann ein ohrenbetäubendes Dröhnen, das Licht geht aus. Da hatten wir den Salat, Wasserbomben in nächster Nähe! Das kommt davon, wenn man versucht, wie ein blinder Berserker bei Mondschein in einen Geleitzug hineinzufahren.

Nach zwei Stunden tauchten wir dann auf. Das Meer lag leise atmend in tiefstem Frieden. Wir hatten wieder die „Seeherrschaft".

Und oben auf dem Turm saß ein vergrämter Kommandant und fluchte wie ein Landsknecht — oder wie ein U-Boot-Mann, was keinesfalls besser war. Dafür war das Kriegsglück ihm am nächsten Tage um so günstiger und bescherte ihm gleich zwei große Dampfer auf einmal.

Noch ein kleines Erlebnis aus dieser Gegend. Auf der Linie Oran—Marseille bekamen wir 1916 nach vierstündigem Artilleriekampf den französischen Dampfer „Diana", er traf mit seinem einen Geschütz nichts, wir aber von unserem rollenden Boot aus auch nicht viel. Dann stieg die Dampferbesatzung endlich aus. Im Rettungsboot der finster blickende Kapitän, ein dunkler Südfranzose, aber ein Kerl. Später hörten wir, daß der französische Marineminister ihn wegen seines zähen Widerstandes mit einer goldenen Uhr bedacht hatte. Hinterher kam ich auf der „Diana" in die Kapitänskajüte. Donner ja, welch galanter Mann war der Kapitän! Das sah man an dem wirklich stark „leichten" Bilderschmuck und den parfümierten Liebesbriefen aus allen Mittelmeerhäfen, die aus der Schreibtischschublade des Kapitäns quollen.

Wir stehen im Malta-Kanal. An Backbord die sizilische Küste, Steuerbord voraus das englische Malta. Dort drüben Marittimo. Dahinter liegt Palermo mit dem Monte Pelegrino. Es war eine verflixte Aufgabe, dort vor einem Hafen Minen zu legen. Erst war überhaupt einmal festzustellen, wo die Einlaufwege waren. Das mußte absolut ungesehen erfolgen, sonst hätte das spätere Minenwerfen ja überhaupt keinen Zweck mehr gehabt. Dabei ölklare See, über das Wasser rutschende U-Boot-Jäger — Flieger am Himmel. Sparsamster Sehrohrgehbrauch, dauernder Rundblick, Zenitsehrohr, — vor jedem Flieger auf 30 Meter gegangen, mit langsamer Fahrt, damit kein Wasser-Strudel die ölglatte Oberfläche kräuselt — ja, der Arbeit Schweiß am Sehrohr in Hülle und Fülle. Endlich, am Spätnachmittag, war's mir klar, wo die Minen hinmußten, wenn Sie überhaupt Schaden bringen sollten. Nun runter in Gottes Keller und unter Wasser auf 50 Meter die Minen geworfen, gekoppelt nach Uhrzeit. Lautlose Stille im Boot, nach der Stoppuhr erfolgen die Wurfkommandos, scharrend fällt die Mine aus dem Schacht, ein fernes hallendes Dröhnen zeigt an, daß sie unten auf dem ewig ruhigen Meeresgrund aufgesetzt hat, um nun von hier auf die eingestellte Tiefe emporzusteigen.

Am 4. Oktober 1918 griff das Schicksal nach UB 68. Es war eine kurze, aber harte Sache. Wir Überlebenden wurden nach Malta gebracht. Mein Anzug war wenig respektabel: Ein Hemd (mit dunklem U-Bootton), eine Unterhose und ein Strumpf — das war alles, was ich anhatte. Hinter mir die Braven meines Bootes, alle wild, schwarz, ölig.

Dann ging's nach Verdalla, in ein altes, kaltes, nasses Fort mit dunklen Kasematten. Als das jahrhundertalte schwere Eisentor hinter uns ins Schloß fiel, sahen wir uns unwillkürlich noch einmal um. Wir waren nicht allein — sondern auf jeden Mann kam ein schwerbewaffneter Tommy mit aufgepflanztem Bajonett, damit wir U-Bootbestien auch sicher in den Käfig kamen. Dann stand ich in meinem würdigen Auszug vor dem englischen Admiral. Fühlte mich aber eigentlich gar nicht klein und häßlich.

Der Engländer: „Welche Nummer hatte Ihr Boot?"
Ablehnendes Achselzucken.

Der Engländer, eingeschnappt: „Wer sagt mir überhaupt, daß Sie der Käpten sind, ich werde sie ins Mannschaftslager stecken und arbeiten lassen!"

Eigentlich hatte er nicht so unrecht, wie ein Käpten sah ich weiß Gott nicht aus; — ich: „I can't help it!" — Schweigen.

Da Schrieb der englische Admiralstabsoffizier auf sein Blatt die Nummer meines früheren Bootes UC 25 und den Namen des dicken Dampfers „Cyclops", den ich im sizilischen Kriegshafen Porta Augusta umgelegt hatte, und schob dem Admiral das Blatt zu. Ich war überrascht, wie gut die Leute im Bilde waren. Also Sie wußten ganz genau, wer ich war.

Ich kam dann 6 Wochen zu den „Emden"-Offizieren in die Vardalla-Baracken, bis ich über Gibraltar nach England weiter verfrachtet wurde.

Gibraltar! Dort erlebte ich mit dem geretteten Rest meiner braven Männer den 10. November 1918. Ein englischer Kreuzer hatte uns von Malta nach Gibraltar gebracht. Ich stand am Heck des Kreuzers, sah im Hafen die Fülle der Flottillen von Zerstörern, U-Booten, Foxgloves und Sloops aller Nationen, über die England für die Gibraltar-Bewachung verfügte. Es wurde mir klar, welch ungeheuere Überlegenheit an Material und

Kräften die Feinde zur Verfügung hatten, um uns niederzuringen.

Da heulten am 10. November mittags alle Sirenen, Toppflaggen gingen hoch, eine Salutbatterie an Land fiel ein: der Waffenstillstand war unterzeichnet.

Wir Standen zusammen, eine kleine trotzige Schar mit unendlich bitterem Herzen. Auf einem Linienschiff der Feindmächte wurde an der Gaffel die deutsche Kriegsflagge, auf den Kopf gestellt, gesetzt, und auf- und niedergeholt. Der Kommandant des englischen Kreuzers, auf dem wir uns befanden, trat zu mir und sagte, daß er dies nicht schätze. Ich antwortete, ob der englische Seeoffizier sich über einen Sieg freuen könne, der nur mit der ganzen Welt als Bundesgenossen erreicht sei, und wies auf die amerikanischen, französischen, japanischen und sogar brasilianischen Schiffe im Hafen hin. Er antwortete mir nach einer pause: „Yes, it's a curious thing!" — Ein ehrlicher Frontmann.

Noch 14 Tage lagen wir in Gibraltar, bevor wir weiter nach England gebracht wurden. Eine finstere Zeit, voll finsterer Nachrichten. Dabei bohrte ständig wie ein Wurm in einem der Gedanke, trotz der Wachposten über Bord zu springen und nach dem spanischen Algeciras zu schwimmen — doch der Verstand verwarf immer wieder den hoffnungslosen Plan.

Heinrich Kukat, du bester unter den U-Boot-Kommandanten unseres Jahrganges! Am 8. November 1918 schlug wie ein Keulenschlag in Gibraltar die Nachricht vom Untergang des englischen Linienschiffs „Britania" ein, das du noch auf deiner Heimreise kurz vor Waffenstillstand aus enger Zerstörersicherung in der Gibraltarstraße herausgeschossen hattest. Alle Flaggen halbstocks, in Gibraltar Seeklarbefehle und hastiges

Auslaufen von Zerstörerflottillen, um die wenigen Überlebenden draußen zu bergen und dich, du bravster der Braven, aufzuspüren.

Glücklich kamst du heim, um dann 1920 im Ruhrgebiet vor Bottrop einer deutschen roten Kugel zum Opfer zu fallen. Du warft ein Krieger, bescheiden, mit schlummernden Kräften, die erst die Gefahr wecken konnte. Und in dieser warst du ein ganzer Kerl!

In England saß ich bis in den Sommer 1919 in Gefangenschaft. Auf einer Bahre angeschnallt, als gefährlicher „Idiot" — verließ ich in Dover im Juli 1919 die „Gastfreundschaft des Königs von England", wurde auf ein englisches Lazarettschiff geschoben, und war in Rotterdam nach 9monatiger Gefangenschaft wieder ein freier Mann. Ganz so einfach war es allerdings mit der Freiheit nicht. Im deutschen Lazarettzug hörten nämlich wir angeblichen Idioten — wir waren zu dritt —, daß wir erst zur weiteren Behandlung für mindestens 14 Tage in die Irrenanstalt nach Marburg oder Jena sollten. Das paßte uns nun ganz und gar nicht! Der Chefarzt kam an meiner Bahre vorbei: „Bitte, Herr Oberstabsarzt, ich bin kein Idiot, bin vollkommen normal, habe in England nur markiert, weil das Nach-Hause-Kommen als gefangener U-Boot-Kommandant doch sehr ‚mulmig' war." Ungläubiges, wohlwollendes Lächeln, er klopft mir beruhigend auf die Schulter: „Ruhig — bleiben Sie still liegen — nicht aufregen!" — und weg war er. — Verfluchte Zucht — da soll doch gleich! — da erfahre ich den Namen des Oberstabsarztes — diesen Namen kenne ich doch, sollte er der Vater des gefallenen Kapitänleutnants W. sein? Ich frage ihn, erzähle ihm vom Tode seines Sohnes. „Glauben Sie nun, daß ich normal bin?" — Und der Erfolg: in Friedrichsfelde bei Wesel werde ich mit meinen beiden Kameraden losgelassen, fahre im Auto nach Duisburg — und von dort im D-Zug nach Haus.

Wissen Sie noch, H'chenleinchen, mein armer irrsinniger Freund, wie wir in Duisburg unsere Freiheit genossen, und in ein Kino gingen? Wie Sie in der dunklen Loge stolperten und als armer, nichts Gutes mehr gewohnter Prisoner of War gleich einem schönen, blonden deutschen Mädchen in den Arm fielen?

Viele Jahre später bin ich einmal wieder im Jonischen Meer gewesen. Dort, wo mein braves U-Boot liegt. Wir setzten feierlich eine große Flagge. Der brave Kapitän unseres Hapagdampfers mit seinen Offizieren stand grüßend auf der Brücke — ich war allein am Heck, als die Flagge langsam gedippt wurde — den Helden zum Gruß, die dort unten in UB 68 in 3500 Meter Tiefe liegen.

Wir Überlebenden von UB 68 grüßen euch, die ihr euer Leben gabt. — Dich vor allem, braver Jeschen, grüßen wir — ohne dich wären wir Geretteten jetzt nicht am Sonnenlicht! Wie starbst du? Wie oft habe ich mir in den Nächten nach dem 4. Oktober in der dunklen Kammer des englischen Führerschiffes und in der Felsenkasematte Maltas grübelnd diese Frage vorgelegt? Wie waren meine Gedanken bei euch, die ihr mir fehltet, als ich die vom Meereswasser Triefenden auf dem englischen Kreuzer antreten ließ und zählte, wer von uns geblieben war.

In meinen Träumen sah ich euch kleine Schar, dich, Jeschen, voran, den steilen Weg zum Himmelstor aufsteigen. Ein nasser Streifen Meereswasser war eure Spur, — die Salzflut tropfte euch aus Haar und Lederzeug. Unseren jüngsten Matrosen — den Thalman, führtet ihr, — ihm stand die Erinnerung an den jähen Sturz aus dem Leben noch in den schreckhaft weit geöffneten Augen. Eure blassen gespannten Gesichter sahen erhoben dem ersehnten Ziel entgegen. Da sahet ihr in der Ferne im strahlenden rosigen Morgenlicht die hohe mächtige Himmelsburg mit wolkenstrebenden Türmen und Zinnen. — Ja, weit wurden euch die Himmelspforten geöffnet, denn mehr konntet ihr Männer eurem Volke nicht geben, als ihr ihm gegeben habt.

Aus meinem Kriegs-Tagebuch
Von Otto Schultze

Bei Kriegsausbruch wurde ich als Rollenoffizier auf S. M. S. „König" kommandiert. Mein brennendster Wunsch, in vorderster Front zu stehen, wurde im Frühjahr 1915 durch Abkommandierung zur U-Boot-Ausbildung erfüllt. Nach deren Beendigung erhielt ich Ende 1915 das Kommando des Schulbootes U 4. Am 11. März 1916 konnte ich dann U 63 in Dienst Stellen, ein neuzeitliches 800-Tonnen-Boot.

Am 1. Juni 1916 stand ich mit meinem Boot vor dem Firth of Forth, um den aus der Skagerrak-Schlacht heimkehrenden englischen Schiffen aufzulauern. Ein englischer Linienschiffsverband kreuzte meinen Weg, und obwohl ich noch über keinerlei praktische Erfahrung im U-Boot-Krieg verfügte und die junge Besatzung auf dem ganz neuen Boot noch nicht genügend geschult war, fuhr ich doch entschlossen einen Angriff auf ein englisches Linienschiff. Doch dieser Angriff mißglückte, da die Besatzung keineswegs restlos mit dem neuen Boot in der kurzen Zeit seit der Indienststellung vertraut sein konnte. Dabei hatten wir noch großes Glück, denn nur um Haaresbreite entging das Boot dem Rammstoß des englischen Linienschiffes.

Wenig später gelang es mir, meinen ersten erfolgreichen Torpedotreffer bei einem der gefährlichen englischen U-Boot-Jäger auf der Doggerbank anzubringen. Der nächste Erfolg war gleich ein englischer Kreuzer, den ich an der Ostküste Englands versenkte.

„Sie gehen an der und der Stelle auf der Höhe von Flamborough Head dicht unter Land an der Küste der englischen Grafschaft York in Position," so lautete dem

Sinne nach der Befehl zu einer Unternehmung, die ich mit meinem Boot U 63 in den Tagen vom 8.—20. August 1916 durchführte. Ich war wahrhaftig noch kein erfahrener U-Boot-Kommandant, als ich am 18. August 1916 mit meinem Boot aus der Ems auslief. Darüber hinaus war die junge Besatzung keineswegs mit dem Boot restlos vertraut, besonders im Kampfe mit einem Gegner noch nicht geschult und kannte daher vor allem auch dessen Abwehrmaßnahmen nicht.

Der Unternehmung lag folgender Plan zugrunde. Der Sieger in der Schlacht vor dem Skagerrak, Admiral Scheer, plante für den 18. oder 19. August 1916 eine erneute Begegnung der deutschen mit der englischen Flotte in offener Seeschlacht. Durch die Beschießung von Sunderland sollte das feindliche Gros zum Kampfe herausgefordert werden. Um hierbei die U-Boot-Waffe erfolgreich einzusetzen, hatte der Führer der U-Boote im Stabe des Flottenchefs einigen Booten Befehl gegeben, nördlich und südlich von Sunderland in Lauerstellung zu gehen, um auf feindliche Streitkräfte zum Schuß zu kommen, wenn sie die nördliche oder südliche Linie der deutschen U-Boote passieren würden. Ich stand am 19. August mit meinem Boot dicht unter Land auf der Höhe von Flamborough Head. Da zahlreiche Fischdampfer und feindliche Überwachungsfahrzeuge in der Nähe waren, ging ich mit meinem Boot fast den ganzen Vormittag über auf 11 Meter Wassertiefe, um jeglichen Zusammenstoß mit den feindlichen Überwachungsfahrzeugen zu vermeiden.

Am Nachmittag um 15,35 Uhr kam vom Führer der U-Boote der Befehl, einen Vorstoß nach Osten zu unternehmen, da der Kommandant von U 53, Kapitänleutnant Walther, das englische Gros auf dem Vormarsch in südlicher Richtung gemeldet hatte. Ich lief bis abends 19,05 Uhr östlichen Kurs, aber vergebens, denn die Engländer hatten schon längst wieder nach Norden abgedreht. Schließlich meldete „L 31", eines unserer Marineluftschiffe, daß das englische Gros auf den Humber zusteuere. so liefen wir denn mit unseren U-Booten wieder A. K. die Nacht hindurch nach Westen auf die Humber-Mündung zu, ohne jedoch feindliche Streitkräfte, die längst nach Norden abgelaufen waren, zu sichten. In der Morgenfrühe des 20. August um 5,40 Uhr tauchte ich auf. Prächtiges Wetter war über der See und ein milder Westwind wehte vom Land her. Nirgendwo war aber etwas vom Gegner zu entdecken.

Da, um 12,40 Uhr, als ich gerade beim Rasieren bin, meldet der wachhabende Steuermann: „Hohe Masten in östlicher Richtung." Ich lasse Rasieren Rasieren sein und stürze hinauf in den Turm, und richtig, ich erkenne die Masten eines feindlichen Kriegsschiffs. Sofort Schnelltauchen zum Unterwasseranlauf! Um 13,30 Uhr dreht der englische Kreuzer, der zur Städteklasse gehörte und offenbar von einem Schlepper begleitet war, vom südwestlichen auf südlichen Kurs. Wohl war die „Falmouth", So hieß der englische Kreuzer, am Tage vorher von U 66, Kommandant Kapitänleutnant von Bothmer, leicht angeschossen worden, doch lief sie noch mit eigener Kraft und machte gute Fahrt. Sie war aber durch neun feindliche Zerstörer, die in hoher Fahrt ununterbrochen um den Kreuzer in etwa 1000 bis 1500 Meter Abstand liefen, gesichert. Diese Art der Sicherung war mir damals noch vollkommen unbekannt. Um im Buganlauf zum 300 Meter-Angriff zu kommen, mußte ich mit meinem Boot durch die feindlichen Zerstörer durchbrechen. Die See war leicht gekräuselt, an sich die idealste Voraussetzung für einen Angriff. Als ich hinter einem der Zerstörer ihre Kette unter Wasser durchbrach, konnte ich mit dem Sehrohr alle an Bord befindlichen Leute auf dem Zerstörer erkennen. Bei der leicht gekräuselten See war mein Sehrohr vom Gegner nicht bemerkt worden. Um 13,45 Uhr kam ich in 300 Meter Entfernung in scharfem Abdrehen von Ost nach Nord zum Doppelschuß aus den Bugrohren. Zwei Treffer, einer vorne, der andere achtern! Bug und Heck der „Falmouth" waren schwer getroffen. Das Schicksal des feindlichen Kreuzers war damit besiegelt.

Im gleichen Augenblick drohte aber meinem Boot höchste Gefahr. Infolge des Gewichtsverlustes beim Abfeuern der beiden Torpedos schoß U 63 hoch mit dem Bug aus dem Wasser. Während ich das Boot sofort auf 18 Meter Wassertiefe flutete, schoß im selben Augenblick ein feindlicher Zerstörer heran und rammte das Boot an dem achteren backbordschen Trimmtank, der glücklicherweise nur eingedrückt wurde, während die Ruderanlage nicht berührt wurde. Da die Besatzung das Boot aber noch nicht sofort in der Gewalt hatte, ging es nochmals bis auf 7 Meter hoch. Dann gelang es uns endlich, das Boot auf 15 Meter Wassertiefe zu halten. Dabei brauste der nächste Zerstörer über uns hinweg und bewarf uns mit Wasserbomben, deren Explosion wir deutlich hörten. Schließlich ging ich auf 45 Meter Wassertiefe, um dann abzulaufen. Um 15,30 Uhr tauchte ich wieder auf. Und nun besahen wir uns den Schaden und mußten feststellen, daß wir nur ganz knapp beim Rammstoß durch den englischen Zerstörer „Torpoise" dem sicheren Tode entgangen waren. Zum Glück aber war die Ruderspindel nicht beschädigt. Bei prächtigem Wetter liefen wir dann zurück nach der Ems, wo unsere Flottille lag.

Später habe ich aus den veröffentlichten Kriegserinnerungen des Admirals Jellicoe erfahren, daß die „Falmouth" nach den beiden Torpedotreffern noch mehrere Stunden schwamm, bis sie dann schließlich in den Fluten versank. Für diese erfolgreiche Unternehmung erhielt ich als junger U-Boot-Kommandant das Eiserne Kreuz 1. Klasse.

Im Herbst 1916 fuhr ich dann mit U 63 um England herum ins Mittelmeer und traf wohlbehalten in Cattaro in der Adria ein. Hier hatten wir ausgiebig Gelegenheit, Erfahrungen im Handelskrieg zu sammeln, und hiervon sei nachstehend einiges erzählt:

Frühjahr 1917! Am 1. Februar war endlich der uneingeschränkte U-Boot-Krieg eröffnet worden. Ein ausgedehntes Seegebiet rings um alle Küsten Europas war als Sperrgebiet erklärt, und von den Stützpunkten der Heimat, von Flandern und im Mittelmeer von Cattaro und Pola aus wurde unsere Waffe rücksichtslos eingesetzt. Wir sollten versuchen, durch unsere Erfolge die Gegenseite zur Friedensbereitschaft zu zwingen. Jetzt erst konnten wir alle unsere Kräfte voll einsetzen für eine Aufgabe, die höchste Verantwortlichkeit in sich trug.

Mit meinem Boot U 63, einem modernen 800-Tonnen-Boot, gehörte ich damals zur 1. U-Flottille im Mittelmeer, die dem Befehlshaber der deutschen U-Boote im Mittelmeer in Pola unterstellt war. Ich hatte bereits einige erfolgreiche Fahrten im Mittelmeer hinter mir. Da erhielt ich im April 1917 den Befehl, an die italienische Westküste zu gehen, um hauptsächlich im Raum Genua—Korsika—Sardinien zu operieren.

An einem herrlichen Frühlingstage, dem 26. April vormittags, wird in Cattaro, längsseit der „Gäa", unserem Wohnschiff, losgeworfen. Hinter den mit Minensuchgerät fahrenden österreichischen Geleittorpedobooten 15 und 84 F geht es durch die Südausfahrt der Bucht von

Cattaro nach der Otranto-Straße. Es ist eine ruhige Fahrt bei schönem Wetter, abends zeigt sich im Süden Wetterleuchten. Um Mittemacht stehen wir vor der Otranto-Straße. Wind und Seegang sind inzwischen kräftiger geworden. Starke Dünung aus Nord-West, die hier offenbar noch vom vorangegangenen schlechten Wetter steht, läßt das Boot stark schlingern, so daß die neuen Leute unter der Besatzung Seekrank werden. Aber kein Bewacher zeigt sich.

Bei Tagesanbruch am 28. April stehen wir im Südausgang der Straße von Messina in etwa 4 Seemeilen Abstand von Land bei Taormina, wo Steuerbord voraus von Norden kommend ein abgeblendeter Dampfer ausgemacht wird. Während wir aufgetaucht uns vorzusetzen suchen, kommt von Süden ein anderes Fahrzeug in Sicht, vor dem getaucht werden muß, so daß wir nachher nicht mehr herankommen. Aber wenig später ist schon ein neuer Dampfer mit Südkurs in Sicht. Wir haben die günstige vorliche Stellung und setzen zum Unterwasserangriff an. Während das Boot auf Angriffstiefe geht, rasselt der Torpedotelegraph im Heckraum: „Rohr vier fertig!"

Die Geschwindigkeit des Gegners wird geschätzt, die Fahrtrichtung bestimmt.

„Etwas höher, noch etwas höher! Tiefer! Ein! Aus! Ein!" — so wandert das Auge des U-Boots.

„Maschinen kleine Fahrt!"

Wir müssen mit ganz geringer Fahrt weiter laufen. Da wir den Kurs des Dampfers bereits gekreuzt haben und einen Heckanlauf fahren.

„Steuermann!" —

„Vorbehalte-Winkel für 11 Seemeilen, Schneidungswinkel 90 Grad — Entfernung 300 Meter!"

Der Vorstellwinkel am Sehrohr wird befehlsgemäß vom Steuermann eingestellt. Und dann —
„Viertes Rohr, Achtung!" — „Looos!"
„Frage Uhrzeit?"
Um 9,08 Uhr verläßt der erste Torpedo von elf auf dieser Fahrt das Rohr. Schon nach 15 Sekunden Laufzeit hören wir einen dumpfen Knall — die typische Torpedoexplosion. „Treffer Mitte!" Das Schiff bricht in der Mitte auseinander und sinkt nach etwa einer halben Stunde, indem die beiden Hälften unter ungeheurem Getöse zusammenschlagen. Die Dampferbesatzung ist inzwischen in die Boote gegangen, und während wir an sie heranfahren und den Kapitän gefangennehmen, eröffnet das italienische Fort bei Taormina aus kleinem Geschütz das Feuer, das aber kurz liegt und von uns sofort erwidert wird. Wir beobachten mehrere Treffer und bringen das Fort zum Schweigen. Zwei weitere Dampfer, die später noch aus Norden in Sicht kommen, machen leider vorher kehrt, so daß wir nicht zum Angriff kommen. Der versenkte Dampfer war der Engländer „Karonga", 4665 Tonnen, in Ballast von Neapel nach Port Said. — Im Laufe des Tages werden noch sechs Segler, Ladung Salz bzw. Johannisbrot, versenkt. Das Sinken von fünf Seglern wird einwandfrei beobachtet, während wir beim Sechsten durch einen Zerstörer gestört und unter Wasser gedrückt werden. Erst abends um 7 Uhr tauchen wir wieder auf. Wir marschieren jetzt in ruhiger Nacht durch den Malta-Kanal nach Westen.

In der Frühe des 29. April gehen wir südöstlich Licata an der sizilischen Südküste auf Wartestellung. Doch müssen wir bereits um 8,45 Uhr unter Wasser, weil Gefahr besteht, daß wir von Land aus gesehen werden. Bis 2,30 Uhr kreuzen wir getaucht innerhalb der 200-Meter-Linie, ohne etwas zu sichten, für den Rest des

Tages aufgetaucht außerhalb der 200-Meter-Linie in etwa 15 Seemeilen Abstand zur Küste, aber ohne jeden Erfolg. Scheinbar haben die kürzlich hier von Kameraden gestreuten Minen die Schiffahrt vertrieben, so daß wir uns zum Nachtmarsch über Wasser nach der Straße von Sizilien entschließen. Aber auch hier haben wir am folgenden Tag kein Jagdglück, vielmehr müssen wir vor zwei Fischdampfern tauchen. Abends setzen wir den Marsch nach Westen fort.

Der 1. Mai ist unsichtig und stürmisch. Nichts will uns vor den Bug kommen. Am Abend sitzen wir beim Glase Wein zusammen, mein tüchtiger Wachoffizier Ehrensberger, der Leitende Ingenieur, Oberingenieur Röver, und ich, und überdenken die letzten zwölf Monate, denn heute vor einem Jahr verließen wir Kiel, um in Emden zur 4. U-Flottille zu treten. Wir können mit dem Ergebnis des ersten Frontjahres zufrieden sein: ein Treffer auf einen „Foxglove", einen der gefährlichen U-Boot-Jäger, die uns in der Nordsee so viel zu schaffen machten, ein englischer kleiner Kreuzer, die „Falmouth", mit 5600 Tonnen aus stärkstem Zerstörergeleit heraus versenkt, sowie 21 Dampfer, 10 Segler mit etwa 75000 Tonnen. Zwölf Monate Frontdienst hatten Kommandant und Besatzung längst zu einer Einheit zusammengeschweißt. Gerade beim U-Boot kommt es darauf an, daß sich Kommandant und Besatzung in jeder Lage aufeinander verlassen können. Das setzt vor allem eine völlige Beherrschung der Bedienung und Wartung der komplizierten Einrichtungen eines U-Bootes durch seine Besatzung voraus. Jeder einzelne muß seinen Posten restlos ausfüllen, denn von der Schnelligkeit, Sicherheit, Zuverlässigkeit und Pflichttreue, mit der er seinen Dienst versieht, hängt der Erfolg des Bootes und manchmal auch das Leben der

Besatzung ab. Bei Tauchalarm muß das Boot, das immerhin 800 Tonnen groß ist, in etwa 45 Sekunden von der Oberfläche völlig verwunden sein. Auf jeden einzelnen Handgriff, der in Bruchteilen von Sekunden sicher ausgeführt sein muß, kommt es da an. Die Kupplungen zwischen den Diesel- und Elektromotoren müssen für die Unterwasserfahrt in kürzester Zeit umgeschaltet werden. Der Wachoffizier, der in der Zentrale die Tiefensteuerung überwacht, muß besonders auf dem Poften sein. Im Turm arbeiten der Kommandant, der Steuermann und der Rudergast aufs engste zusammen. Der Kommandant nimmt die Peilung durch das Sehrohr. Der Steuermann ist für die Navigation über und unter Wasser verantwortlich. Er bedient ferner den Sehrohrmotor und den Torpedotelegraphen und gibt die Befehle für die Armierung weiter. In der Zentrale überwacht der leitende Ingenieur das richtige Funktionieren aller technischen Einrichtungen, besonders der Trimm- und Tauchtanks. Der Leitende Maschinist hält mit seinem Maschinenpersonal die Diesel- und Elektromotoren instand, die dauernder Pflege und Wartung bedürfen. Sie müssen ständig auf der Stufe hoher Leistungsfähigkeit gehalten werden, denn bei einer solchen Unternehmung muß das Boot eine Strecke von etwa 4000 Seemeilen zurücklegen. Nur dadurch, daß Kommandant und Besatzung mit ihrem Boot völlig verwachsen waren, konnten die Leistungen, die unsere U-Boote im Weltkrieg vollbracht haben, erzielt werden.

Wohl hat der Wind am 2. Mai, während wir an der Ostküste Sardiniens entlangschippern, nachgelassen, aber es ist immer noch diesig. Auf Morgenwache kommen die Feuer von Belavista in Sicht und ebenso am Nachmittag für kurze Zeit die Insel Tavolara bei

Terranova. Sonst aber sehen wir weder Land noch Schiffe. In der Nacht fahren wir mit 14 Seemeilen zwischen Korsika und der Insel Elba und steuern unserem eigentlichen Operationsgebiet, dem Golf von Genua, zu. Bei Tagesanbruch kommt Steuerbord voraus die Küste in Sicht. In 12 Seemeilen Abstand von der Halbinsel Portofino gehen wir auf Sehrohrtiefe, denn wir laufen sonst Gefahr, von der hohen Küste aus gesehen zu werden. Gegen Mittag kommen bei diesigem Wetter die Häuser von Genua heraus. Inzwischen haben wir die 200-Meter-Linie erreicht und Steuern Kurs Ost auf die Halbinsel Portofino zu, wo wir auf Wartestellung gehen. Einen Dampfer von etwa 2500 Tonnen mit Ostkurs lassen wir ungeschoren, wir hätten doch nur unter äußerster Beanspruchung der Batterie auf ihn zum Angriff kommen können. Wenn wir nun schon mal so lange unter Wasser geblieben waren, wollten wir so viel Strom wenigstens für einen fetteren Bissen geopfert haben. Und richtig, während wir schon beim Abendbrot sitzen, schrillt die Alarmglocke: „Zwei größere Dampfer von Genua her in Sicht!" Ich stürze nach oben, besehe mir die Sache und lasse den Rudergast gleich wenden. Heckangriff auf den größeren, etwa 8000 Tonnen fassenden Dampfer! Im Heckraum ist das Torpedo-Ausstoßrohr aus dem Torpedoausgleichstank bewässert, die Abschußpatrone eingesetzt und nach dem Öffnen der Mündungsklappe das Rohr schußfertig nach dem Turm gemeldet. Beim Aufleuchten der farbigen Abschußlampe flitzt der „Aal" aus dem Rohr in sein Element und schon wenig später reißt er in den 8000-Tonner vorne ein riesiges Loch. Getroffen versucht er mit A. K. die nahe Küste zu erreichen, aber schon nach 10 Minuten versinkt der Dampfer rauschend über den Vorsteven in die Tiefe. Da macht der zweite

Dampfer merkwürdigerweise plötzlich kehrt, so daß ich auch auf ihn noch zum Schuß komme. Aber die Blasenbahn wird bei der glatten See bemerkt, und der Dampfer kann leider den Torpedo durch Abdrehen ausmanövrieren. Einen dritten, von Osten kommenden Dampfer, müssen wir laufen lassen, da er, sich auf einige 100 Meter an die Küste klammernd, nur nach längerem Anlauf erreicht werden könnte. Dazu reicht aber die völlig erschöpfte Batterie nicht mehr. Bei Eintreten der Dämmerung tauchen wir auf und laufen zum Aufladen der Batterie ab. Dieses kann nur außerhalb des Bereichs feindlicher Gegenwirkung erfolgen.

Der 4. Mai bringt uns, nachdem wir allerdings am frühen Morgen infolge eines Rohrversagers einen 6000-Tonner, der uns auf 300 Meter todsicher war, laufen lassen mußten, unseren schönsten Erfolg auf dieser Unternehmung. Um 10,30 Uhr kommt Backbord achteraus bei Kap delle Mele ein großer Zwei-Schornstein-Dampfer mit nördlichem Kurs in Sicht. Er steuert Zickzackkurs und wird von zwei Zerstörern begleitet. Um 10,58 Uhr will ich den Angriff schon als aussichtslos aufgeben, da dreht der Dampfer plötzlich nach einem großen Schlag in See wieder auf mich zu. Es ist ein mächtiger 13000-Tonner, ein vollbesetzter englischer Truppentransporter vom Typ der „Orama". Kein Wunder, daß er durch zwei Zerstörer gesichert wird. Im Bugangriff pirsche ich mich mit hoher Fahrt an ihn heran. Ich darf vom Sehrohr nur sparsam Gebrauch machen, damit mich die Zerstörer nicht entdecken; denn dann gibt's Wasserbomben und dauernde Verfolgung. Alles kommt jetzt darauf an, daß die Tiefensteurer, die entsprechende Tiefe — 11 Meter — halten, denn wenn wir an die Oberfläche kommen, geht's uns schlecht.

Dauernd fahre ich im Sehrohrschacht wie in einem Fahrstuhl auf und ab.

„Aus! Ein! Aus! Ein!" — das Auge unverwandt am Okular des Periskops. Sofort springt jedesmal der vom Steuermann bediente Sehrohrmotor an und rasselnd steigt der Fahrstuhl im Schacht nach oben und wieder nach unten. „Zwotes Rohr, Achtung!" Schon kommt die Meldung: „Zwotes Rohr ist fertig!" zurück. Jetzt wandert die hohe Bordwand durch den Zielfaden des Sehrohrs, erst der Bug, der vordere Mast, dann der vordere Schornstein — „Achtung! — Zwotes Rohr — loooos!" „Frage Uhrzeit?" Der Rudergänger meldet: „11,17 Uhr, Herr Kapitänleutnant!" Am Rohr 2 ist der Torpedoauslösehebel herausgesprungen, der Torpedo rast auf den dicken Transporter zu — — „Treffer achtern!"

Der Dampfer bekommt geringe Schlagseite und versucht noch eine Zeitlang auf die Küste zuzulaufen. An Bord des Dampfers wimmelt alles wild herum, dann stoppt er, setzt Boote aus, und der eine Zerstörer, am Bug ein großes „H" und die japanische Flagge im Topp, geht längsseit. Doch dieser dicke Kerl ist noch einen zweiten Torpedo wert. Ich fahre hinter ihm her und gebe ihm auf 300 Meter noch einen Torpedo, diesmal einen Heckschuß, der vorne trifft. Während der zweite Zerstörer in etwa 1—2000 Meter Abstand kreuzt, legt nach dem zweiten Treffer der längsseitgegangene erste Zerstörer von dem Sinkenden Dampfer ab, prescht mit voller Fahrt hinter mir her und eröffnet das Feuer auf das Sehrohr. Jetzt ist es aber höchste Zeit, daß wir völlig verschwinden. Also — — „Schnell auf Tiefe gehen!" — 15, 20, 30, 40 Meter zeigt der Tiefenmanometer an. Dann laufen wir ruhig auf 45 Meter Wassertiefe ab. Merkwürdigerweise kommen keine Wasserbomben.

Nach einer halben Stunde gehe ich wieder auf Sehrohrtiefe. Der Dampfer schwimmt immer noch, aber um 12,30 Uhr ist es um ihn geschehen. Mit dem Heck zuerst rauscht er in die Tiefe, die hier über 2000 Meter beträgt. Eine Stunde danach sind die Zerstörer immer noch am Rettungswerk, um die im Wasser schwimmenden Überlebenden an Bord zu nehmen. Wir aber laufen zunächst noch einmal unter Wasser ab, um dann gegen 3 Uhr aufzutauchen und die Batterie aufzuladen.

Es sollte nicht das einzige Mal bleiben, daß ich mit einem der Kommandanten dieser japanischen Zerstörer in Berührung kam. Achtzehn Jahre Später, 1935, reist eine japanische Marinekommission durch Deutschland und besucht u. a. auch Wilhelmshaven, um dort die Marineanlagen zu besichtigen. Die japanische Offiziersabordnung macht bei mir, dem Kommandierenden Admiral der Marinestation der Nordsee, Besuch. Unter ihnen befindet sich ein Kapitän zur See, mit dem ich mich angelegentlich über die Versenkung jenes englischen Truppentransporters im Golf von Genua unterhalte. Dabei stellt sich heraus, daß der Japaner damals Kapitänleutnant und Kommandant einer der beiden japanischen Zerstörer war, die den englischen Truppentransporter begleiteten. Wir haben uns natürlich beide gefreut, einander diesmal unter so viel erfreulicheren Umständen zu begegnen. —

Mit unseren bisherigen Erfolgen auf dieser Fahrt kann ich zufrieden sein, denn am Abend stelle ich mit meinen Offizieren fest, daß wir nicht nur auf dieser Reise bisher drei Dampfer und sechs Segler mit insgesamt 25000 Tonnen versenkt haben, sondern für mich sind damit auch die ersten hunderttausend Tonnen von mir versenkten Schiffsraums erreicht. Jeder von meiner

Besatzung hatte Anteil daran. Alle gaben wir unser Bestes, um der schwer bedrohten Heimat und der Armee mit all unsern Kräften Zu helfen.

In der Frühe des 5. Mai liegen wir erneut bei Kap delle Mele in etwa 3 Seemeilen Abstand von Land auf der Lauer. Im Laufe des Vormittags ist es aber zeitweise sehr unsichtig, so daß wir auf unter 2 Seemeilen an die Küste herangehen müssen, um den Verkehr beobachten zu können; mittags klart es etwas auf, und um 12,30 Uhr kommen tatsächlich in Südwest mehrere Fahrzeuge mit nördlichem Kurs in Sicht. Anfänglich war auch ein Zerstörer dabei, der aber anscheinend kurz vor Kap delle Mele kehrtgemacht hat. Immerhin bleiben noch zwei Dampfer und ein Fischdampfer übrig, der vorausfuhr. Der zweite der Dampfer scheint der größere und wertvollere zu sein. Auf ihn fahre ich einen Angriff. Gegen meine ursprüngliche Absicht wird ein Heckanlauf daraus, da ich den Bugangriff auf den vorderen Dampfer angesetzt hatte und der zweite nicht direkt hinterher, sondern seitlich herausgesetzt fuhr. Der Angriff gelingt gut (3-400 Meter), leider macht aber der Steuermann zu früh los und der Torpedo (letzter Hecktorpedo) geht vorne vorbei. Das Sehrohr schnitt kurz vor dem Schuß noch unter und ich befahl „Ausfahren!", der Steuermann aber verstand „Looos" und drückte auf den Knopf. Das war nun zwar sehr ärgerlich, aber ich ging mit „Alle Fahrt!" hinterher, um ihm noch einen Bugschuß zu geben.

Dieser Angriff wird außerordentlich aufregend. Der Dampfer hatte die Laufbahn des vorbeigegangenen Torpedos offenbar gesehen und außerdem, beim erneuten Angriff, auch noch mein Sehrohr. Da dreht er plötzlich auf mich zu, und setzt zum Rammstoß an. In dieser für Boot und Besatzung sehr kritischen Lage komme ich doch noch auf etwa 200 Meter in schräg vorlicher Stellung zum Schuß. Treffer vorne! — Alles kommt jetzt auf die Tiefensteuerer an, denn ich muß wegen der Rammgefahr Sofort auf Tiefe gehen. Es geht aber alles klar, So daß ich auf 45 Meter Wassertiefe ablaufen kann. Nach kurzer Zeit geht's wieder auf 12 Meter. Da liegt der Dampfer gestoppt, hat vier Boote zu Wasser gesetzt und sackt vorne langsam tiefer. Sehr bald kommen mehrere Fischdampfer, ein Torpedoboot und zwei Zerstörer, die mich aber nicht entdecken. Leider gelingt es ihnen, den vorne schon bis an Oberdeck im Wasser liegenden Dampfer mit dem Heck auf das nur 2 Seemeilen entfernte Kap Croce zu schleppen. Ich hoffe, daß er trotzdem verloren ist, denn die Küste geht hier sehr steil hoch. Es war ein vollbeladener englischer Dampfer von etwa 5000 Tonnen.

Nun sind wir bald vierzehn Stunden in ununterbrochener Unterwasserfahrt mit all ihren Aufregungen bei den schwierigen Angriffen. Wenn man bedenkt, daß in den Druckkörper keine Frischluft Zugeführt werden kann und auch keine verbrauchte Luft herauskann, weiß man ungefähr, was das für die gesamte Besatzung heißt. Zunächst einmal ist das Quantum Frischluft vom letzten Auftauchen in etwa sechs Stunden verbraucht, der Geruch aus der Kombüse, der Maschinen- und Öldunst, die Hitze und schließlich die menschliche Ausdünstung tun das ihre. Aber noch treten keine Atmungsbeschwerden ein, denn die verbrauchte und ausgeatmete Luft wird durch Kalipatronen gejagt und dadurch bis zu einem gewissen Grade gereinigt. Außerdem sorgt man für eine gewisse Lufterneuerung dadurch, daß mitgeführte Sauerstoffflaschen aufgedreht werden. Ein bestimmtes

Quantum Sauerstoff strömt so frei in den Druckkörper hinein. Aber schließlich kann man ja nicht beliebig lang Sauerstoff zusetzen, denn er ist auch beschränkt. Die durch die Kalipatronen gereinigte Luft verbraucht sich immer rascher. Die Lungen arbeiten jetzt immer schwerer. Müdigkeit überfällt die Glieder, und es bedarf aller Energie, um diese lähmende Wirkung zu überwinden. Die Appetitlosigkeit wird immer größer, man braucht schließlich die gesamten noch vorhandenen Kräfte des übermüdeten Körpers allein, um zu atmen. Hinzu kommen die außerordentlichen Anstrengungen, besonders für den Kommandanten, während des Angriffes. Fast jedesmal ist er von den körperlichen Strapazen am Okular des Periskops in Schweiß gebadet, wenn er oft nach stundenlangen Vorbereitungen seinen Angriff endlich erfolgreich gefahren hat. Und nach solchen Stundenlangen Unterwasserfahrten drängt dann förmlich alles nach frischer Luft. Wehe, wenn dann die Batterie voll erschöpft ist und man auftauchen muß, weil der Meeresgrund, auf den man das Boot legen könnte, so unendlich weit und tief ist! In solcher Lage muß man zur Oberfläche durchstoßen. Oben aber warten dann womöglich bereits die feindlichen Zerstörer und Bewacher, gierig sich auf das Boot zu stürzen. —

Abends wird der F. T. mit den bisherigen Erfolgen nach Pola abgegeben. Den ganzen 6. Mai über kreuzen wir bei wenig guter Sicht. Aber nichts will uns vor die Rohre kommen, so daß wir am 7. Mai wieder nach dem Golf von Genua, unserem ergiebigen Jagdrevier der legten Tage, marschieren. In der Frühe liegen wir vor Kap delle Mele erneut auf der Lauer. Bald kommt von Süden ein größerer Dampfer in Sicht, der sich dicht unter der Küste schnell nähert. Im Bugangriff, der an sich herrlich gelingt, geht trotzdem auf 300 Meter der Torpedo vorbei, da ich die Geschwindigkeit des Dampfers stark unterschätzt und außerdem in der Eile hinten losgemacht habe. Aber der Dampfer hat wenigstens den Angriff nicht bemerkt, der Torpedo geht direkt hinter dem Heck vorbei.

Etwa eine halbe Stunde später kommt ein zweiter Dampfer in Sicht, der von einem Fischdampfer begleitet wird. Im Buganlauf komme ich nahe an ihn heran. Wegen der geringen Geschwindigkeit des etwa 3500 Tonnen großen bewaffneten Dampfers bin ich aber gezwungen, noch einmal ganz abzudrehen. Da entdeckt uns der Fischdampfer, der sofort das Feuer eröffnet. Auf 45 Meter Wassertiefe laufen wir ab, gehen dann aber wieder auf Sehrohrtiefe in der Hoffnung, daß der Dampfer vor Schreck vielleicht vorübergehend gestoppt hat, um ihn doch noch mit „Alle Fahrt!" zu bekommen. Aber er ist doch weitergefahren und nun nicht mehr zu holen. Dafür aber wird mir der heute früh entkommene etwa 5000 Tonnen große Dampfer, der nördlich der Insel Gallinara vor Anker liegt, eine sichere Beute, obschon ein Fischdampfer und ein Torpedoboot bei ihm stehen. Ich beschließe, ihm sofort einen Weitschuß zu geben. Der Bugschuß auf 1700 Meter trifft Mitte! Der Dampfer bekommt etwas Schlagseite und sackt sofort tiefer. Jetzt aber preschen das Torpedoboot und der Fischdampfer sofort auf uns los, und schon kracht eine Wasserbombe in etwa 100 Meter Abstand. Schnell gehen wir auf Tiefe und laufen auf 45 Meter ab. Nach einer halben Stunde befehle ich: „Auf Sehrohrtiefe gehen!" Unter der Einwirkung der Tiefenruder kommt das Boot auf 11 Meter. Durch das Sehrohr bemerke ich, daß der Dampfer inzwischen weiter gesackt und jedenfalls verloren ist. Später erschienen noch zwei Zerstörer auf der Bildfläche, so daß wir uns aus dem Staube machten, nachdem wir uns noch kurz vorher davon überzeugt hatten, daß der am 5. Mai erlegte Dampfer bei Kap Croce nur noch mit dem Heck aus dem Wasser herausragt. Um 3,30 Uhr nachmittags ist die Küste aus Sicht, so daß ich mich nunmehr entschließe, den Marsch nach Süden anzutreten. Weit und breit ist nichts mehr von Dampfern zu sehen, wohl aber ganz in unserer Nähe ein großer Walfisch, der mächtig prustet.

Obwohl wir in der Nacht keinerlei Begegnung haben und ich mich früh lege, um endlich einmal nach den anstrengenden Tagen auszuruhen, ist der Schlaf nicht nach Wunsch. Die Ereignisse der letzten Tage zittern zu stark nach, die Nerven find noch zu sehr in Tätigkeit.

Am Mittag des 8. Mai kommt die Nordwestecke von Sardinien in Sicht. Wir gehen an die Küste heran, um wenigstens einige Segler umlegen zu können, aber nichts ist weit und breit auszumachen, mit Ausnahme von zwei Fischkuttern. Die Küste bei Kap Caccia ist sehr malerisch mit ihrem 2—300 Meter hohen steil in das Meer abfallenden Vorgebirge. Die italienische Signalstation macht uns das internationale Signal herüber: „Setzen Sie Ihr Unterscheidungssignal!" Als wir anders als erwartet darauf antworten, meldet uns die italienische Signalstation als feindliches U-Boot. Abends in der Dämmerung halten wir von der Küste ab, Kurs Südwest, um auf dem von U 65 gefundenen Dampferweg südwestlich Sardinien auf Beute zu stoßen. Aber wir bleiben allein auf der weiten See. Wir erleben einen prächtigen Sonnenuntergang, die feurige Kugel scheint weit im Westen im Meer zu versinken.

Wir hoffen nun auf ganz sichtiges Wetter für den kommenden Tag, den wir noch gerne opfern wollen, um hier vielleicht mit der Artillerie noch etwas zu holen. Am

10. Mai um 3 Uhr kommt in der hellen Mondscheinnacht im Süden ein Fahrzeug in Sicht. Als ich nach oben komme, ist es schon ziemlich nahe, zwei Schornsteine sind zu erkennen und wir bilden uns ein, einen großen Dampfer vor uns zu haben. Die Alarmglocke schrillt durch das Boot, alle Mann gehen aus Tauchstation. Schon stehen die Diesel. Rasch werden für die Unterwasserfahrt die Kupplungen zwischen den Dieselmaschinen und den Elektromotoren herausgenommen. Die E-Maschinen erhalten durch die Maschinentelegraphen ihre Fahrtbefehle, und schon drehen sich die Schiffsschrauben elektrisch. In der Zentrale sind die Horizontalruder und die Kurbeln für die Schnellentlüftung besetzt, ebenso der Posten des die Tiefensteuerung leitenden Wachoffiziers. Alle Einzelmeldungen sind beim Leitenden Ingenieur in der Zentrale eingegangen.

Das Boot ist tauchklar. Und nun — — „Schnellentlüftungen auf!" Die Luft entweicht unter Fauchen aus den Tauchtanks, die eindringenden Wasser schaffen das notwendige Sinkgewicht. Ich werfe den Turmdeckel zu und unter der Einwirkung der Tiefensteuerung neigt sich der Bootskörper mit dem Bug nach unten. Über uns schlagen die Wasser zusammen. Im Unterwasserangriff suche ich mich vorzusetzen, da erkenne ich, daß es sich nicht um einen Dampfer, sondern um einen feindlichen Bewacher handelt, vielleicht ein französisches Torpedokanonenboot. Natürlich breche ich den Angriff ab, und um 4,30 Uhr tauchen wir wieder auf, während der Bewacher nach Norden außer Sicht kommt.

Den ganzen Tag über ist es wenig sichtig, öfters ziehen Nebelbänke an uns vorüber. Ich beschließe nunmehr den Rückmarsch. Dabei geben wir uns eifrig der

Schildkrötenjagd hin. Wohl wird eins der Tiere erlegt, aber infolge der Unerfahrenheit meiner Leute versackt es, bevor es an Bord genommen werden konnte. Wegen des immer dicker werdenden Nebels entschließe ich mich, um vor Überraschungen bewahrt zu bleiben, auf 23 Meter zu gehen und erst in der Nacht den Marsch aufgetaucht nach Osten fortzusetzen.

Der folgende Tag, der 11. Mai, ist mein Geburtstag. Beim Aufstehen finde ich auf meinem Schreibtisch einen hübschen Aschenbecher mit Streichholzständer, den mir das Maschinenpersonal schenkte. Angefertigt hatte ihn der Maschinistenmaat Richter. Im Laufe des Vormittags kommen die Gratulanten. Allen Leuten stifte ich zur Feier des Tages Zigarren und Zigaretten. Aber der Geburtstag bringt mir keinerlei Beute ein, und wir müssen wegen starken Nebels am Nachmittag und in der Nacht auf 23 Meter fahren. Abends feiern wir gemütlich beim Glase Wein und Grammophonkonzert den Geburtstag.

Am 12. Mai kreuzen wir nordwestlich der Insel Marittimo. Aber auch hier läuft uns nichts vor den Bug. Am Mittag des nächsten Tages, nachdem wir wiederholt aufgetaucht durch dicke Nebelwände hindurchgefahren sind, kommt voraus, als für einen Augenblick der Nebel gewichen ist, plötzlich ein aufgetauchtes U-Boot in Sicht. Der Bauart nach könnte es ein 30er Boot sein. Es benimmt sich aber so eigenartig, daß ich doch annehmen möchte, daß es ein feindliches war. Wir tauchen vor ihm und fahren eine Stunde lang auf 23 Meter. Bei der augenblicklichen Witterung ist hier nichts zu machen. Ich marschiere daher direkt durch nach der Ostküste Siziliens, wo ich meine letzten Torpedos loszuwerden hoffe.

Am 13. Mai nachmittags kommt Steuerbord voraus die Insel Gozo bei Malta in Sicht, 25 Seemeilen ab. Bei herrlichem Wetter steuern wir durch den Malta-Kanal. Endlich erscheint abends Steuerbord voraus eine Rauchwolke am Horizont. Es ist ein Dampfer, der Nordkurs steuert. Gegen 8 Uhr eröffne ich das Feuer auf 100 Hektometer, das mit kleinem Geschütz erwidert wird. Dreiviertel Stunden lang währt das lebhafte Feuergefecht, doch es gelingt uns nicht, in wirksame Schußnähe zu kommen, da der Dampfer zu schnell läuft. Er kommt gegen 9 Uhr aus Sicht.

Am 14. Mai steuern wir etwas südlich Taormina in der Messina-Straße die Küste an. Da läuft uns von Süden her ein Dampfer mit Nordkurs vor den Bug. Ich setze sofort zum Unterwasserangriff an. Bugschuß auf 700 Meter, Treffer Mitte! Es scheint der Dampfer vom Abend vorher zu sein, was mir besonders Freude macht. Leider kann der Dampfer, der sofort alle Boote zu Wasser bringt, noch mit eigener Kraft die Küste erreichen, wo er sich etwas südlich Taormina auf Grund setzt. Da er sein Geschütz besetzt hat, tauchen wir erst auf, nachdem wir den nötigen Abstand hergestellt haben.

„Geschütz klar!" Aus dem Vor- und Achterschiff werden die Granaten herangeschleppt. Der 2. Wachoffizier, Oberleutnant z. S. Winther, übernimmt die Feuerleitung.

„Entfernung 40 Hektometer!"

Rummmms — — kracht die erste 10,5-Zentimeter-Granate! Mit Sehr gutliegendem Feuer decken wir den Dampfer, der nur kurze Zeit das Feuer erwidert, ein und erzielen eine große Anzahl Treffer, so daß er völlig wegsackt. Es war ein großer beladener englischer Dampfer von etwa 5000 Tonnen. Kurze Zeit danach werden noch zwei Segler, die gerade des Weges kommen, umgelegt. Der größere hatte Schwefel geladen.

Unterdessen kommt auf der anderen Seite der Messina-Straße bei Kap Spartivento, der Südostecke von Kalabrien, eine Rauchwolke in Sicht. Sofort halte ich auf sie zu. Etwa 8 Seemeilen von Kap dell' Armi aber brechen wir den Angriff ab, denn der Dampfer ist nicht mehr zu holen. Auch an einen zweiten im Osten erscheinenden Dampfer können wir nicht mehr nahe genug herankommen, zumal inzwischen zwei Torpedoboote auftauchen, die die beiden Dampfer aufnehmen. Die Boote eröffnen sofort das Feuer auf uns, so daß wir unter Wasser müssen, obwohl die Batterie fast erschöpft ist. Wir können daher nur mit ganz geringer Fahrt unter Wasser ablaufen. Später tauchen wir auf, um die Batterie wieder aufzuladen.

Am Abend bietet sich uns ein wunderbares Bild, ein herrlicher Sonnenuntergang. Der prächtig gerötete Himmel läßt die Umrisse des Ätna und der übrigen sizilischen Berge scharf hervortreten. Ein einzigartiger Anblick.

Am folgenden Tage kurz nach 3 Uhr in der Frühe werde ich plötzlich geweckt. Der Ausguck hat im Osten Fahrzeuge gesichtet, zunächst zwei. Später läßt sich erkennen, daß es zwei Dampfer mit zwei Bewachern sind, die die Straße von Messina ansteuern. Bei hellem Mondschein versuche ich den Unterwasserangriff. Es ist schon bei Tagangriffen sehr schwer, wenn man mit dem Sehrohr sparsam arbeiten muß, Entfernung, Fahrt und Kurs in dem kurzen Augenblick, in dem das Sehrohr den Blick freigibt, richtig zu schätzen. Wieviel schwieriger aber ist das erst bei Nacht. Da durch das Sehrohr doch nicht genügend zu sehen ist, tauche ich wieder auf, um vor den Dampfern herzufahren. Beim Einsetzen der

Dämmerung Setze ich erneut zum Unterwasserangriff an. Infolge des mangelhaften Überblicks muß ich aber den Angriff abbrechen, ehe die Batterie ernstlich angegriffen ist, da ich jetzt mit längerer Wartezeit unter Wasser rechnen muß. Ich ziehe daraus die Lehre, bei Nacht nicht wieder einen Unterwasserangriff zu fahren, wenn die Möglichkeit vorliegt, bis zum Tagesanbruch zu warten.

Unsere Geduld wird nun aus eine harte Probe gestellt. Am Vormittag des 15. Mai kommt im Westen in großer Entfernung ein Dampfer in Sicht, der von Süden die Messina-Straße ansteuert. Aber hier bietet sich keine Angriffsmöglichkeit. Endlich 4,30 Uhr nachmittags, als wir uns schon langsam von der Küste zurückziehen, taucht gerade noch vor Toresschluß eine Rauchwolke im Osten auf, die sich schnell nähert. Es ist ein Dampfer, der Kap Spartivento ansteuert. Sofort setze ich zum Unterwasserangriff an. Infolge zweimaliger Kursänderung des Dampfers wird die Entfernung etwas weit, ich schätze 1000, in Wirklichkeit aber sind es 1200 Meter, die äußerste Laufstrecke des A 08-Torpedos. Aber bei richtiger Fahrt- und Kursschätzung erziele ich doch „Treffer Mitte". Eine sehr starke Detonation! Der Torpedo lief in 4 Meter Wassertiefe. Der Dampfer bekommt sofort starke Schlagseite, richtet sich aber wieder nach einer Weile auf und dampft mit A. K. auf die sehr nahe Küste zu. Dort wird das inzwischen vorne sehr tief gefallene Schiff auf Strand gesetzt. Es ist der mit einem 5,7-Zentimeter-Geschütz bewaffnete italienische Dampfer „Ferrara", etwa 5000 Tonnen groß. Ich laufe zunächst bis auf etwa 65 Hektometer unter Wasser ab, und nehme ihn dann mit Artillerie unter Feuer, das er kurze Zeit erwidert. Alle noch auftreibbaren 10,5-Zentimeter-Granaten werden ihm auf

50—20 Hektometer versetzt, und wir beobachten starke Brände. In der Nähe von Kap Spartivento versucht eine Landbatterie uns zu beschießen, sie lag aber weit kurz. Darauf halte ich sehr befriedigt von der Küste ab und trete den Rückmarsch an, nachdem alle Torpedos und Granaten verschossen sind.

Am 16. Mai stehen wir abends vor der Otranto-Straße. In der Linie Santa Maria di Leuca und Fano nähern sich einige Fischdampfer mit östlichem Kurs. Vor ihnen wird von 7 bis 8,45 Uhr getaucht. Dann geht es aufgetaucht mit hoher Fahrt durch die Otranto-Straße ohne jegliche Behinderung. In der Frühe des 17. Mai steuern wir bei herrlichem Wetter die Bocche di Cattaro an. Um 9 Uhr vormittags laufen wir hinter den als U-Boot-Sicherung fahrenden k. und k. Torpedobooten 84 und 95 in die Bucht von Cattaro ein. 10,15 Uhr geht U 63 längsseit der „Gäa" in die Vertäuung. Von allen Kameraden werden wir zu dem guten Erfolg herzlich beglückwünscht.

Das Ergebnis meiner 21tägigen Unternehmung war in folgendem Kabel des Chefs des Admiralstabs der Marine „an den Chef des Marinekabinetts im Gefolge Sr. Majestät des Kaisers für feine Majestät den Kaiser" zusammengefaßt:

„— — geheim — —! u 63, kommandant kapitaenleutnant schulze, otto, ist am 17. mai nach dreiwöchiger unternehmung nach der westkueste italiens in cattaro eingelaufen, hat versenkt am 28. 4. dicht bei taormina englischen bewaffneten dampfer „karonga" 4665 t, leer von neapel nach port said durch torpedo, 6 italienische segler, zusammen 494 t, ladung salz und Johannisbrot; am 3. 5. suedlich portofino voll beladenen englischen dampfer mit oeftlichem kurs ca. 8000 t durch torpedo; am 4. 5.

suedlich von savona voll besezten englischen transportdampfer, typ orama, 12930 t mit noerdlichem kurs, gesichert von 2 zerstoerern, durch torpedo; am 5. 5. westlich gallinara vollbeladenen, unbekannten, englischen bewaffneten dampfer ca. 5000 t mit oestlichem kurs, begleitet von zerstoerer und fischdampfer, durch torpedo; am 7. 5. vollbeladenen, unbekannten, englischen bewaffneten dampfer ca. 5500 t durch torpedo; am 14. 5. bei taormina vollbeladenen unbekannten englischen bewaffneten dampfer ca. 5000 t durch torpedo und artillerie, italienischen segler, 181 t, mit schwefel durch sprengpatrone; am 15. 5. vollbeladenen, italienischen bewaffneten dampfer „ferrara" (3172 t) anscheinend mit munition durch torpedo und artillerie westlich von kap spartivento, 11 torpedos, 8 treffer. insgesamt: 7 dampfer, 7 segler mit ca. 45000 t. —
    der chef des admiralstabes der marine."

Der Kaiser schrieb handschriftlich unter dieses Kabel: „Bravo! Dekorieren! das ganze Boot!"

„Hampshire" und Eismeer
Von Curt Beitzen

Am 26. März 1916 wurde U 75 von mir in Dienst gestellt. Am 26. Mai standen wir an der norwegischen Küste, am 28. im Atlantik. Am 29. Mai führten wir den Befehl aus, unseren Vorrat von 48 Minen in eine schmale Durchfahrtrinne zwischen Marwik Head und Brough of Birsay westlich der Bucht von Scapa Flow zu werfen. Hier fuhren oft englische Kriegsschiffe zum Vorpostendienst durch. Von 6 Uhr bis 8,30 Uhr vormittags erledigten wir unbemerkt den Auftrag. Später sichteten wir ein großes Kriegsschiff, leider war aber ein Schuß wegen des Wetters nicht möglich. Dann traten wir den Rückmarsch an. Dabei kamen wir am 1. Juni in ein Gebiet, wo treibende Balken, Bretter, Kisten, Hängematten, Seitenlaternen, tote Fische usw. sich häuften. Breite Ölstreifen waren erkennbar. Um 7 Uhr trieb ein großes Wrack vorbei: das englische Schlachtschiff „Invincible": die Schlacht vor dem Skagerrak war geschlagen. Auf dem Rückmarsch kam die Nachricht, daß H. M. S. „Hampshire" am 5. Juni 1916 gegen 7,45 Uhr abends auf eine der von uns gelegten Minen gelaufen und schnell gesunken war. Bis auf wenige Mann fand die Besatzung den Tod, auch der an Bord befindliche Oberbefehlshaber Lord Kitchener. (Kitchener wollte nach Archangelsk mit vielen englischen Würdenträgern, um mit russischen Dienststellen zu verhandeln. Die Panzerkreuzer hatten wegen Starken Seegangs die sie begleitenden beiden Torpedoboote entlassen. Die moralische Wirkung dieses Verlustes wenige Tage nach der verlorenen Seeschlacht vor dem Skagerrak war in England Sehr groß.)

Auf der nächsten Fahrt sollten wir im nördlichen Eismeer in der Fahrtrinne von Gorodetzky Minen legen, da Truppentransporte von Amerika nach Archangelsk beobachtet waren. Wegen Defekt mußten wir schon am ersten Tag kehrtmachen. Am 23. Juli 1916 konnten wir aber Helgoland wieder verlassen und standen am 4. August am Eingang zum Weißen Meer. Wir setzten uns hinter einen Dampfer, verfolgten dessen Kurs genau und stellten so die Fahrtrinne fest. Nachmittags legten wir dann 36 Minen in unregelmäßigen Abständen in der Fahrtrinne. Wir sichteten einen englischen Kreuzer. Leider war Schießen unmöglich. Die beabsichtigte Fahrt nach dem Kriegshafen Kildin mußten wir wegen neuen Maschinenschadens aufgeben.

Am 2. November 1916 traten wir eine neue Fernfahrt an. Während eines Monats hielten wir über 50 Handelsschiffe an, die wir stets wieder freilassen mußten, da sie neutral waren und keine Bannware führten.

Am 28. März 1917 liefen wir wieder zur Fernfahrt aus. Es herrschte so starker Seegang und Wind mit heftigen Schneeböen, daß wir mit der Fahrt immer mehr heruntergehen und endlich mit kleiner Fahrt beiliegen mußten. Trotzdem wurde die Brücke eingedrückt, Geschütz und Oberdeck wurden an verschiedenen Stellen beschädigt. Am 7. April sahen wir das Nordkap, am Abend des 8. April kam das Feuer von Tzuip Navalok in Sicht. Da ich trotz Mondscheins durch das Sehrohr nichts erkennen konnte, beschloß ich, über Wasser in die Kola-Bucht einzudringen. Das Boot war über und über mit einer dicken Eisschicht bedeckt. Die Lufttemperatur betrug 8 Grad. Um Mittemacht hatten wir das Leuchthaus von Syet Point querab. Es brannte nicht, war aber im Mondschein der klaren, sichtigen

Nacht gut auszumachen. Vor der Kildin-Straße und der Kola-Bucht kreuzten zwei Bewacher. Zunächst wichen wir über Wasser aus. Der eine Dampfer drehte auf das Boot zu. „Alarm!" Wir liefen unter Wasser weiter. Das Sehrohr vereiste dabei dauernd so, daß ich es immer wieder einfahren mußte, um es für kurze Zeit gebrauchsklar zu bekommen. Als ich nach Uhrzeit bei der Insel Groß-Voronuche stehen mußte, durchs Sehrohr aber nichts erkennen konnte, obwohl es bereits fast taghell war, tauchte ich auf und blies Tauchtank 2 so weit an, daß das Oberdeck noch gerade überspült war. Alles ringsum war in Schnee und Eis gehüllt. Erst nach längerem Suchen sah ich Groß-Voronuche zwei Strich an Steuerbord voraus etwa 400 Meter ab. Die Insel ragte nur etwa 20 Meter über die Wasserfläche hinaus und hob sich bei dem kleinen Durchmesser von 150 Metern, und da sie vollkommen mit Schnee und Eis bedeckt war, gegen die verschneiten Berge kaum ab. Der Raum zwischen den Inseln und Klippen war so gering, daß ich nicht drehen konnte, Sondern erst nach Süden ausholen mußte, um zwischen Groß-Voronuche und den übrigen Inseln und Klippen durchfahren zu können. Achteraus standen zwei Bewacher 2—3 Seemeilen ab, an der Ostseite der Bucht ein weiterer etwa 1500 Meter ab. Es waren Fischdampfer, jedoch größer als unsere Vorpostenboote, etwa von der Größe von Walfischfängern. Auf der Back stand je ein Geschütz. Obwohl ich annahm, daß die Bewacher mich sähen, fuhr ich wegen des geringen Seeraumes und der äußerst schwierigen Navigation halbgetaucht weiter und sperrte die Durchfahrt südlich und westlich von Groß-Voronuche mit zwei Minen, das Fahrwasser östlich der Insel bis zur Ostseite der Bucht mit neun Minen. Die Bewacher waren sich offenbar über die Art des Bootes, von dem allerdings nur der Turm aus dem Wasser ragte, nicht im klaren und fuhren hin und her. Während des Minenwerfens kam ein Dampfer, den wir auf etwa 3000 Tonnen schätzten (er hatte nach späteren norwegischen Meldungen 6—7000 Tonnen), ohne Abzeichen mit Einlaufkurs in Sicht. Ich beschloß, um vor allem auch die Bewacher über den Zweck meiner Anwesenheit zu täuschen, den Dampfer mit Torpedo anzugreifen. Da mein Torpedopersonal beim Minenlegen im Minenraum unentbehrlich war (der Torpedo-Maschinisten-Maat war z. B. gleichzeitig Flutmaat) wurde das Bugtorpedorohr vom Torpedooffizier, Oberleutnant z. S. Kükenthal, der die Leitung in der Zentrale hatte, ohne anderes Personal klargemacht. Der Schuß erfolgte aus etwa 700 Meter Entfernung um 2,45 Uhr morgens. Nach 38 Sekunden erfolgten zwei heftige Detonationen. Die Sprengwolke erhob sich bis über die 200 Meter hohen Berge. Der Dampfer flog in Stücke und nur noch Trümmer waren zu sehen, als die Rauchwolke sich verzogen hatte. Die Heftigkeit der Detonation und das schnelle Sinken ließen daraus schließen, daß der Dampfer Munition geladen hatte. Nachdem der Treffer beobachtet war, wurde getaucht, in der Annahme, daß die Bewacher jetzt das Feuer eröffnen würden. Der zunächst stehende Bewacher entfernte sich aber fluchtartig, ohne zu schießen. Wir setzten derweil das Minenwerfen unter Wasser fort. Dabei versagte der Backbord-Fördermotor, so daß die Minen aus dem Backbordrohr mit der Hand geworfen werden mußten. Wegen des geringen Raumes von 1,08 Seemeilen zwischen Groß-Voronuche und dem Ostufer konnten auf dieser Strecke nur 9 Minen verteilt werden. Ein Minenwerfen in Staffeln oder das Werfen einer Haken-Sperre war wegen der großen Wassertiefe ja unmöglich.

Um 3,07 Uhr vormittags liefen wir unter Wasser ab. Nach einer Stunde tauchten wir auf. Aus der inneren Bucht näherten sich drei Bewacher. In diesem Augenblick erfolgten starke Detonationen in der Bucht, nach denen nur noch zwei Fahrzeuge zu sehen waren. Kurz darauf wurde unser Boot von einer Landbatterie, offenbar von der Ioos-Insel, mit etwa 12—15-Zentimeter-Kaliber beschossen. Wir tauchten schnell und liefen unter Wasser ab. Nach zwei Stunden tauchten wir wieder auf, luden unsere Batterie auf und hatten uns dann während des vormittags getaucht vor der Kola-Bucht, die in dichten Rauch gehüllt war. Eigentlich wollte ich nachmittags eine dritte Minensperre vor Tzuip Navalok legen. Da aus der Kola-Bucht aber fünf Bewachungsfahrzeuge in Sicht kamen, machte ich kehrt und fuhr unter Wasser hinter den Bewachern herum. Unser Boot war offenbar von Land gesehen worden, denn plötzlich setzte lebhafter F. T.-Verkehr ein und die Bewacher bogen ab. Mit einem südlichen Tauchkurs wurde unter Wasser kehrtgemacht, während die Bewacher in Richtung meines ersten Kurses weiterliefen.

Nachmittags legten wir dann bei Tzuip Navalok eine Sperre mit 12 Minen. Am folgenden Tag tauchten wir um 2,30 Uhr vormittags, um Nyemetzki anzusteuern. Nach kurzer Zeit trat aber eine derartige Luftspiegelung ein, daß durchs Sehrohr nichts mehr auszumachen war. Wir tauchten deshalb auf, aber auch über Wasser war die Gegend infolge Luftspiegelung nicht mit Bestimmtheit auszumachen. Ich mußte daher vorerst vom Minenlegen Abstand nehmen und kreuzte vor dem Varanger-Fjord, ohne Fahrzeuge zu sichten. Erst nachmittags konnte die Sperre mit 13 Minen gelegt werden.

Ohne feindliche Fahrzeuge zu sichten, erreichten wir über die Lofoten die Deutsche Bucht und machten nach 3435 Seemeilen in Helgoland fest.

Die nächsten Fahrten machte U 75 unter Kapitänleutnant Schmolling. Es ist am 13. Dezember 1917 untergegangen, wobei der Kommandant gerettet wurde. Ich übernahm ein anderes U-Boot.

Kriegsschiffe im Sehrohr
Von Hans Walther

Die überragende Bedeutung des Unterseebootes als Handelszerstörer im Weltkrieg hat uns daran gewöhnt, die Leistungen eines U-Bootes nach der Menge des von ihm versenkten Frachtraumes zu werten. Zweifellos war in den entscheidenden Kriegsjahren die Versenkung von Handelsschiffen durch U-Boote für den Enderfolg wichtiger als die gelegentliche Vernichtung von Kriegsschiffen. Aber trotzdem war es für den U-Boot-Kommandanten ein ungleich stärkeres Erlebnis, im regelrechten Gefecht mit einem gleichwertigen oder gar überlegenen Gegner einen militärischen Erfolg zu erringen. So greife ich aus meinen Erinnerungen als Kommandant von U 52 drei Begegnungen mit feindlichen Kriegsschiffen heraus, die sich mir am tiefsten und eindrucksvollsten ins Gedächtnis eingeprägt haben.

Der Engländer ist geneigt, bei seiner sportlichen Denkart auch den Krieg als einen sportlichen Wettbewerb um den Sieg zu betrachten. Je gleichartiger der Gegner, je gleichwertiger die Kräfte, desto eindeutiger liegt der Erfolg in der persönlichen Überlegenheit. Wo könnten die beiderseitigen Mittel besser ausgewogen sein als im Kampf U-Boot gegen U-Boot? Hier sind die Bedingungen vollkommen gleich. Von entscheidender Bedeutung ist hier die unermüdliche Aufmerksamkeit — wer zuerst sieht, hat schon halb gewonnen.

An allen wichtigen Ansteuerungspunkten der englischen Küste, den beliebtesten Tätigkeitsgebieten der deutschen U-Boote, hatten die Engländer ihrerseits

U-Boote ausgelegt, die günstige Angriffsgelegenheiten gegen ihre feindlichen Brüder ausnutzen sollten.

Bei meiner Tätigkeit in der Gegend von Lerwick habe ich wiederholt vor dem Hole operiert und dort öfter englische U-Boote gesehen. Von einem wurde ich auch angegriffen, — doch dank der Aufmerksamkeit des Brückenpersonals und der schnellen Entschlossenheit des Wachoffiziers konnte der Angriff vereitelt werden: die Torpedos gingen weit vorn vorbei. Wenige Tage Später, am 17. Juli 1917, entdeckte der Wachoffizier, Oberleutnant z. S. Ciliax, mit feinem Doppelglas östlich der Fair-Passage am Horizont einen verdächtigen Gegenstand, den er für einen U-Boot-Turm hielt. Im nächsten Augenblick gellten die Alarmglocken durchs Boot, und zischend und prustend ging U 52 auf Sehrohrtiefe. Der verdächtige Gegenstand wurde genau „eingepeilt", dann fuhren wir „blind", d. h. nur nach dem Kompaß bei eingezogenem Sehrohr zehn Minuten lang mit großer Fahrt auf ihn zu. Nach dieser Zeit Ausblick mit kleiner Fahrt durch das ganz vorsichtig gezeigte Sehrohr: die Peilung des verdächtigen Gegenstandes hatte sich nicht geändert. Wieder zehn Minuten große Fahrt, wieder Ausblick: die Peilung steht, d. h. die Lage des Gegners war völlig unverändert geblieben. Dies Heranpirschen wurde mehrmals wiederholt, bis es klar war, daß es sich tatsächlich um ein U-Boot handelte, das mit gestoppter Maschine auf der Lauer lag.

Nun mußte nur noch festgestellt werden, daß es sich einwandfrei um ein feindliches U-Boot handelte; denn schwer sind die Typen zu unterscheiden, und es ist besser, im Zweifelsfall den Angriff ausfallen zu lassen als etwa eines der eigenen Boote zu torpedieren. Alle Bedenken in dieser Hinficht wurden aber bald beseitigt, als die Einzelheiten erkennbar wurden. Das Boot hatte kein Geschütz, mußte also eines von den älteren kleinen englischen Booten sein. Auf dem Turm saßen, wie Spatzen auf dem Telegraphendraht, drei Männer auf der Querversteifung der Minenabweiser und baumelten mit den Beinen. Der eine — vermutlich der Kommandant — trug die für den englischen Seeoffizier typische weiße Mütze. Das wichtigste aber: am Turm Stand mit schönen, weithin erkennbaren weißen Lettern: C 34.

Wir hatten uns inzwischen auf drei- bis vierhundert Meter herangepirscht. Einer der Bugtorpedos war auf zwei Meter Tiefe eingestellt, das erste Rohr war fertiggemacht. Ein unbedingt sicherer Schuß, — wenn der Engländer gestoppt liegen blieb! Bemerkt der Engländer jedoch vorzeitig den Angriff und geht mit der Maschine an, ist ein Fehlschuß so gut wie sicher. Noch nie ist das Sehrohr vorsichtiger bedient worden! Nur in Faustgröße wird der „Spargel" über die Wasseroberfläche herausgesteckt, und die Fahrt wird möglichst verlangsamt, damit die „Furche" im Wasser nicht zum Verräter wird. Ich schätze die Entfernung auf 200 Meter. Nun kann er uns nicht mehr entgehen. „Erstes Rohr Achtung! — Los!!" Ein leises Zittern läuft durch das Boot, — der Torpedo hat das Rohr verlassen. Mir klopft das Herz bis zum Hals, als ich die Laufbahn des Torpedos verfolge. Mit einem großen Blubber kommt die Ausstoßluft des Torpedos an die Oberfläche; schnurgerade läuft von da die Bahn auf den feindlichen U-Bootturm zu. Plötzlich wächst eine gewaltige Fontäne wie ein Riefenbaum aus dem Wasser heraus, rot lodernde Flammen zucken durch die braun-schwarze Sprengwolke, und der schmetternde Schlag des Treffers löst die ungeheure Spannung, die bis dahin die ganze Besatzung von U 52 in Bann hielt.

„Auftauchen! — Ausblasen!" Wie ein Kork springt U 52 an die Oberfläche. Das Turmluk fliegt auf und speit Kommandanten, Wachoffizier und Steuermann heraus. Vor uns liegt ein riesiger Ölfleck. In den letzten Zuckungen ersterben die Flammen des durch die Explosion entzündeten Treiböls. Mitten aber in der braunen Brühe des Treiböls bewegt sich etwas, — ein schwimmender Mensch: der einzige Überlebende der jähen Katastrophe.

In einer halben Minute ist U 52 in seiner Nähe, eine Wurfleine fliegt ihm zu, die er geschickt ergreift, und von hilfreichen Händen unterstützt steht er kurz darauf an Deck. „You won the game!" (Ihr habt das Spiel gewonnen!) waren seine ersten Worte. Im Wettlauf um Tod und Leben hatten wir den Partner geschlagen! Dem tapferen kleinen Kerl, den wir an Deck zogen und der völlig erschöpft war, zitterten von der ungeheuren Anstrengung die Knie und er konnte sich kaum auf den Beinen halten. Nach einem großen Kognak fühlte er sich bald so weit gekräftigt, daß er nähere Auskunft geben konnte. Er war Heizer an Bord und war an Deck gekommen, um eine Pfeife zu rauchen. Er glaubte einmal, etwas Verdächtiges gesehen zu haben, konnte es dann aber nicht wiederfinden und unterließ daher die Meldung an den Kommandanten. Nach der Explosion fand er sich brennend im Wasser wieder. Er tauchte, um die Flammen zu löschen, zog sich die Jacke aus, um besser schwimmen zu können, und wurde dann gerettet. Zu Beginn seiner Luftreife hatte er sich ein Schienbein geschrammt, sonst war er unverletzt geblieben.

Wir haben unseren kleinen Gefangenen sehr gut behandelt; die Matrosen versahen ihn mit trockenen Kleidern, der Kommandant stellte ihm seine Koje zur Verfügung, damit er sich erst einmal ordentlich ausschlafen konnte. Unter dieser Pflege entpuppte er sich bald als ein mächtiger „Angeber"; er behauptete, daß man in England vom Krieg überhaupt noch nichts merke, daß seine Landsleute täglich Fasanen essen und solche schönen Dinge mehr. Wir hatten viel Spaß an dem ausgewachsenen Nationalstolz unseres unfreiwilligen Badegastes, dem die Lust auf ein Pfeifchen Tabak das Leben gerettet hatte. — —

Der erste Versuch eines operativen Zusammenarbeitens von Unterseebooten mit der Hochseeflotte führte zur Schlacht am Skagerrak, ohne den Booten die erhofften Angriffsmöglichkeiten zu bringen. Der Versuch wurde am 19. August 1916 wiederholt. An diesem Tage waren U-Boot-Linien nördlich und Südlich des befestigten Hafenplatzes Sunderland an der englischen Ostküste ausgelegt. Die Hochseeflotte sollte Sunderland beschießen und damit die englischen schweren Streitkräfte aus ihren Stützpunkten auf die U-Boot-Linien locken.

Leider arbeitete auch in diesem Fall der englische Nachrichtendienst so gut, daß die englische Flotte fast gleichzeitig mit der deutschen Hochseeflotte auslaufen konnte. U 52 hatte gerade die für den 19. August vorgeschriebene Stelle in der nördlichen Standlinie eingenommen, als der Wachoffizier, Oberleutnant z. S. Ciliax, um 7,30 Uhr vormittags Mastspitzen am nördlichen Horizont entdeckte. Mit dem ausgefahrenen Sehrohr, das den Sehkreis erweitert, konnte man vier kleine Kreuzer erkennen, die in zwei Gruppen mit Zickzackkursen in der Hauptrichtung Süd im Anmarsch waren. Offenbar handelte es sich um die englische Vorhut. Ich schwankte daher, ob ich Sie vorbeilassen oder angreifen sollte. Schließlich entschloß ich mich, eine gegebene Angriffsmöglichkeit auszunutzen, und wählte mir die näherstehende westliche Gruppe als Angriffsobjekt.

Wenige Augenblicke später ist das Boot unter der Oberfläche verwunden, und nur das Sehrohr furcht das leicht bewegte Wasser. Am Sehrohr steht der Kommandant, der einzige von der ganzen Besatzung, der etwas von der Außenwelt sieht. Was ich sehe, ist sehr erfreulich für mich! Mit einer harten Wendung „zackt" die eine Kreuzergruppe gerade auf uns zu. Es ist nur ein kleines Manöver notwendig, um sich genau auf Gegenkurs zu setzen, bis die Masten des Gegners „in eins peilen". Und nun entwickelt sich alles mit rasender Geschwindigkeit, denn der Gegner kommt mit hoher Fahrt herangebraust.

„Heckanlauf!" gebe ich das ankündigende Kommando ins Boot. „Drittes und viertes Rohr fertig!" Nur für kurze Zeit wird jetzt das Sehrohr herausgesteckt, um laufend Kurs und Fahrt des Gegners zu kontrollieren und den Augenblick zum Abdrehen auf Angriffskurs richtig abzuschätzen. — „Hart Steuerbord! — Kursänderung 90 Grad nach Steuerbord! — Beide Maschinen kleine Fahrt voraus!"

Im Hecktorpedoraum ist die Rohrbedienung mit Eifer am Werk. Bald kommt die Meldung: „Drittes und viertes Rohr sind fertig!"

„Kurs liegt an!" meldet der Gefechtsrudergänger, Matrose Fentroß.

„Sehrohr ausfahren!" — Langsam schiebt sich das Sehrohr höher. Noch schimmert es grün durch das Okular, — jetzt bricht das Objektiv durch die Wasseroberfläche. Ein Blick nach den Kreuzern zeigt, daß die Lage unverändert ist. Die hohe Heckwelle deutet auf hohe Geschwindigkeit. — „Gegnerfahrt 20 Seemeilen!" schätze ich, und Steuermann Schulz stellt den entsprechenden Vorhaltewinkel am Sehrohr ein. — Ob man es wohl sieht, wie mir vor Erregung die Knie zittern? Ob man es wohl hört, wie rasend mein Herz schlägt? Zum ersten Male ein englischer Kreuzer vor der Röhre!

Eben erscheint der Bug des Kreuzers im Gesichtsfeld des Sehrohrs. „Drittes und viertes Rohr Achtung!" Schnell schiebt sich der Kreuzer gegen den Nullfaden, die senkrechte Ziellinie im Sehrohr.

Jetzt Schneidet der vordere Mast die Visierlinie — — „Drittes — los!" Jetzt der hintere Mast — — „Viertes — los!!"

Bei jedem „los" drückt der Torpedooffizier auf den Knopf der Abfeuerleitung. Bei jedem „los" beginnt ein Torpedo seine todbringende Bahn. 300 Kilogramm Sprengladung steuern auf ihr Ziel zu! — Der Steuermann hat beim ersten „los" die Stoppuhr gedrückt und verfolgt mit gebanntem Blick den Rundlauf des Zeigers. Ich habe das Sehrohr auf Nullstellung gedreht, um den Tiefen- und Gradlauf der Torpedo zu verfolgen. Jeder Mann im Boot horcht mit gespanntester Aufmerksamkeit und zählt im Geist die langsam schleichenden Sekunden.

Da! Endlich der erlösende Schlag — — knapp zwei Sekunden später ein zweiter und — „Treffer! — Treffer!" schallt es jubelnd durch das Boot! — Zwischen Bug und Brücke des Kreuzers sehe ich eine braunschwarze Wolke, aus der eine gewaltige Wassersäule weit über Masthöhe emporsteigt. Dann schneidet das Sehrohr unter; das Boot geht auf größere Tiefe, um nicht von dem zweiten Kreuzer gerammt zu werden, falls dieser den Angriff richtig erkannt hat.

Keine Schraubengeräusche sind zu hören! Das Boot geht auf zehn Meter Wassertiefe; vorsichtig lasse ich das Sehrohr ausfahren. Da liegt der stolze Renner des Ozeans still und bewegungslos. Tief steckt er den Bug ins Wasser. Der Fockmast ist über dem Dreibein abgebrochen. Wirr hängt das Tauwerk herum. Das ist die Folge des ersten Treffers. Der zweite muß die Maschine außer Gefecht gesetzt haben.

Der zweite Kreuzer läuft mit höchster Fahrt nach Westen ab, die andere Kreuzergruppe hat sich aufgelöst, fährt in wilden Zickzackkursen am Horizont hin und her, morst mit den Scheinwerfern. Der angeschossene Kreuzer antwortet mit der Dampfpfeife, andere Signalmittel hat er nicht mehr.

Nun kann ich mir mein Opfer in Ruhe näher betrachten. Es ist einer der modernsten Kreuzer der „Birmingham"-Klasse. Seine Schwimmfähigkeit ist nicht ernstlich gefährdet. Wohl hat er die Seitenboote ausgeschwungen, aber an Bord herrscht keinerlei Aufregung. Die Besatzung ist anscheinend nach der „Bergerolle" angetreten, die ihre Verteilung auf die Boote regelt. — Ich lasse der Reihe nach die Besatzung ans Sehrohr kommen, — haben sie doch alle Anteil am Erfolg, so sollen sie auch Anteil an dem Hochgefühl haben, das der Anblick des niedergekämpften Gegners auslöst! — Dann kommt der letzte Akt. In weitem Bogen holt U 52 zum Bugangriff aus.

„Erstes Rohr fertig! — Achtung! — Los!!" Der Fangschuß trifft genau Mitte. Nun kommt Leben in die Kreuzerbesatzung. Während sich das todwunde Schiff langsam nach Backbord neigt, rauschen die Boote zu Wasser, und als nach wenigen Minuten die Wellen über dem englischen Kreuzer zusammenschlagen, ist U 52 bereits auf 30 Meter Tiefe gegangen, um die Torpedorohre nachzuladen. Am Nachmittag kam ich noch einmal an die Versenkungsstelle. Da trieben noch die verlassenen Boote, deren Besatzung inzwischen von englischen Zerstörern übernommen worden war. Als Bugverzierung trugen die Boote das Wappen der Grafschaft Nottingham, auf rotem Schild ein grünes Kreuz mit drei goldenen Kronen, in Blei gegossen, deren eines jetzt als Erinnerungsstück an den 19. August 1916 über meinem Schreibtisch hängt. —

Sechsundzwanzigster November — Totensonntag 1916. Durch die gewaltige Dünung des Atlantik kämpft sich mühsam unser kleines graues Boot, klettert die Wellenberge hinauf und gleitet hinunter in die tiefen Wellentäler. Grau und bewölkt ist der Himmel. Nichts zu sehen als Himmel und Wasser. An die 50 Seemeilen ist die portugiesische Küste entfernt. Wer soll uns in dieser Einöde begegnen? Möglichst unbemerkt wollen wir zu den Kanarischen Inseln gelangen. Ich will meinen Ohren nicht trauen, als mir kurz nach 8 Uhr vormittags eine Rauchwolke voraus gemeldet wird. Schnell bin ich auf dem Turm, — tatsächlich! Da ist deutlich eine Rauchwolke zu sehen, unter der sich bald zwei Mastspitzen über den Horizont schieben. Darunter Gefechtsmarse — das ist das, was die Landratte gewöhnlich „Mastkorb" nennt, — kein Zweifel, da kommt ein Kriegsschiff ganz mutterseelenallein in gewöhnlicher Marschfahrt auf geradem Kurs mir entgegen.

Schrill stört die Alarmglocke die Besatzung aus ihrem Sonntagsfrieden auf. Knapp eine Minute später sind wir schon auf Angriffstiefe. Höher und höher kommt die schwimmende Festung am Horizont empor. Zwei gerade Masten, zwei Schornsteine nahe dem vorderen Mast, ein fast gerader Steven, — also offensichtlich ein älteres Linienschiff, dessen Nationalität ich allerdings nicht ausmachen kann. Aber wir haben ja nur Feinde in dieser Gegend des Atlantischen Ozeans zu erwarten!

Da ich seitlich etwas heraustehe, entschließe ich mich zum Bugangriff. Das Angriffsmanöver scheint einfach. Mit langsamer Fahrt aufdrehend, müssen wir auf gute Nahschußentfernung zum sicheren Bugschuß kommen. Aber die mächtige Dünung macht mir einen Strich durch die Rechnung. „Boot läßt sich bei der langsamen Fahrt nicht auf Tiefe halten!" meldet Leutnant z. S. Joch, der Leiter der Tiefensteuerung. Höchst unangenehm — — Mit höherer Fahrt kommen wir zu nahe heran. Also Programmänderung! Übergang auf Heckangriff im Passiergefecht mit Winkeleinstellung des Torpedos. Bei dieser Angriffsart steuert sich der Torpedo selbständig aus den vorher eingestellten Winkel ein.

„Drittes Rohr fertig! — Winkeleinstellung 270 Grad! — Beide Maschinen halbe Fahrt voraus! — Kursänderung 20 Grad nach Steuerbord!" In dem richtigen Gefühl, daß hier höchste Eile not tut, läßt der Torpedooffizier sofort die Mündungsklappe des dritten Rohres öffnen. Das wirkt sich jedoch verhängnisvoll aus. Durch das eintretende Wasser wird das Boot stark achterlastig, und im Verein mit dem Schub der auf höhere Fahrt anspringenden Maschinen kommt das Boot plötzlich mit dem Turm über Wasser. Verdammt! Wenn die „big ship fellows" uns gesehen haben, drehen sie auf uns zu und rennen uns über den Haufen!

Im Augenblick habe ich das Sehrohr auf Bugangriff herumgerissen, denn jetzt ist keine Sekunde zu verlieren. Eben kommt der Gegner durch die Visierlinie. „Zweites los!! — Hart Steuerbord! — Auf 20 Meter gehen!" Der Torpedo ist raus, — aber das Boot will nicht herunter! Zu groß ist die Achterlastigkeit, und das hartgelegte Ruder hält das Heck fest. Mit „Alle Mann voraus" und Trimmen nach vorn zwingen wir es endlich auf Tiefe. Aber noch sind wir nicht auf 20 Meter angekommen, da hören wir den erlösenden wohlbekannten metallischen Schlag, — Treffer!

Aber was ist das!? Eine zweite dumpfe Detonation erschüttert das ganze Boot. Alle Nerven gespannt, Stehe ich am Sehrohr. Pechschwarz wird das Wasser. Der Glühfaden im Sehrohr leuchtet auf. Außenbord hört man plötzlich ein Schurren, Kratzen und Schleifen die Bordwand entlang. Ein unheimliches Gefühl! Jeder von uns hat den Eindruck, das getroffene Schiff fällt auf uns herab! — Dann wird es totenstill. Auch durch die Unterwasser-Schallapparate ist nichts mehr zu hören. Schnell gehen wir auf 10 Meter, — ein rascher Rundblick mit dem Sehrohr, — nichts zu sehen!

„Auftauchen! — Preßluft auf die Tauchtanks!" Das Boot schießt an die Oberfläche. Turmluk auf, — ringsum alles leer. In der Ferne zieht eine dunkle Sprengwolke mit dem Winde ab. Und hinter U 52 zeichnet sich auf dem Wasser eine große glatte Stelle ab, teilweise mit schwarzem Ruß bedeckt. Trotz halbstündigem eifrigem Suchen können wir nichts von Wrackstücken oder Überlebenden finden. Eine gewaltige innere Explosion muß das Schiff vollkommen Zerrissen haben. Wahrscheinlich hat der Torpedo eine Munitionskammer getroffen.

Erst später bei ruhigerer See fanden wir an Oberdeck eine große Zahl von Sprengstücken, darunter das Bodenstück einer Schweren Granate. An der Funktakelage des vorderen Mastes hatte sich ein Stück Segeltuchbezug festgeklemmt und der zerfetzte Teil einer Matrosenmütze, an der noch ein roter Besatz zu erkennen war. Starke Schrammen am hinteren Sehrohr und eine eingedrückte Stelle an Oberdeck bestätigten die Vermutung, daß wir von dem sinkenden Schiff gestreift worden waren!

Am 8. Dezember veröffentlichte die französische Admiralität einen Bericht, wonach das französische Linienschiff „Suffren" am 24. November aus Gibraltar nach Lorient ausgelaufen und offenbar „corps et biens" (mit Personen und Gütern) verloren sei. Erst durch diese Meldung habe ich erfahren, daß es die „Suffren" mit ihrer 655 Mann starken Besatzung war, für die der Totensonntag 1916 so verhängnisvoll wurde.

Mit Kapitän König nach Amerika
Von Karl Pickert

1914 war auf S. M. S. „Brandenburg" mein Divisionsoffizier ein Kapitänleutnant d. R. König, im Zivilberuf Kapitän des Lloyddampfers „Schleswig". Nie habe ich mir einen besseren Divisionsoffizier gewünscht. Später wurde ich Seine Ordonnanz. Als dann das Schiff als veraltet außer Dienst gestellt wurde, sagte Kapitän König: „Na, mein lieber Pickert, wir werden uns wohl im Laufe des Krieges nochmal wiedersehen!" Im Februar 1916 fragte er brieflich an, ob ich mit ihm kommen wolle. In Kiel traf ich unseren Kapitänleutnant König, freundlich lachend. Und nun kam tatsächlich die erste Unterwasserfahrt. Die Tauchgelder von 1.50 RM. für jedes Tauchen besiegten schnell unsere letzte Scheu vor den U-Booten.

Vier Wochen rieten wir hin und her, was man mit uns vorhabe. Da ließ uns unser Kapitänleutnant antreten. Er hatte einen anderen Kapitän neben sich. Ich hatte mich am linken Flügel aufgestellt, doch holte mich König aus dem Glied heraus und stellte mich an den zweiten Platz. Zu dem anderen Offizier meinte er dann: „So, Herr Schwarzkopf, das sind meine Leute: 6 Mann! Die beiden können Sie noch haben!" So hat mir Kapitän König das Leben gerettet, denn Kapitän Schwarzkopf ist mit allen Leuten später auf U-„Bremen" untergegangen. Kapitän König gab uns dann Urlaub. Bei der Rückkehr sollten wir Zivil mitbringen. Die Sache wurde immer geheimnisvoller. Nach Ostern 1916 wanderten wir also als „Grandis" zur Germania-Werft. Wir kamen uns so in Zivil sehr komisch vor. Aber auch unser Kapitän war in Zivil. Er stellte uns dem 1. und 2. Offizier Krapohl und Eyring vor, und sagte dann, daß wir der Deutschen

Ozean-Reederei angehörten und 120 Mark monatlich bei freier Station bekämen. U-Lederanzüge und juchtenlederne Stiefel wurden uns angemessen, dazu blaue Schirmmützen mit der Flagge der D. O. R. Wir waren Sehr Stolz, sah man doch immer mit besonderer Achtung aus U-Matrosen. Am nächsten Tag sahen wir zum erstenmal das Riesen-U-Schiff mit seinen großen Laderäumen. Es war also ein Handels-U-Boot, das erste seiner Art! Sogar die international vorgeschriebenen Rettungsboote fehlten nicht. In unserem Seefahrtsbuch stand „für Reisen in das neutrale Ausland". Wir waren nun insgesamt 28 Mann. Ich wurde Hauptrudergänger.

Nach vielen Probefahrten, Tauchversuchen und Übernahme der Ladung, teure Chemikalien und Arzneimittel, kam Prinz Heinrich an Bord, der uns in einer Ansprache unser Reiseziel: die Vereinigten Staaten bekanntgab.

Am 14. Juni 1916 verließen wir Wilhelmshaven.

Wir fuhren glatt durch alle englischen Sperrketten in den Atlantischen Ozean. Als wir in die Nähe des Golfstromes kamen, stieg die Wassertemperatur auf 28 Grad Celsius. Am Abend wurde es schließlich schwül, nachts prasselte der warme Regen in derartig dicken Mengen herunter, daß man auf den Schultern einen ordentlichen Druck verspürte. Wegen des Seegangs wurden sämtliche Luken geschlossen, so daß es im Boot wirklich wie in der Hölle war. Mancher altbefahrene Mann opferte hier zum ersten Male Neptun, denn Sturm hatten wir wirklich genug auf dieser Reise. Das Maschinenpersonal mußte bei 53 Grad Hitze aushalten. Das war ein Kunststück bei diesem Öldunst. Die durch die Ventilationsmaschinen hereingesaugte Luft wurde von den Dieselmotoren sofort weggeschluckt, und nun blieb fast nur dieser Öldunst, den die Ventilatoren jetzt durch alle Räume peitschten. Dazu war an sich schon die Luft im Boot hoch mit Feuchtigkeit gesättigt. Alles schimmelte und quoll, nichts wurde mehr trocken. Das Trinkwasser war durch Öl, das durch lecke Nieten drang, verdorben, so daß unser Koch jeden Mittag erst mal eine ordentliche Ölschicht von unserer Mahlzeit entfernen mußte. Wer Freiwache hatte, wälzte sich stöhnend nackt auf seiner Koje. Der Schweiß rann unaufhörlich. Man kam sich vor wie gekocht und konnte natürlich nicht schlafen. Es war kaum noch zum Aushalten, aber jeder tat feine Pflicht.

Um möglichst wenig tauchen zu müssen, ließ uns Kapitän König eine Attrappe bauen. Am Sehrohr konnten wir einen „Schornstein" aus Segeltuch hochziehen, unser Turm war wie der Aufbau eines kleinen Frachtdampfers verkleidet und so hofften wir, an einem Dampfer unerkannt vorbeifahren zu können. Den Schornsteinrauch erzeugten wir durch verbrennen ölgetränkter Putzwolfe. Bald konnten wir auch die Wirkung feststellen. Der Dampfer drehte gleich auf uns zu. Da verließ uns denn doch der Mut, und wir zogen es vor, waffenlos wie wir waren, schleunigst zu tauchen. Um das zu können, mußten wir aber schnell vorher unsere Aufbauten verschwinden lassen. Als unser Schornstein wie ein Klappzylinder zusammenfiel, drehte der Dampfer hart ab. Damit er nun auch wirklich von unseren kriegerischen Absichten überzeugt war, ließ König tauchen. Wir durften alle durch das Sehrohr sehen, wie er, eine dicke Schwarze Rauchfahne hinter sich herziehend, floh.

An der veränderten Färbung des Wassers stellten wir eines Tages die Nähe der amerikanischen Küste fest. Zu einem Schnaps ließ uns Kapitän König an Deck kommen, gab uns Verhaltungsmaßregeln für Amerika, forderte vor allem, daß wir nichts von den Strapazen und der Seekrankheit erzählen sollten. Am Abend des 8. Juli 1916 sahen wir die ersten Lichter von Kap Henry. Um 4 Uhr morgens waren wir beim Lotsendampfer, nachdem wir innerhalb der amerikanischen Hoheitsgrenze mit Lichtern gefahren waren. Wir zeigten das übliche Blaufeuer, wurden sofort mit Scheinwerfer angeleuchtet, aber nicht gleich abgefertigt. Der Anblick eines U-Bootes kam den Amerikanern wohl zu plötzlich. Erst nach einer Viertelstunde kam der Lotse an Bord. Er sah erstaunt und mißtrauisch umher und sagte immer wieder: „God dam! God dam!" Kapitän König führte ihn selbst durchs Schiff und ließ ihm ein U-Boot-Brot überreichen, damit er Sah, daß wir in Deutschland noch nicht verhungert waren. Dann kam auch der Dampfer „Timmins", mit dem Kapitän Hinsch vom N. D. L. seit 12 Tagen auf uns gewartet hatte.

Wir fuhren nun die Chesapeake Bai hinein. Alle amerikanischen und neutralen Dampfer begrüßten uns durch dreimaliges Sirenengeheul. Während meines Dienstes als Rudergänger auf der Turm-Steuerstelle fragte mich Kapitän König: „Pickert, haben Sie in Ihrer Schulzeit den ‚Lederstrumpf gelesen?" „Jawohl!" „Na, sehen sie! In diesen Wäldern da an Backbord hat er gehaust!" — Abends um 11 Uhr rauschte unser Anker zum ersten Male in amerikanischen Grund.

Die nun folgenden drei Wochen in Amerika waren ein ununterbrochener, unbeschreiblicher Trubel. Wo man sich zeigte, wurde man umringt und um Andenken gebeten. Als ich nichts mehr hatte, wollten sie mir die Knöpfe abschneiden. Sogar die Bändel meiner Matrosenbluse fanden Liebhaber. Für eiserne 10- und 5- Pfennigstücke (Kriegsgeld) bekam ich einen Dollar, obwohl ich ihn gar nicht wollte. Wir wurden Zum Bier eingeladen, deutsche Familien rissen sich um uns, Bildberichterstatter photographierten von den Dächern unser U-Boot, das geschützt und verdeckt in einem dichten Ring von Schiffen lag. Bei einer Feier meinte ein Amerikaner begeistert: „Und Solche Menschen nennt man Barbaren!" —

Derweil wurden 1000 Tonnen Gummi, Nickel und Zinn im Wert von über 60 Millionen Mark geladen. Haufenweise wurden Wetten abgeschlossen für und gegen unsere glückliche Heimkehr. Natürlich drohten die Feinde, um uns Angst zu machen. Unsere Wache hatten wir längst verschärft. Am 1. August 1916 nachmittags 5,40 Uhr gab Kapitän König den Befehl: „Leinen los!" Umschwärmt von Schiffen, schleppte uns Kapitän Hinsch mit dem Dampfer „Timmins" in den Patascofluß.

Die Heimreise verlief glatt, dauerte sogar nur 23 Tage, also 4 Tage weniger als die Hinfahrt. Es ging wieder durch die Hitze des Golfstroms. Einmal trafen wir ein Rudel Walfische, die von weitem wie Baumstämme aussahen. Ein andermal fuhren wir durch viele Wrackstücke. Hier war wohl ein deutsches U-Boot tätig gewesen. In einer dunklen Nacht begegneten wir einem Riesendampfer mit großen Deckaufbauten und vier Schornsteinen. Seine Heckwelle leuchtete weiß. Es war der Cunarder „Mauretania", der an uns vorüberbrauste, uns aber nicht sah. — 12 Tage vor der Ankunft in der Heimat hörten wir zum erstenmal wieder die Funksprüche von Nauen. Ein paar Tage Später trafen wir das erste U-Boot. Da wir aber nicht sicher waren, ob es ein feindliches oder ein deutsches sei, wollten wir gerade wegtauchen, als sein Erkennungssignal hochstieg. Wir wurden mit Hurra begrüßt, bekamen Nachrichten über die Lage der Minenfelder; und je näher wir dann der Heimat kamen, desto mehr Schiffe begrüßten uns freudig. Auch Flieger umkreisten uns winkend. Dann nahmen uns 10 Vorposten- und Torpedoboote auf. Am 23. August 1916 fuhren wir unter den Klängen von „Deutschland, Deutschland über alles!" in den Hafen von Helgoland ein, überall bejubelt. Da lag U-„Bremen", unser Schwesterboot, fertig zur Ausfahrt nach Amerika. Diesen Abend verbrachten wir im Kreise der „Bremen"-Besatzung, die allerdings nicht so besonders gut gestimmt war, im Fliegerkasino. Es war, als ahnten sie ihr nahes Schicksal. Ihr Kommandant, Kapitänleutnant z. S. Schwarzkopf, und der 1. Offizier, Leutnant z. See d. R. Liebermann v. Sonnenberg, waren auch da. Am Morgen des 24. August 1916 gegen 8 Uhr verließen sie den Hafen von Helgoland. Niemand hat Sie mehr gesehen und keiner weiß, wo sie versunken sind — —

Eine halbe Stunde später fuhren wir nach Bremerhaven, und während wir dort begeistert empfangen wurden, kämpften unsere lieben Kameraden, mit denen wir zusammen ausgebildet worden waren, vielleicht schon ihren letzten Kampf. Aber wir wußten nichts davon, wurden überall gefeiert und photographiert.

Die Glocken läuteten, die Lloyddampfer hatten über die Toppen geflaggt, Kompanien standen mit präsentiertem Gewehr, Dampfer mit Musikkapellen fuhren vorbei. Gesangvereine sangen, Blumen wurden uns an Deck geworfen. Fabriken und Werften ließen ihre Sirenen heulen. Um 12 Uhr liefen wir in den Freihafen ein, erwartet von hohen und höchsten Persönlichkeiten. Musikkapellen schmetterten, Ansprachen wurden gehalten, wir mußten viele Hände schütteln. Als wir an Deck der „Deutschland" angetreten Waren, meinte ich zu einem Kameraden neben mir: „Der alte Herr sieht bald aus wie Graf Zeppelin. Vielleicht ist er ein Bruder von ihm?" Er legte dann später die linke Hand auf meine Schulter und drückte mir die Rechte: „Kennen Sie mich?" Ich dachte: das ist er selbst, und sagte: „Jawohl, Herr Graf!" „Nun erzählen Sie mal, wie war es denn in Amerika?" Ich erzählte u. a., daß die Auslandsdeutschen sich besonders gefreut hatten und so gern auch mal einen Zeppelin sehen würden. „Wenn der Krieg nicht gekommen wäre, dann wäre ich 1915 mit einem Luftschiff hinübergefahren! Jetzt aber, da der Krieg gekommen ist, brauchen wir unsere Luftschiffe nötiger!" antwortete er und nickte mir freundlich zu. — Nach Löschen der Ladung fuhren wir nach Kiel, und von hier aus gab es Heimaturlaub, der auch wieder überaus reich war an Freude und Ehrungen.

Kriegs-Handelsfahrten unter See
Von Paul König

Wenn man im Krieg die Zeitungen beiderseits des Ozeans über unsere Handelsfahrten nach Amerika las, dann konnte man glauben, bei uns sei alles nur immer glatt und reibungslos verlaufen. In Wirklichkeit barg unser Unternehmen manche Schwierigkeiten und manche Unbekannte. Allerdings war eine wesentliche Vorbedingung dadurch gegeben, daß ich einen Lehrmeister in U-Boot-Dingen hatte, der es wie selten einer verstand, das schwierige Gebiet mir „altem Herrn", der ich bis dahin nie U-Boot gefahren war, klarzumachen. Es war Kapitänleutnant Rose, der etwas Später dann ebenfalls, allerdings mit einem kleinen Kriegsboot, nach Amerika fuhr. Ihm habe ich es mit zu verdanken, daß wir uns bald auf unserer U-„Deutschland" heimisch fühlten. Allerdings ließen wir keine Gelegenheit vorübergehen, Übungstauchen zu machen. Trotzdem sind wir bei einem der ersten Tauchmanöver vor dem Feind beinah abgekommen. Wir waren auf der ersten Ausfahrt noch in der Nordsee, als uns ein Zerstörer zum Schnelltauchen zwang. Bei dem herrschenden Seegang war Gegenantauchen nach allen Erfahrungen faft Wahnsinn, doch mir blieb keine andere Wahl. Die Leute unter mir in der Zentrale arbeiteten fieberhaft. Die Schnellentlüftungen waren geöffnet, die gepreßte Luft zischte aus den Tanks, die Tauchventile saugten. Ich lauerte derweil auf das erste Zeichen eines Tiefergehens durch die Turmfenster, aber unser Deck wurde immer wieder von den Wellen hochgeworfen. In meiner Not ließ ich noch mehr Tiefenruder geben und ließ beide Maschinen äußerste Kraft voraus laufen, so daß das zitternde Boot sprang. Dann schnitt es plötzlich unter und ging kopfüber in die Tiefe. Die Dämmerung verschwand von den Turmfenstern, das Manometer zeigte 2, 6 und jetzt schon 10 Meter, aber die Neigung des Bootes nahm immer mehr zu, so daß wir alle ins Rutschen kamen. Mit Müh und Not klammerte ich mich am Okularteil des Sehrohrs fest, und schon gab es einen heftigen Stoß, der uns alle zu Boden schleuderte. Alles prasselte durcheinander. In dieser allgemeinen Schrecksekunde sagte der 1. Offizier Krapohl ruhig: „So, da wären wir ja angekommen!" Das war das rechte Wort im rechten Augenblick, denn wir waren alle doch etwas blaß geworden. Aber vorerst rasten noch die Maschinen drauflos, daß das Boot dröhnte. Da schnellte der kleine Klees, unser leitender Ingenieur, hoch und riß den Maschinentelegraphen herum, so daß plötzlich Stille herrschte. Derweil standen wir immer noch Kopf, saßen scheinbar auf dem Grund mit dem Bug auf, während wir achtern mit ordentlichem Schwung auf und ab pendelten. Das Manometer zeigte 15 Meter Tiefe an. Nach der Karte hatten wir zwar hier etwa 31 Meter Tiefe. Bei der Steillage des Bootes mußte das Heck gehörig über Wasser ragen, so daß unsere Schrauben, wenn ein Wellental über uns weggegangen war, in der Luft arbeiteten. Und dabei konnte jederzeit der Zerstörer dasein! Jeden Augenblick mußten seine Wasserbomben krachen. Aber wir hatten Glück. Der Seegang machte den Engländern wohl ebenfalls genug Schwierigkeiten, oder ihr Ausguck döste, aber wir waren doch froh, als wir erkannt hatten, woran der Fehler lag. Die achteren Tanks waren nicht ganz entlüftet worden und wurden nun schnell geflutet und das Boot richtig getrimmt. Es war noch mal soeben gut gegangen!

Auch bei unserer Ausreise von Amerika hatten wir ein Taucherlebnis, auf das wir gern verzichtet hätten. Wir machten Probetauchen und wollten uns auf Grund legen, der laut Karte etwa 30 Meter unter dem Wasserspiegel liegen Sollte. In 30 Meter Tiefe blieb aber das erwartete leichte Bumsen aus. Vielmehr ging der Zeiger des Manometers auf 32, 33, 35 Meter, ja sogar bei 40 Meter machte er noch nicht Schluß. Unwillkürlich klopfte ich an das Glas und auch auf Anfrage in der Zentrale kam das gleiche Ergebnis. Dabei sank das Boot immer weiter. Ich muß schon sagen, es ist ein häßliches Gefühl in solcher singenden Stille ins Unbekannte hinabzufallen, ohne etwas zu sehen, außer dem Abwärtsklettern des Zeigers. Jetzt waren wir schon auf 45 Meter, nun auf 48 und erst bei 50 Meter machte der Zeiger halt, ohne daß wir einen Anprall gespürt hätten.

Da saßen wir also endlich auf dem Grund der Chesapeake Bai und hielten großen Kriegsrat. Wir mußten in einem Loch stecken, das auf der Karte nicht eingezeichnet war, und eigentlich lagen wir hier ja genau so gut wie 20 Meter höher. Eben wollte ich den Befehl zum Auftauchen geben, da macht mich Pickert darauf aufmerksam, daß die Scheibe des Kreiselkompasses sich wie verrückt um sich selbst drehe. Wir starrten sie alle entsetzt an, denn da gab es nur eine Möglichkeit, wir drehten uns in unserem Loch im Kreise!

Nun aber schleunigst Lenzpumpen angestellt! Aber auch die stimmten nicht, ihr Ton war viel heller als sonst, sie förderten scheinbar nicht, und nach dem Manometer schienen wir noch tiefer gefallen zu sein, statt aufzutauchen. Nur das Drehen hatte aufgehört. — Ein zweiter Versuch schlug ebenfalls fehl. Langsam wurde uns allen schwül. Die Pumpen schafften nicht! Klees sagte: „Die Leitungen müssen verschlammt sein!" Wir fingen sofort zu arbeiten an, und endlich gelang es, die Pumpen wieder sauber zu machen. Mit altgewohntem tiefen Brummen drückten sie endlich wieder das Wasser aus den Tanks, und endlich rückte auch der Manometerzeiger wieder an. Schon war er auf 49 Meter. Alle strahlten, — aber sofort durchlief uns wieder eisiger Schreck: Der Zeiger schnellte auf 20 Meter, sprang auf 49 Meter zurück und schnellte wieder auf 20 Meter! War denn wirklich alles verhext? — Uns klopfte wohl allen das Herz zum Hals, da griff Klees nach einem Ventil, Preßluft sauste, das Manometer schlug mit einem Ruck auf 120 Meter aus, sprang dann zurück auf 49 Meter, und der Schlammpfropfen, der die Öffnung des Tiefenmanometers verstopft hatte, war herausgeflogen. Nun wurden auch die Ausgußrohre der Pumpen durch Preßluft von allem Schlamm gereinigt, der bei dieser verrückten Dreherei im Strudel eingedrungen war; dann erst surrten die Lenzpumpen im gewohnten Ton, und unser Boot stieg doch noch einmal zur Sonne empor. Kapitän Hinsch, unser treuer Helfer an Bord seines „Timmins" war schon recht unruhig gewesen, denn unser „kurzer" Tauchversuch hatte anderthalb Stunden gedauert. — Er wurde gleich noch einmal wiederholt, und dann wurde durchgebrochen.

U 53 fährt nach Amerika
Von Hans Rose

Mein Boot, U 53, war 750 Tonnen groß und von der Germania-Werft in Kiel für den Krieg in den europäischen Gewässern gebaut. Die Besatzung bestand alles in allem aus 36 Köpfen.
Am letzten Sonntag im August 1916 ließ mich der Chef der Unterseeboot-Streitkräfte, Kommodore Bauer, zu sich rufen und fragte mich: „Trauen Sie sich und Ihrem Boot zu, nach Amerika zu fahren?"
Diese Frage war zunächst zu verneinen, weil die Fahrstrecke des Bootes 5600 Seemeilen betrug, während die Entfernung nach New York, Hin- und Rückfahrt zusammengerechnet, 7600 Seemeilen ausmachte. — Aber am nächsten Tage konnte ich dem Kommodore nach gründlicher Überlegung melden, daß wir die Aufgabe nach wesentlichen Umbauten übernehmen würden. Die Entscheidung lautete: „Gut, Sie fahren in 14 Tagen los."
Es begann nun auf der Werft ein munteres Umbauen, an dem sich die ganze Besatzung mit Feuereifer beteiligte.
Die Aufgabe, die uns vom Chef des Admiralstabes mitgegeben wurde, hatte auszugsweise folgenden Wortlaut: „1. Nach dem Eintreffen des Handels-U-Bootes ‚Bremen', welches etwa am 15. September in New London bei New York zu erwarten ist, werden voraussichtlich feindliche Seestreitkräfte die östlichen Zugänge zum Long-Island-Sund bewachen. Sie sollen diese Streitkräfte aufsuchen und angreifen, sofern Sie außerhalb der amerikanischen Hoheitsgewässer angetroffen werden. 2. Dann sollen Sie Newport-Rhode-Island anlaufen, um den amerikanischen Marine-

Behörden Gelegenheit zu geben, das Boot zu besuchen.
3. Auch wenn Sie keine feindlichen Streitkräfte antreffen, sollen Sie Newport anlaufen.
 4. Nach Erledigung der Aufgaben zu 1. und 2. darf Handelskrieg nach Prisenordnung geführt werden.
 5. Für die Heimreise ist eine Aufnahmestellung südlich der Färöer-Inseln vorgesehen."
Das war ein vielversprechender Befehl. Er erhielt noch besondere Bedeutung durch den bereits von dem Kommodore angedeuteten Zusatz, daß die Kriegsleitung mit meinem Auftauchen drüben um den Anfang Oktober herum rechne und daß unter dem gleichzeitigen Eindruck unseres dann beginnenden Einmarsches in Rumänien und meines Erscheinens in Amerika die Beschränkungen, die bislang die U-Boote an der vollen Entfaltung ihrer Kampfkraft gehindert hatten, fallen sollten.
Als wir am Freitag, dem 15. September, den ersten Auslaufversuch machten, scheiterte dieser kläglich infolge stürmischer See. Warum hatten wir auch gerade den Freitag, an dem kein richtiger Seemann den Hafen verläßt, zur Abreise ausgesucht! — Am 17. September glückte es besser. Bei Tagesanbruch verließen wir Helgoland und fuhren bei herrlichem Sonnenschein nach Norden davon. Alles ließ sich zunächst ganz schön an, aber schon in der Nacht fiel das Wetterglas plötzlich um 22 Millimeter, ein ungewöhnlicher Sturz in dieser Jahreszeit, und uns umheulte der Sturm. Es zeigte sich, daß das Boot, dessen Auftriebtanks zur Hälfte mit Brennstoff gefüllt waren, wie ein Plättbrett im Wasser lag und alles über sich wegrollen ließ. So verloren der Obersteuermann Schröter und ich — wir standen allein auf dem Turm und hatten uns mit Stahltauen am Boot festgebunden — plötzlich den Boden unter den Füßen

und schwammen „im Grünen". Wir mußten geduldig warten, bis der Sturm verrauscht war. — Die nächste Nacht dagegen war wunderschön. Die See war glatt wie ein Spiegel, ein goldner Streifen von kleinen Leuchttieren bildete sich zu beiden Seiten des Bugs, sprudelte an der Bordwand entlang und vereinigte sich im Schraubenwasser unseres lautlos dahingleitenden Bootes zu schäumenden, gleißenden Wirbeln. Die Sterne spiegelten sich wie leuchtende Punkte im Meere. — Aber bald wechselte das Wetter. Tonnenweise kamen in der Höhe der Shetland-Inseln die Brecher über das Boot und rollten über den Turm, die Wache mit hellen Sturzseen überschüttend. Wir kamen gegen den Nordwind bald keinen Schritt mehr vorwärts. Da gingen wir einfach unter Wasser und arbeiteten uns in blauer Tiefe nach Norden, bis wir nach langwieriger Fahrt die Nordspitze der Shetland-Inseln gewonnen hatten und in den Atlantischen Ozean hineinsteuern konnten. Die erste Etappe war erreicht.

Sobald freies Fahrwasser vor uns lag, gab ich der Besatzung den Reisebefehl bekannt. Die Männer rissen die Augen auf, und kaum hatte ich sie wegtreten lassen, als in allen Räumen eine Unterhaltung anhob wie in einem Mädchenpensionat. — Der wichtigste Mann an Bord, sofern der Kommandant sich diese Bedeutung nicht anmaßt, ist der Koch. Seine Person wuchs ins Gigantische, als sich herausstellte, daß er Nordamerika kannte. — „Du, Bernhard," hieß es von allen Seiten, „wo süht dat da ut?" „Och," meinte dieser, „da laufen die Menschen doppelt so schnell, haben zehnmal soviel Geld, zwanzigmal so hohe Häuser und hundertmal soviel Autos."

Eines Morgens kam dicker Nebel. Beim Aufklaren schrie der wachthabende Offizier vom Turm ins Boot hinein: „Rechts voraus ein Segler in Sicht!" — Ich sauste nach oben. In dieser gottverlassenen Gegend ein Segler? Das schien doch verdächtig. Beobachtung durchs Doppelglas belehrte uns, daß wir keinen Segler, sondern den einsam aus weiter Wüste herausragenden Rockall-Felsen vor uns hatten, der wie ein Zuckerhut im Wasser steht. Wir hatten ihn vorsichtig auf 60 Seemeilen Abstand umgehen wollen. Der Kreiselkompaß hatte aber im Laufe der Nacht infolge Lockerung einer Litze um 30 Grad verkehrt gezeigt. So hatte der Zufall es gefügt, daß wir geradewegs auf den Felsen zurannten. Wir wären, sosehr das auch nach Seemannsgarn klingt, Sang- und klanglos gescheitert, wenn der Himmel den Nebel nicht gerade im rechten Augenblick verscheucht hätte.

Furchtbar war es für die Leute, die oben auf dem Turm Wache zu halten hatten. Über den Kopf stülpte man eine Kapuze, die vor den Ohren und am Kinn dicht abschloß und durch eine bis über die Schultern reichende Pelerine das Einsteigeloch des Anzuges verdeckte. Trotzdem standen die Leute, wenn sie nach vierstündiger Wache vom Turm kamen, bis an die Hüften in eiskaltem Wasser. Da sagte sich Wacker, wenn das Wasser von oben hereinläuft, dann muß es eben unten wieder hinaus und schnitt mit einem Messer ein paar talergroße Löcher in die Fußsohle. „Speigatten" nennt das der Seemann. Die Wirkung war glänzend. Naß waren die Männer zwar auch, aber Sie hatten doch das befriedigende Gefühl, daß das Wasser ablief.

Wenn das Boot bei schlechtem Wetter mit gewaltiger Wucht in die See hineinstampfte, dann ächzten die Achsen und das Getriebe der vorderen Tiefenruder, die wie flache Riesenhände das Meer schlugen, daß es einem angst und bange wurde. Stundenlang saßen der Oberingenieur Möller und ich dann im Bugraum, jeden

Augenblick eine verhängnisvolle Katastrophe erwartend. Es gab da kein anderes Mittel zur Beruhigung als Vertrauen zum Material, und dazu waren wir ja Gott sei Dank berechtigt.

Als wir nach Tagen und Wochen des Kampfes mit den Elementen uns der Insel Neufundland näherten, begegneten uns häufiger große Dampfer, denen wir nicht immer über Wasser ausweichen konnten. Wir entzogen uns ihnen durch Tauchen. Dabei wäre es uns einmal beinahe schlecht ergangen. Ein Mann hatte aus Unachtsamkeit einen Auspuffschieber offen gelassen, so daß eine der Dieselmaschinen voll Wasser lief und wir starke Schlagseite beim Tauchen bekamen. Die Lage war äußerst kritisch. Mit Preßluft brachten wir das Boot schleunigst an die Oberfläche. Das gab nachher ein heiliges Donnerwetter. Nach Beseitigung des Schadens wurde gleich wieder getaucht, und alles ging gut. Abends, als ich mein Wurstbrot aß, stand plötzlich der Schuldige hinter mir, und als ich mich umdrehte, bat er mit Tränen in den Augen um Entschuldigung für sein Versehen und gelobte, daß es nie wieder vorkommen sollte. Und es ist nie wieder vorgekommen, weder auf dieser Fahrt noch auf vielen anderen, die bis zum Kriegsschluß folgten.

Nun waren wir drüben. Der erste Gruß der Neuen Welt war ein herrliches Nordlicht, das stundenlang über der Insel Neufundland flammte. Lodernde Strahlenbänder glühten im Westen auf, um grün, rot, violett und golden zuckend nach Sekunden im Osten zu verglimmen.

Am nächsten Morgen meldeten mir die Offiziere, daß im ganzen acht Leute dienstunfähig seien: sie erbrachen sich, hatten heftige Kopfschmerzen und konnten die Glieder kaum rühren. Sollten die Anstrengungen der Fahrt doch über die menschliche Kraft hinausgehen?

Sollten die Nerven, die der U-Boot-Mann nicht kennen darf, ihren Dienst versagen? Müssen wir uns etwa in Amerika internieren lassen, weil wir einfach nicht mehr können? Dann würden wir gerade das Gegenteil von dem beweisen, was wir durch unsere Fahrt zeigen wollen. Da holte ich mir den Koch: „Wandt, was ist hier los, was können wir da machen?" — „Das hat nichts zu sagen, das ist die Neufundlandkrankheit, wir verordnen einen steifen Grog." — Gesagt, getan. Ich habe zwar nie sonst von einer Neufundlandkrankheit gehört, aber nach zwei Tagen war alles wieder gesund. Nun, auch bei Grippe soll der Grog ja Wunder wirken. Und schließlich kann er auch ohne Grippe niemals schaden.

Die nächsten Tage brachten uns herrliches, warmes Sonnenwetter. Wir holten Bürsten, Besen, Scheuertücher, Pinsel und Farbentöpfe heraus und brachten das Boot in Paradezustand. Ein geschickter Heizer schnitt uns allen die Haare, eine für alle Beteiligten sehr unangenehme Arbeit. — Die See lag indessen spiegelglatt im Sonnenglanze, ganze Herden von Walen wälzten sich urgemütlich, zierliche Fontänen schießend, durchs Wasser. Da erschien vor uns ein dunkler Streifen. „Land!" schrie alles, „Amerika!" Das war aber ein Irrtum, der dunkle Streifen jagte in amerikanischem Tempo am Himmel empor, und schwapp, waren wir im dicksten Nebel. Das war Pech. In den vergangenen Wochen hätten wir uns stets über Nebel gefreut, jetzt brauchten wir helles Wetter und konnten nicht zum Bug unseres Bootes sehen. — Nachmittags wurde es etwas sichtiger. Wir steuerten senkrecht auf die Küste zu und erkannten gegen Abend vor uns eine hügelige Insel.

Die Dämmerung sank herab und die Luft wurde vollkommen klar. Während der ganzen Nacht kreuzten wir vor der Einfahrt nach New-London hin und her. Wohl sechsmal fuhren wir bis auf Rufweite an passierende Schiffe heran, aber alle erkannten wir als friedliche Kauffahrer; von britischen Streitkräften war nichts zu sehen. Stunde um Stunde wuchs unsere Enttäuschung. In der Morgendämmerung liefen wir getankt weit nach New-London hinein. Von U-„Bremen" oder englischen Kriegsschiffen war keine Spur zu entdecken. So mußten wir auf den militärisch reizvollsten Teil unserer Aufgabe, auf den Angriff auf Kriegsschiffe, verzichten. Gegen Mittag entschloß ich mich zum Einlaufen.

Die Leute zogen sich von Kopf bis Fuß rein an. Die Seestiefel und das neu eingefettete Lederzeug blitzten, alles war rasiert, Hände und Gesicht mit Hilfe von Soda gesäubert, die goldenen Aufschriften der Mützen blinkten, die Bänder flatterten luftig in der Sonne. Am Heck wallte eine blendend weiße, ganz neue Kriegsflagge, der Flaggstock war mit einer leuchtenden Kupferkrone geziert, die die Unteroffiziere in den letzten Tagen angefertigt hatten. Der Obermatrose Noormann, der dem Fischerbrauche entsprechend auf Zahnpflege sonst wenig Wert legte, erschien plötzlich mit blendend poliertem Gebiß. Auf meine anerkennende Bemerkung riß er die Hacken zusammen und erwiderte breitgrinsend: „Wir sind doch herübergekommen, um den Amerikanern die Zähne zu zeigen, da sollen sie auch was erleben."

Obwohl wir während der gesamten Dauer der Hinfahrt mit Brennstoff äußerst gegeizt hatten, schnoben wir jetzt mit höchster Fahrt in den Hafen von Newport hinein. Dazu glitzerndes, windstilles Sonnenwetter, am Heck die stolz flatternde Flagge, blitzblank das Boot und blitzblank die Besatzung von innen und außen — — wir waren stolz. 3 Uhr nachmittags ankerten wir inmitten einer

Flottille von amerikanischen Zerstörern. Ich ging sofort an Land, um dem Stationschef meinen Besuch zu machen. Admiral Knight empfing mich in seinem Dienstzimmer in dem weiträumigen Stationsgebäude. Er begann die Unterredung mit den Worten: „Wo ist U-‚Bremen'?" Ich zuckte die Achseln und dachte: Also die arme U-„Bremen" ist nicht angekommen. Wo mag Sie stecken? — Die Unterhaltung war förmlich: „Wollen Sie interniert werden?" — „Nein." — „Wollen Sie Kranke ausschiffen?" — „Nein, meine Besatzung ist vollkommen gesund." — „Dann wollen Sie wohl Reparaturen an Ihrem Boot ausführen?" — „Nein, das Boot ist tadellos in Ordnung." — „So, ja — — was wollen Sie denn eigentlich hier?" — „Ich möchte Ihnen lediglich meinen Besuch machen, Herr Admiral." Längere Pause — — „Wollen Sie Wasser, Lebensmittel oder Brennstoff ergänzen?" — „Nein, ich danke, ich bin mit allem versehen." — „Aha, das ist nur gut, denn ich dürfte Ihnen auch nichts geben." — „Warum nicht, Herr Admiral? Nach den internationalen Gesetzen wären Sie dazu verpflichtet, wenn ich Sie darum bäte." — Betretenes Schweigen. — — — Ich machte meine Verbeugung und brach auf. Offenbar wußte Admiral Knight nicht recht, was er mit mir anfangen sollte, und scheute die Verantwortung.

Admiral Gleaves auf dem Kreuzer „Birmingham" war sehr viel freundlicher. Er erkundigte sich nach allen Einzelheiten der Reife und fragte nach seinen Freunden in der deutschen Marine. Ich unterhielt mich gut mit ihm und fuhr bald auf mein Boot zurück. Hier hatte sich inzwischen eine größere Zahl von Marineoffizieren eingefunden, die durch das Boot hindurchgeführt und, soweit möglich, bewirtet wurden. Aus den unglaublichsten Untersätzen drängelten sich die

Neugierigen um unser Fahrzeug. Schließlich konnte ich nicht verhindern, daß eine Schar von Damen das Boot stürmte. Das war das allgemeine Signal zum Angriff. Nach wenigen Sekunden konnte sich niemand mehr an Deck bewegen. Alles stand in qualvoll fürchterlicher Enge, von allen Seiten durch redende, gestikulierende und nach Luft schnappende Leiber gepreßt.

Da kam unerwartet Admiral Gleaves mit Frau und Tochter längsseit, um meinen Besuch zu erwidern. Ich machte mir das Vergnügen, die Herrschaften durch das Boot zu führen. Altes wurde mit viel Interesse und seitens des Admirals mit großer Sachkenntnis betrachtet. Dann ließen wir uns an meinem Schreibtisch und auf meiner Koje gemütlich nieder, und ich bewirtete die Damen und den Admiral mit einem Glase Sekt und Kuchen, den ich aus Europa noch herübergerettet hatte. Das niedliche Fräulein Gleaves steckte die Kuchen auch zu meinem Entzücken in ihr reizendes Mündchen, wahrend die Mutter sie, echt amerikanisch, als „remembrance for ever" (Ewiges Andenken) in ihrer Handtasche verschwinden ließ. Als der Admiral mit seinen Damen von Bord war, wurde die Sache kitzlig. Der Stationschef schickte einen Offizier mit der Bitte, den Verkehr mit dem Lande zu unterbrechen. Er benutzte den Vorwand, daß der Hafenarzt den Verkehr noch nicht freigegeben hätte. Ich entgegnete: „Sie irren, der Hafenarzt war an Bord, die Quarantäne ist aufgehoben." — Verlegenes Schweigen. — — „Ja — ja, — aber der Stationschef wünscht trotzdem die Unterbrechung des Verkehrs." — Mir war dieses Verhalten ein deutliches Zeichen dafür, was von der „Neutralität" der amerikanischen Regierung zu halten war. Offenbar war inzwischen Weisung aus Washington gekommen.

Da der Zweck unseres Besuches erfüllt war und gewaltsame Internierung unbedingt vermieden werden mußte, so lichteten wir Anker und verließen unter dem Hurra der amerikanischen Torpedoboot-Besatzungen, dem Jubel der von Bord Vertriebenen und unter endlosem Winken und Mützenschwenken schleunigst den Hafen. So sind wir genau zweieinhalb Stunden in Amerika gewesen, und davon war ich eine Viertelstunde an Land.

Ein hübsches Hausboot geleitete uns hinaus. Es fuhr etwa 10 Meter neben uns her. Es war Nacht geworden und strahlender Vollmondschein. Scherzworte und Grüße wurden gewechselt. Ich ließ die Besatzung auf Tauchstation antreten. „Lebt wohl, auf Wiedersehen. — Alarm." Nach 40 Sekunden war von unserem Boot nichts mehr zu sehen. Nur eine von unseren schönen Rettungsbojen mit der Bezeichnung „S. M. U. 53" hatten wir auf dem Turm vergessen. Sie Schwamm einsam im Mondlicht und ist von den Amerikanern als willkommene Beute — als „remembrance for ever" — aufgefischt worden. Wir änderten unter Wasser, abgeschlossen von allen menschlichen Lebewesen, unseren Kurs und waren beim Auftauchen nach zehn Minuten wieder allein.

Als ich nach dem Abendbrot durchs Boot ging, um mich nach den Erlebnissen und Eindrücken der einzelnen Leute zu erkundigen, fand ich alles in tiefem Schlummer. Was der Ozean in drei langen mühseligen Wochen nicht vermocht hatte, das hatten die Amerikaner in wenigen Stunden geschafft: Die Leute waren restlos ermattet. — Wir trudelten die Nacht über nach dem Nantucket-Feuerschiff, das Westwertssteuern bis vor die Einfahrt nach New York erlaubte uns der Mangel an Brennstoff nicht mehr.

U„Bremen" war also die Überfahrt nicht geglückt, obwohl das Schiff eigens für diese Reisen gebaut war und das Dreifache unserer Größe besaß. An der Schwelle des Erfolges war das Schiff mit feiner ganzen Betasatzung gesunken, verschollen und bald auch vergessen. Wie anders hätte sich der gestrige und heutige Tag für uns gestaltet, wenn dem Schiff eine glückhaftere Fahrt beschieden gewesen wäre. Wir Menschen haben das Wollen, aber das Vollbringen hängt von höherer Fügung ab. — —

Noch harrte im heimlichen Dämmerlicht die Welt dem Morgen entgegen, da sahen wir vor uns das Licht vom Nantucket-Feuerschiff, und neue Aufgaben riefen uns zur Tat. Die Fülle des Erlebens am 8. Oktober 1916 war so ungeheuerlich, daß es mir zu schwer fällt, sie in die Form einer einfachen Erzählung zu pressen, ich glaube, ich schildere die Ereignisse am besten, indem ich wörtlich die Niederschrift gebe, die sich in meinem dienstlichen Tagebuch, das ich nach Rückkehr einzureichen hatte, befand. So ist die Darstellung am übersichtlichsten, wenn Sie auch jeden Schmuckes bar ist; sie lautet wie folgt:

„8. Oktober 1916. Sehr sichtig, fast wolkenloser Himmel, nahezu windstill.

5 Uhr 35 V. Nantucket-Feuerschiff zwei Seemeilen backbord querab. Amerikanischen Dampfer „Kansas" durch Schuß vor den Bug angehalten. Befehl gegeben, die Papiere an Bord zu bringen. Nach anfänglichen Schwierigkeiten sendet der Dampfer ein Boot, Papiere ergeben als Bestimmungsort Genua, Zwischenhafen Boston, Ladung hauptsächlich Soda — keine Bannware.

6 Uhr 15 V. Dampfer entlassen. Mit südlichem Kurs auf die allgemeine Dampferstraße zu gehalten. Angriffe auf

größere Passagierdampfer wegen der Schwierigkeit des Leutebergens aufgegeben.

6 Uhr 53 V. Britischen Dampfer „Strathdene" aus Glasgow, 4321 Bruttoregistertonnen durch mehrere Schüsse und Signal „Bringen Sie Ihre Papiere" angehalten. Erst nach dem sechsten Schuß dreht der Dampfer auf und stoppt.

7 Uhr 09 V. Signal „Verlassen Sie das Schiff", weil Dampfer deutlich als Brite erkannt wird. Den Rettungsbooten Kurs und Entfernung nach Nantucket-Feuerschiff gegeben. Sie segeln dorthin ab.

7 Uhr 43 V. Torpedotreffer in achteren Laderaum mit 3 Meter Tiefeneinstellung. Dampfer sackt achtem tiefer, ohne zusinken. Auf einen anderen Dampfer zugedreht.

8 Uhr 03 V. Norwegischer Dampfer „Chr. Knudsen", 3878 Br.-Reg.-T. durch Signal angehalten. Kapitän kommt mit Papieren. Dampfer ist der Aufbringung verfallen, da mit Gasöl nach London bestimmt. Kapitän bekommt Befehl, mir zum Dampfer „Strathdene" zu folgen, dort in der Nähe das Schiff zu verlassen und auf meine Rückkehr zu warten. Dampfer „Strathdene" durch Granatfeuer versenkt.

9 Uhr 53 V. „Chr. Knudsen" ist bis auf etwa vier Seemeilen Abstand gefolgt, die Besatzung hat das Schiff verlassen. Torpedotreffer achtern, 4 Meter Tiefeneinstellung. Der Dampfer sinkt nicht. Artilleriefeuer eröffnet. Erfolg ist vollkommen negativ, da durch jedes Schußloch das spezifisch schwere Öl herausläuft und der Dampfer Auftrieb gewinnt.

10 Uhr 54 V. „Chr. Knudsen" durch zweiten Torpedotreffer versenkt, weil ein dritter Dampfer von Osten herannaht.

11 Uhr 30 V. Dampfer „West Point", 3847 Br.-Reg.-S. durch Schüsse vor den Bug und Flaggensignal:

„Verlassen Sie das Schiff" angehalten. Dampfer gibt dauernd FT-Signale, die kräftig gestört werden.
11 Uhr 40 V. Durch zwei Schüsse in die Back FT-Verkehr zum Verstummen gebracht. Besatzung verläßt in zwei Booten das Schiff. Vor dem Herangehen durch einige Schüsse in den Schiffskörper die Sicherheit geschaffen, daß Dampfer keine verborgenen Geschütze trägt. Dampfer mit Sprengpatronen versenkt.
12 Uhr 35 N. Prüfungstauchen. Der Besatzung bekanntgegeben, daß nach Ablieferung der Dampferbesatzungen am Nantucket-Feuerschiff die Heimreise angetreten werden soll.
2 Uhr 45 N. Am Nantucket-Feuerschiff macht ein von New York kommender Tankdampfer offenbar infolge Warnung kehrt, fährt in Richtung New York zurück.
3 Uhr 05 N. Größerer Dampfer mit Ostkurs bei Nantucket-Feuerschiff.
3 Uhr 39 N. Die Boote mit Besatzung der „West-Point" losgeworfen, da Sie das Feuerschiff gut ausmachen können und günstigen — halben — Segelwind haben. Abstand vom Feuerschiff etwa vier Seemeilen.
3 Uhr 40 N. Norwegischen Dampfer „Kapana ex Gesto ex Bifrost" durch Schuß und Flaggensignal angehalten. Kapitän kommt mit Papieren, Dampfer wird entlassen, da nach norwegischem Hafen bestimmt. Ladung hauptsächlich Getreide.
4 Uhr 15 N. Nach den Booten des Dampfers „Knudsen" gesucht. Sie kommen westlich des Feuerschiffs in Sicht. Im Laufe des Tages hat ein ungeheuer reger FT-Verkehr eingesetzt.
4 Uhr 55 N. Holländischen Dampfer „Blommersdyk", 4850 Br.-Reg.-T., angehalten. Er hißt an mehreren Stellen die holländische Flagge, bekommt Signalbefehl: „Bringen Sie Ihre Papiere."

5 Uhr 15 N. Bevor er diesem Befehl nachkommen kann, wird ein Zerstörer gesichtet, getaucht. Der Zerstörer gehört der Marine der Vereinigten Staaten an, steuert zum Nantucket-Feuerschiff.
5 Uhr 30 N. Aufgetaucht. Von Newport her naht mit unregelmäßigen Abständen eine größere Zahl Zerstörer. Der zuerst angekommene nimmt beim Nantucket-Feuerschiff die Besatzungen der vormittags versenkten Dampfer über. Den Dampfer „Blommersdyk" nochmals zum Beibringen der Papiere aufgefordert. Er setzt ein Boot aus.
5 Uhr 40 N. Noch bevor das Boot längsseit ist, naht ein Dampfer von Osten her. Um dessen Annäherung zu verhindern, wird er aus 60 Hektometer durch einige Schüsse vor den Bug zum stoppen gebracht. Dampfer hat Passagiere an Bord. Amerikanische Zerstörer legen sich in seine unmittelbare Nähe. Inzwischen kommt das Boot von „Blommersdyk". Seine Papiere werden durchgesehen. Es ist vollständig beladen mit Bannware. Seine Bestimmungsorte liegen in Holland.

In keinem der Schiffspapiere ist die Rede vom Anlaufen Kirkswalls. Auch verschleiert der an Bord gesandte Offizier diese Abficht. Nur aus dem Gesundheitspaß und dem amerikanischen Zertifikat ist zu erkennen, daß „Blommersdyk" den Schottischen Hafen Kirkswall anlaufen soll. Mithin treten die Bestimmungen der Prisenordnung lfd. Nr. 38 und die Zusatzbestimmung lfd. Nr. 30 vom 24. Juli 1916 in Kraft. Außerdem bleibt die Frage offen, ob der Dampfer gemäß lfd. Nr. 36 trotz Bescheinigung des holländischen Generalkonsuls in New York der Beschlagnahme unterliegt.

In Erwägung aller Umstände gewinne ich die Überzeugung, daß die Aufbringung von dem Schärfegrad meiner Auffassung abhängig ist, da die

Bestimmungen Sowohl Freilassen wie Aufbringen gestatten. Unter gewöhnlichen Umständen hätte ich mich zu der milderen Auffassung entschlossen. Hier aber lagen die Verhältnisse so, daß ich, um die amerikanischen Gefühle zu schonen, den Passagierdampfer, dessen Staatsangehörigkeit ich wegen der zunehmenden Dunkelheit noch nicht einmal hatte feststellen können, nach Einsicht in die Papiere ungehindert durchlassen wollte. Ich mußte nun ernstlich besorgen, bei allen Beteiligten den Eindruck zu erwecken, als ob die Anwesenheit der amerikanischen Zerstörer mich zur schwächlichen Nachgiebigkeit und zum verzichten auf meine Rechte veranlagte. Ich entschloß mich daher zur Schärfe und hißte, etwa 500 Meter neben „Blommersdyk" liegend, das Signal „Verlassen Sie das Schiff". Die Vorbereitungen waren auf „Blommersdyk" schon in weitgehendstem Maße getroffen.

5 Uhr 45 N. Inzwischen hatten sich auf engem Seeraum außer den beiden Dampfern und U 53 16 amerikanische Zerstörer eingefunden, so daß mit großer Vorficht manövriert werden mußte. Als das Boot von „Blommersdyk", das den Offizier mit den Papieren gebracht hatte, von mir zum Dampfer zurückgeschleppt wurde, kam U 53 dem amerikanischen Zerstörer 53 so nahe, daß ich mit beiden Maschinen zurückschlagen mußte, um Zusammenstoß zu vermeiden. Wir kamen knapp voreinander klar.

Nun fuhr ich zu dem Passagierdampfer, um dessen Papiere einziehen oder ihn, falls er noch kein Boot ausgesetzt hatte, ohne weiteres mit Rücksicht auf die Passagiere zu entlassen. Ich hatte bereits Befehl zu dem Signal „You can proceed" gegeben, als ich erkannte, daß der Dampfer bereits verlassen war und alle Insassen von den amerikanischen Zerstörern aufgenommen waren. Die Zerstörer tasteten das Schiff zeitweise mit Scheinwerfern ab und gaben mir dadurch die Gelegenheit, an feinem Heck die britische Flagge und den Namen „Stephano Liverpool" auszumachen (3449 Br.-Reg.-T. nach Lloyds Register).

Nachdem ich zwischen dem Dampfer und den Zerstörern bindurchgefahren war, lief ich zu „Blommersdyk" zurück, die die Besatzung inzwischen verlassen hatte. Ein Zerstörer, der in unmittelbarer Nähe des Dampfers lag, wurde durch Morsespruch gebeten, sich etwas zu entfernen, damit das Schiff versenkt werden könnte. Er kam dieser Bitte sofort nach.

7 Uhr 50 N. Torpedotreffer mit vier Meter Tiefeneinstellung im Laderaum 4. Dampfer sackt achtern merklich tiefer, ohne zu sinken.

8 Uhr 20 N. Dampfer durch zweiten Torpedotreffer in Laderaum 3 zum langsamen Sinken gebracht.

9 Uhr 00 N. Dampfer gesunken. Die Back ragt noch aus dem Wasser. Amerikanische Zerstörer gehen in die Nähe des Wracks. Allmählich verziehen sich alle Zerstörer in Richtung Newport bis auf zwei, die U 53 zu dem Passagierdampfer folgen. Prisenkommando an Bord gesandt, Sprengpatronen angebracht und angeschlagen. Dampfer sinkt nicht. Artilleriefeuer eröffnet ohne sichtbaren Erfolg.

10 Uhr 30 N. Dampfer mit dem letzten an Bord befindlichen Torpedo versenkt, nach Osten abgelaufen. Die beiden Zerstörer entfernen sich nach Westen.

Rückmarsch angetreten. Im Laufe der Nacht vergeblich versucht, FT-Meldung über das Geschehen an den deutschen Botschafter in Washington zu erstatten."

Noch heute klopft mir das Herz, wenn ich an die ungeheure Verantwortung denke, die damals auf uns lastete. Ich war mir auch im Augenblick des Handelns dieser Verantwortung voll bewußt. Entscheiden mußte ich mich, so oder so, und ich glaube, wenn ich heute nochmals vor der Aufgabe stände, so wie sie sich von Minute zu Minute entwickelte, dann müßte ich ebenso handeln wie damals. Das Schwerste war der Entschluß, ob wir auftauchen oder unter Wasser bleiben sollten, als die amerikanischen Zerstörer nahten. Das Auftauchen barg die Möglichkeit des unmittelbaren kriegerischen Konflikts mit den Vereinigten Staaten in sich, das Unterwasserbleiben aber hätte uns um den ganzen Erfolg des Unternehmens gebracht. Daher tauchten wir auf, und ich kann nicht umhin, den Kommandanten der amerikanischen Zerstörer die Anerkennung vollkommen neutralen Verhaltens zu zollen. Besonders nett war, daß einer von ihnen, der mir im Wege lag, auf meinen Morseanruf hin bereitwilligst Platz machte.

Wacker war im Speisesaal des „Stefano" gewesen und hatte die Genüsse beider Indien auf der Tafel prangen sehen. Da hatte er schnell aus einer benachbarten Kajüte den Bettbezug genommen und Bananen, Ananas, Enten, Pularden, Schinken, Trauben, gebratene Hühner, Hummern, Pampelmusen — alles durcheinander — hineingepfropft, und in unser kleines Beiboot geworfen. Als er nun zurückruderte, stellte sich heraus, daß unser Beiboot leck war, und um nicht abzwacken, hatte er die ganze herrliche Beute einige zwanzig Meter vor der Ankunft auf U 53 ins Meer werfen müssen. Er heulte faft, als er an Bord kam.

Über unseren Erfolg jauchzte und jubelte die Besatzung, und auch ich fühlte mich insofern befreit, als ich nun in Deutschland die Fesseln des U-Boot-Krieges in Gedanken fallen sah, aber doch lastete schwer auf mir in den folgenden Tagen die Sorge, ob nun wohl auch alles richtig gemacht und der Kriegsausbruch mit den Vereinigten Staaten verhindert sei.

Wir steuerten, um alle Möglichkeiten für schnelles Vorwärtskommen auszunutzen, in den Golfstrom hinein. Am 10. Oktober, 3 Uhr nachmittags, standen wir noch im schwarzen, kalten Wasser des Labradorstromes. Die Wasserwärme betrug 13 Grad, zwei Stunden später 15 Grad, um 6 Uhr 16,5 Grad, um 8 Uhr 18,5 Grad und um 10 Uhr 20,5 Grad. Nun schob uns der Golfstrom kräftig der Heimat entgegen. Die Luft im Boot wurde entsetzlich feucht und schwül, man konnte es nur in Hemdsärmeln aushalten, der Schweiß drang aus allen Poren. Das Wasser tropfte allenthalben von der Decke.

Wir hatten mittlerweile So viel Brennstoff verbraucht, daß das Boot wieder den normalen Auftrieb hatte. Und es war gut, daß das Boot erleichtert war, denn auf der Neufundlandbank packte uns ein Sturm, der die See geradezu zu Gebirgszügen auftürmte. Der brausende Wind riß die Spitzen von den Kämmen, die als sprühender Gischt über die Täler hinwegfegten. Dazu glitzerte zeitweilig die Sonne durch die dahinjagenden Wolken, das Wasser mit tausend Farben durchleuchtend. Wir kamen keinen Schritt vorwärts, aber das erleichterte Boot lag spielend auf der See.

Fast 24 Stunden dauerte der Sturm, dann Stieg das Wetterglas, und etwa eine Woche lang trieben uns der Golfstrom, ein kräftiger achterlicher Wind und unsere Maschinenkraft mit gleichmäßiger Geschwindigkeit nach Osten, der Sonne, der Heimat entgegen. Tagsüber strahlte die herbstliche Sonne. — Nachts glitten wir unter einem unbeschreiblich schönen Sternenmeer dahin. Abends saß alles, was keine Wache hatte, in dichten

Klumpen geballt auf dem Turm, und all die herrlichen vaterländischen Lieder und auch manche derberen Soldatenlieder klangen aus über 20 Kehlen zum Himmel empor. Nie waren die Leute unzart, immer voll Gemüt und Humor. Der Matrose Göthling begleitete den Gesang mit der Mundharmonika, ein anderer mit der Okarina. Hoch auf schäumte die Begeisterung, wenn der letzte Vers des Seeräuberliedes erklang:

„Wir stürzen uns auf das feindliche Schiff
wie ein losgeschossener Pfeil,
die Muskete kracht, die Kanone brüllt,
laut rasselt das Enterbeil.
Der Feind, er stürzt, und zum Himmel empor
erklingt unser Jubelgeschrei:
Hoch lebe das ewig brausende Meer,
hoch lebe die Seeräuberei."

Das war unser Leib- und Magenlied und ist es bis zum Kriegsschluß geblieben.
Aber wir erlebten auch manche ernste Stunde.
Einer der Leute wurde von Tag zu Tag blasser, magerer und matter, er mußte täglich dreimal bei mir antreten, um zwei Eßlöffel voll Biomalz zu schlucken; ein Maschinistenmaat litt schrecklich unter Furunkulose, so daß Stein und ich ihn mit Hilfe meines über einer Spiritusflamme sterilisierten Rasiermessers von einem Teil der „Pflöcke" befreien mußten; und Gerd Noormann, der Mann mit den leuchtend blanken Zähnen, klappte vollkommen zusammen mit gräßlichen Leibschmerzen. Wir päppelten ihn eine Woche lang aus einer Büchse mit dänischer Sahne, die wir glücklicherweise noch an Bord hatten. Anderes konnte er nicht zu sich nehmen. Ich habe oft an der Koje dieses vorzüglichen Mannes, der

mir besonders ans Herz gewachsen war, mit banger Sorge gestanden, allmählich kam er aber wieder auf die Beine.

Ich selbst hatte das Pech, daß ein Mann in meine Pflaumenmuskruke hineintrat, so daß sie in tausend Scherben auseinanderflog. So mußte ich denn auf diesen von zarter Hand liebevoll und wohlschmeckend bereiteten und auch sonst sehr förderlichen Genuß in Zukunft verzichten. Überhaupt die Verpflegung! Es war schließlich ganz einerlei, was man aß, ob es Leipziger Allerlei, Graupen mit Pflaumen, Speckerbsen oder sonst was gab — es schmeckte alles gleich. Eines Tages gab es zur Feier von Noormanns Genesung dessen Leibgericht: Makkaroni mit Speck. Die hatte der treffliche Wandt entsetzlich mit Muskat verwürzt. Ich erlaubte mir daher zu bemerken: „Wandt, da war aber ein bißchen viel Muskatnuß dran." Ich kam an den Falschen. Er donnerte mich an: „Muskatnuß muß durchschmecken, Herr Kapitänleutnant." „Na, ja natürlich, ich meinte ja auch man nur bloß." — — Ich habe nicht wieder kritisiert.

Auf der Heimfahrt trafen wir einige Dampfer, entließen sie aber, nachdem wir ihren neutralen Bestimmungsort festgestellt hatten. Wir begegneten auch einem britischen Hilfskreuzer, konnten ihn aber nicht angreifen, weil alle Torpedos verschossen waren. In der Nähe der Hebriden erwartete uns U 55, um im Bedarfsfalle Hilfe zu leisten. Unsere erste Frage galt dem uneingeschränkten U-Boot-Krieg. Als wir die Antwort bekamen, daß er noch nicht erklärt sei, da sank ein ganzes Gebäude stolzer Hoffnungen für uns zusammen.

Als wir nach manchen kleinen Havarien um die Shetland-Inseln, deren Berge in der Nacht als leichte Schatten erkennbar wäre, herumbogen, begrüßte uns die Nordsee mit immer toller werdendem Seegang. Es war eisig kalt und auf dem Turm nicht mehr auszuhalten. Wir gingen daher unter Wasser, aber mehrere Male warf uns die bis in die Tiefen aufgewühlte See wieder an die Oberfläche. Schließlich gelang es uns, 40 Meter unter der Wasseroberfläche, einigermaßen zur Ruhe zu kommen. Die Leute der Freiwache schliefen. Tiefe Ruhe herrschte im Boot, im Offiziers-Raum saß Papa Stein und blies zart und liefe auf seiner Flöte Schubertsche Lieder. Ich selbst lag wachend auf meiner Koje, der Oberingenieur genehmigte sich einen oder vielleicht auch mehrere Kognaks. Maschinist Bode wirkte immer unermüdlich im Reiche seiner Maschinen, wacker steuerte das leise sich wiegende Boot und schrieb in Erinnerung an die vorangegangene wilde Steuerei folgenden dichterischen Erguß an das Manometer:

„Hinten hart unten und vorn hart oben,
das ganze Steuern ist verschroben,
hinten hart oben und vorne hart unten,
der Teufel hat den Schiet erfunden.
Bist du Schließlich ganz durch den Wind
und kannst dich gar nicht mehr finden,
dann kommandierst du Esel geschwind:
Hinten hart vorne und vorne hart hinten."

Am Vormittag des nächsten Tages kamen wir an die deutsche Bewachungslinie bei Horns Riff. Ein Fischdampfer hielt uns an und forderte die Losung. Wir antworteten: „Losung ist uns unbekannt." Darauf richtete er seine Kanone auf uns und machte ernste Miene, uns anzugreifen. Auf eine nochmalige Frage nach dem Losungswort antworteten wir wieder in gutem Deutsch, daß wir zu lange in See gewesen wären und die Losung nicht kennen könnten. Als er nun kampfeswütig heranbrauste und uns herüberwinkte: „Wo kommen Sie her?" antworteten wir: „Aus Amerika, Sie Affe." Das war so deutsch, daß er uns als Freund erkannte und uns unter Willkommenssignal passieren ließ. Mittags fing unser Kreiselkompaß an, Schwankungen zu zeigen. Als wir die Felsen der Insel Helgoland in Sicht bekamen, setzte er vollkommen aus. Dieser treue Gefährte hatte uns also sicher über den Ozean hin- und zurückgeführt, uns immer vortreffliche Dienste geleistet, und in dem Augenblick, in dem er überflüssig wurde, fiel er um.

Wir waren ganz verblüfft über den Empfang. Briefe aus allen Teilen Deutschlands von unbekannter Hand zeigten uns, wie groß im Vaterland das Interesse an unserer Fahrt gewesen war und wie sehr dieses technische und seemännische Wagnis die Stimmung in Deutschland gehoben hatte. Am nächsten Vormittag, Sonntag, den 28. Oktober, liefen wir die Jade hinauf. Jedes einzelne der dort zahlreich versammelten Schiffe begrüßte uns durch Hurrarufe, Mützenschwenken und Musik der Kapellen. Je weiter wir auf der Jade heraufkamen, desto dicker wurden die Schiffe und desto tosender wurde die Begeisterung. Alle durch Winkspruch übermittelten Glückwünsche beantworteten wir durch das kurze Wort: „Heil!" Wie oft wir Hurra gerufen haben, weiß ich nicht, jedenfalls waren wir beim Einlaufen in Wilhelmshaven samt und sonders heiser.

Auf der Schleuse empfing uns der Flottenchef mit seinem Stabe, und zwei Kapellen spielten die Nationalhymne. Hinter dem Gitter drängte sich Kopf an Kopf eine schier endlose Menschenmasse, und von allen Seiten wurden wir jubelnd begrüßt. Admiral Scheer hielt eine Ansprache und heftete jedem Manne persönlich das Eiserne Kreuz an die Brust. Dann liefen wir in die Werft ein und schliefen uns zum erstenmal nach sechs Wochen gründlich aus. Danach ging's an Land. Doch davon will ich nur erzählen, daß wir mit Gespött empfangen wurden, denn wir hatten das Gehen verlernt und wankten wie Betrunkene. Kein Wunder, seit dem 8. Oktober hatte wegen des dauernd stürmischen Wetters kein Mensch am Oberdeck sich ergehen können, bis wir in den Hafen von Helgoland einliefen. —

Das Unternehmen war verfehlt, denn wir hatten U-„Bremen" nicht decken können, da sie vorher gesunken war. Wir hatten englische Kriegsschiffe nicht versenken können, weil wir keine fanden. Und die Beschränkungen im U-Boot-Krieg blieben noch Monate hindurch bestehen.

Gerne denke ich an meine trefflichen Fahrtgenossen zurück. Manche, darunter auch Wacker, haben später auf anderen Booten den Tod fürs Vaterland gefunden. Mit vielen von den Überlebenden stehe ich noch heute in Verbindung. Jeder, den ich bislang traf, sagte mir, daß die Fahrten auf U 53 die stolzesten, mannhaftesten Jahre feines Lebens gewesen seien. Wir waren nicht immer von jugendlichem Siegesübermut erfüllt, aber uns trieb der kategorische Imperativ der Pflicht und des unbeugsamen Willens, und das Ziel, für das wir nach dem schönen Wort eines führenden deutschen Mannes der damaligen Zeit kämpften, war die

Freiheit der Meere.

Wir machen eine Prise
Von Ernst Rosenthal

„Das ist ja 'ne nette Geschichte," Sagte „der Alte", als er aus dem Turmluk kletterte. „Der Alte" war Kapitänleutnant Robert Moraht. Er hatte wohl eben erst die Dreißig überschritten, aber als Kommandant von U 64 wurde er eben kurz der „Alte" genannt.

Es war zu dumm, daß gerade jetzt das vordere Tiefenruder versagen und das Boot vorn aus dem Wasser schießen mußte. In der Nähe lag ein englischer Fischdampfer. U 64 hatte besondere Aufträge. Es patrouillierte seit Tagen an der englisch-schottischen Küste auf und ab; tagsüber unter, nachts über Wasser.

Am 26. September 1916 befanden wir uns etwa 40 Seemeilen querab von Aberdeen. Es war kurz nach vier Uhr nachmittags. An Bord des Engländers mußte man das aufgetauchte Boot gesehen haben. Ließen wir den Engländer laufen, so mußte unser Aufenthalt am nächsten Tage bekannt sein. Das einfachste wäre gewesen, den Dampfer zu versenken und die Mannschaft gefangenzunehmen. Aber wir hatten schon drei Gefangene an Bord. Auch war unser Proviant recht knapp geworden, so daß Koch Miedtank seine Last hatte, uns satt zu kriegen.

„Einen Schuß kurz vor'n Bug!" — Donnernd rollte er über die leicht bewegte See. Beim fünften Schuß kam die Besatzung — 10 Mann — bei uns längsseit. Der „Skipper" wurde ersucht, an Bord zu kommen. Es handelte sich um den Fischdampfer „Loch-Ryan" aus Hartlepool, 186 Brutto-Register-Tonnen groß.

Drei Freiwillige wurden bestimmt, das Schiff mit den übrigen neun Mann nach Emden zu bringen; der Kriegslotse Friedrich Bestmann, der Matrose Ernst

Fischer und ich, alle Hamburger Jungs, die auch im Friedensberuf der „Christlichen Seefahrt" huldigten. — Wir begaben uns sogleich an Bord des Engländers. Als das Boot wieder aufgezogen war, hielt Bestmann als Prisenkommandant eine kurze Ansprache an die Besatzung, Alle ständen jetzt unter Kriegsgesetz und hätten unsere Befehle bei Vermeidung von Todesstrafe strikt zu befolgen. Die „Loch-Ryan" sollte als Prise nach Deutschland eingebracht werden und unser U-Boot würde stets hinterherfahren. Bei den geringsten Anzeichen von Widerstand würde der Dampfer ohne weiteres in die Luft gesprengt werden. Ein Mann von der Besatzung mußte das Steuer bedienen, ein anderer den Ausguck besetzen, zwei wurden in den Maschinenraum beordert. Der Koch nahm Seine Tätigkeit in der Kombüse wieder auf und der Rest der Besatzung mußte vom im Mannschaftslogis unter Deck bleiben. Die Leute durften nur an Deck kommen, wenn dies zur Ablösung der Wachen notwendig war. Darauf wurde die Maschine auf „volle Kraft vorwärts" beordert und zunächst OSO-Kurs bestimmt, um möglichst schnell von der englischen Küste wegzukommen. — U 64 fuhr anfangs über Wasser in Kiellinie hinter uns her, tauchte aber bald und sah nur noch mit dem „Spargel" aus dem Wasser. Bald darauf wurde das Sehrohr eingezogen. U 64 drehte verabredungsgemäß unter Wasser, um auf das bisherige Operationsgebiet zurückzukehren. Wir waren allein, aber die Engländer vermuteten U 64 noch hinter uns.

An Bord fanden wir nur eine alte Küstenkarte von England aus dem vorigen Jahrhundert. Damit war nicht viel anzufangen — ganz abgesehen davon, daß uns die Lage der Minensperren an der deutschen Küste überhaupt nicht bekannt war. Da außerdem

Meßinstrumente wie Sextant usw. nicht vorhanden waren, blieben uns für die Orientierung nur ein altmodischer, ungenauer Fluidkompaß und das Patentlog, ein Apparat, der selbsttätig die zurückgelegte Strecke des Schiffes anzeigt.

Aus alter Gewohnheit „schoben" wir an Deck auf und ab; nur dann und wann wurde die Gleichmäßigkeit des „Spaziergangs" unterbrochen, wenn einer von uns den Mann am Ruder kontrollierte. Vor allem erschien es uns ratsam, erst einmal das Äußere des Schiffes zu verändern. „Toeers ward wi de Holländers krieg'n," meinte Fischer. „Is woll beter, wi mookt eers 'n Holländer ut em." Wir stimmten zu. Von den Engländern ließen wir uns zeigen, wo Farben und Malutensilien untergebracht waren. Gegen Mitternacht malten Fischer und ich uns daran, das Aussehen des Schiffes zu verändern. Zunächst wurden der Schiffsname und die Zeichen „H. L. 7" übermalt. Bei der tanzenden Bewegung des Schiffes war das nicht so einfach. Wir übermalten Ring und Kreuz schwarz, so daß der Schornstein jetzt ohne besondere Markierung war. Aus einer Signalflagge machten wir eine holländische Flagge. Sie wurde noch als Fußmatte benutzt, an dem Ende ein wenig ausgefranst und in schmutzigem Wasser leicht durchgewaschen. Nun war Sie gebrauchsfertig. Nach dem Trocknen wurde sie am Heck bereitgelegt, klar zum Hissen. Die englische Flagge nahm ich einstweilen an mich, um Sie später dem Kommandanten Morath auszuhändigen. Zu meiner Freude erhielt ich sie vor kurzem zurück, zur Erinnerung an diese Fahrt.

Als wir nach getaner Arbeit an Deck auf und ab patrouillierten, — es war kurz vor Morgengrauen in einer bedeckten, dunklen Nacht, in der nur ab und zu ein Stern durchblickte —, schien plötzlich die See von der andern Seite zu kommen. Vestmann lief sogleich ins Ruderhaus und blickte auf den Kompaß. Zunächst war er sprachlos, dann fing er an zu schimpfen. Es hagelte nur so von Wörtern, wie man sie wohl nur im Wörterbuch der Seeleute findet. Der Rudersmann hatte nicht etwa geschlafen, wie wir anfangs annahmen, sondern absichtlich das Schiff auf Gegenkurs gebracht, um nach „Old England" zurückzukehren. Er mußte den von uns bestimmten Kurs wieder aufnehmen. Lange hatte das Schiff wohl kaum auf Gegenkurs gelegen, aber immerhin war nun dadurch die an und für sich schon primitive Navigation noch mehr erschwert worden. — See und Wind wurden immer stärker, und der Kasten ging noch toller zu kehr. Eine Stunde Später stoppte plötzlich die Maschine. Wir gingen gleich in den Maschinenraum. Nur ein Mann war darin.

„Was ist los?" Mit zusammengekniffenen Brauen sahen wir ihn möglichst böse an. Stoßweise antwortete er: „Die Kohlen sind plötzlich ausgegangen."

„Goddam' bl... fool, weshalb haft du es nicht vorher gesagt, daß es mit den Kohlen zu Ende geht? Wenn die Kohlen verbraucht sind, wird eben mit Holz geheizt. Alle Verschalungen, Kojen und Türen im Schiff sogleich herausreißen. Alle Mann dabei! Hurry up!"

Als wir noch im Maschinenraum herumschnüffelten, entdeckten wir aber einen größeren Kohlenvorrat. Die Kerls hatten den Bunker im Vordergrund so hergerichtet, daß er auf den ersten Blick leer zu fein schien. Aber ganz hinten, hübsch mit Planken abgeschalt, lag noch eine ganze Menge Kohlen; desgleichen hinter der Maschine, wo auch ein geschicktes Versteck hergerichtet war. Wir drohten, daß wir jeden, der es nochmal wagen sollte, Schwierigkeiten zu machen, erbarmungslos erschießen würden. Auch kontrollierten wir von nun an des öfteren die Räumlichkeiten unter Deck. Die Kerls hatten anscheinend die Hoffnung auf englische Hilfe noch immer nicht aufgegeben. Es waren zähe Burschen.

Zunächst halten Sie nicht den bisherigen Dampfdruck, so daß unsere Fahrt langsamer wurde, was wir an Hand des Patentlogs einwandfrei feststellen konnten. Erst unser mehrmaliges energisches Auftreten brachte die Geschwindigkeit wieder auf acht Seemeilen. Nach einigen Stunden stand plötzlich die Maschine zum zweiten Male still. Unsere Geduld war jetzt zu Ende. Fischer bemerkte: „Nu ward mi dat ober bald krupen!" Er und ich gingen wieder unter Deck in den Maschinenraum. Diesmal nahmen wir die entsicherten Pistolen in die Hand. Der Maschinist sagte, daß er nicht weiterfahren könnte, weil ein Rohr geplatzt wäre und die Reparatur wohl einige Tage in Anspruch nehmen würde.

Das Rohr war tatsächlich gebrochen und Wasser drängte heraus. Fachleute im Maschinenbau waren wir ja nun nicht, aber wir mußten unsere bisherige Überlegenheit nach Möglichkeit auch weiter wahren. Deshalb taten wir so, als ob wir auch von Maschinenbau allerhand verständen. Wir witterten natürlich einen Sabotageakt, und es war auch für einen Laien deutlich erkennbar, daß das Rohr unmöglich von innen heraus geplatzt sein konnte, sondern von außen gewaltsam gebrochen worden war. Wir vermuteten, daß man wohl kaum gewagt haben würde, ein wichtiges Rohr der Kessel- und Maschinenanlage gewaltsam zu zerstören, da dies bei dem Wetter Selbstmord gewesen wäre.

Wir fuchtelten ein bißchen mit den Pistolen herum, schimpften und fluchten ganz fürchterlich (das ist ja das erste, was Seeleute praktisch lernen!) und drohten damit, daß der Täter später in Deutschland seine Strafe schon bekommen würde. Dann verlangten wir Abdichtung des Rohres; und als man uns noch entgeistert anstarrte, begannen Fischer und ich selbst mit dem Abdichten; erst danach packte auch der Maschinist mit an, so daß nach kurzer Zeit auch dieser Schaden behoben war und die Maschine wieder arbeitete.

Zum Unglück fieberte Bestmann und nahm kaum Nahrung zu sich. Trotzdem hielt er sich mit uns auf den Beinen. Er blieb meistens an Deck in der frischen Luft und wollte von Schonung nichts wissen, damit die Engländer nicht etwa nochmals Mut faßten und neue Gewaltstreiche verübten. Er hat sich tapfer gehalten und die geistige Führung der Prise bis zum Schluß behalten.

Abends befanden wir uns inmitten einer großen Anzahl Fischdampfer, die Kurs auf die Küste hatten. Wir mischten uns unter sie und hielten gleichen Kurs, was weiter nicht auffiel, und hatten so die beste Gewähr, sicher durch etwaige Minensperren zu gelangen. Diese Gesellschaftsfahrt hielt fast die ganze Nacht an. Den Engländern erzählten wir, daß es sich um deutsche Schiffe handele und jeglicher Versuch, unsere Fahrt nochmals aufzuhalten, zwecklos fei.

Über Nacht trat eine Besserung im Wetter ein. Auch hatten wir uns angesichts der Holländer Schlaf gegönnt. Nicht gerade viel: Bestmann zwei Stunden, Fächer und ich je eineinhalb Stunden, in einer Ecke des Ruderhauses — während einer Schlief, wachten die beiden anderen neben ihm. Es war hier aber so kalt und zugig, daß wir nachher kaum unsere Glieder bewegen konnten.

Wir hielten Kurs auf die Insel Ameland. Allerdings herrschte diesiges Wetter. Plötzlich Saßen wir fest. Wir hörten eine Heulboje.

„Dat is Borkum; denn hew wi dat jo doch so teemlich henkreegen," meinte Fischer freudestrahlend. Im Augenblick aber saßen wir noch fest. Alle Abbringungsversuche fruchteten nichts, was wir auch anstellten.

In der Nacht gegen 3 Uhr sahen wir die Lichter eines passierenden Dampfers in weiter Ferne. Schnell nahm ich die weiße Toplampe und gab Blinkzeichen, indem ich das Licht mit meiner Mütze ab und zu verdeckte. Nicht lange, so drehte der Dampfer auf uns zu und legte sich bei uns längsseit. Es war das holländische Küstenrettungsboot „Brandaris". Zu unserem Schreck erfuhren wir, daß wir noch nicht bei Ameland waren, Sondern bei Terschelling festsaßen. Ein paar Körbe mit Steinbutt machten die Leute auf der „Brandaris" gesprächiger. Man nötigte uns in die Kajüte des Kapitäns, Schenkte uns ein paar recht „Nördliche" ein, die uns außerordentlich auffrischten, und zeigte uns an Hand der Karte die Stelle, an welcher wir im Augenblick lagen. Nebenbei hörten wir, daß das Wasser noch im steigen begriffen war. — Dann erhob sich der Kapitän der „Brandaris" plötzlich und riet uns, ja nichts zu unternehmen, sondern still liegenzubleiben; er wollte sofort Hilfe holen. Wir versprachen dies und bedankten uns mit vielen Worten für die Unterstützung. Dann legte „Brandaris" ab, während wir dem Kapitän noch zuriefen, uns nicht allzu lange warten zu lassen.

Die Sache schien uns jedoch verdächtig. Wenn der „Brandaris"-Führer uns helfen wollte, hätte er dies ja sofort selbst tun können. Wir vermuteten deshalb, daß er für Beschlagnahme unseres Schiffes, das auf holländischem Boden festsaß, sich eine Belohnung verdienen wollte. Deshalb manövrierten wir in der Richtung, die nach der Karte der Holländer tieferes

Wasser versprach. Am liebsten hätten wir laut „Hurra" geschrien, als das Schiff wieder flott war und dem Steuer gehorchte.

Es war gegen 5 Uhr morgens, als wir die Weiterfahrt aufnahmen. Jeder von uns gönnte sich eine knappe Stunde Schlaf.

Wir hofften, gegen 9 Uhr vormittags die Weser-Ems zu erreichen. Das Wetter war wieder erheblich schlechter geworden, und daher war es uns unmöglich, wegen der großen Unsichtigkeit die richtige Einfahrt zu entdecken. Endlich kamen uns sechs deutsche Vorpostenboote entgegen, die uns sicher nach Borkum führten, wo wir kurz nach 11 Uhr auf der Reede vor Anker gingen.

Um 12 Uhr lief zu unserem Erstaunen U 64 ein. Wir baten den Kommandanten längsseit zu kommen, was er auch tat. Neidlos und freudig wurden wir von allen Kameraden des Bootes zum glücklichen Gelingen unserer Fahrt beglückwünscht. Dann ging das Erzählen an. Nachdem ich unserem Kommandanten Moraht die englische Flagge übergeben hatte und ein größerer Posten Fische an U 64 abgegeben worden war, trat das Boot die Weiterfahrt nach Emden an.

Ins Mittelmeer
Von Arthur Lange

„Dicke Sache, Herr Oberingenieur," Sagte eines Tages in Emden der Kommandant, Kapitänleutnant Metzger, zu mir, „aber ganz geheim!" „Was ist denn los?" „Wir Sind für eine große Unternehmung vorgesehen, doch ich darf Ihnen nur sagen, daß wir im Ausland an Land kommen (also anständige Kluft mitnehmen, nicht nur das U-Bootpäckchen), aber wieder hierher nach Emden zurückgehen sollen." — Kurz vorher war U 53 von Seiner Fahrt nach Nordamerika zurückgekehrt, sollten wir etwa auch dorthin? Unser Treibölvorrat hätte es gestattet.

Für mich hört das Rätselraten freilich bald auf, denn als Leitender Ingenieur muß ich ja doch wissen, wohin die Reise gehen und wie lange sie etwa dauern soll. Ich packe also das Boot „bis an die Halskrause" voll mit Öl, Ersatzteilen usw., und gegen Mitte November 1916 geht's von Borkum Reede aus auf große Fahrt, in den ersten Stunden hinter einem Geleit von Minensuchfahrzeugen.

Schon am nächsten Tage können wir einen holländischen Schoner, „Dolfyn", und eine norwegische Bark „Parnaß" durch Sprengpatronen versenken. Beide mit Grubenholz für England.

Leider können wir uns einer weiteren Anzahl von Seglern, alle mit Kurs auf England, nicht in der gleichen liebevollen Weise widmen; wir haben andere Aufgaben, und unser Weg ist noch weit. Durch ein Trümmerfeld von wohl kurz vorher versenkten Schiffen setzen wir unsere Reise fort.

Unsere jetzige Fahrt bringt uns zunächst nur das übliche dauernde Tauchenmüssen vor feindlichen

Zerstörern und anderen Bewachungsfahrzeugen. In einem zehnstündigen nächtlichen Unterwassermarsch geht's zwischen Shetlands- und Färöer-Inseln in den Atlantik hinein.

Im Atlantik ist das Wetter noch schlechter als in der Nordsee. Infolge einer wahrscheinlich durch die See geschlagenen Undichtheit dringt in einen der Tauchtanks dauernd Wasser ein, so daß ich das Boot immer wieder durch Ausblasen geradelegen muß — eine schöne Aussicht für die weitere Reise. Und da versagt auch noch der Kreiselkompaß, damals noch der einzige Kompaß an Bord. Nur um 100 Grad hatten wir schon eine ganze Zeitlang falschen Kurs gesteuert. Zum Glück fand ich aber bald den Fehler und konnte ihn beseitigen.

Weiter geht's, wieder ein Trümmerfeld, und darunter heute zum dritten Male ein leer treibendes Rettungsboot. Ein Angriff auf einen auf uns zukommenden Dampfer muß ausfallen, weil er im gegebenen Augenblick „zackt", d. h. auf feinem Zickzackkurs wieder Kurs ändert. Anscheinend hat er uns gesehen, er schießt aus einem Heckgeschütz, aber dorthin, wo wir — — gewesen waren. Wohl auf seinen Funkspruch hin erscheint nach zehn Minuten ein Zerstörer, der wie wild in der Gegend herumfährt und Wasserbomben schmeißt. Wir waren aber schon ganz woanders und konnten uns die Sache in Ruhe und mit einiger Schadenfreude durchs Sehrohr ansehen. Immerhin hatten wir aber auch keinen Erfolg gehabt, leider. Doch der nächste Tag entschädigt uns. Nachts sichten wir einen Geleitzug, den wir begleiten. Um 7 Uhr 37 wird getaucht, „1. Rohr fertig," „ist fertig," „los!" 7 Uhr 45 fällt der Torpedoschuß, einige Sekunden später knallt's, und ein französischer 5000-Tonnen-Dampfer verabschiedet sich auf Nimmerwiedersehen.

Nur eine Viertelstunde später folgt ihm ein Spanier von 2000 Tonnen. Wahrscheinlich herangefunkt, erscheint sehr bald ein Flieger, vor dem wir natürlich tauchen müssen. Als wir nach einiger Zeit auftauchen, müssen wir gleich wieder wegen eines Luftschiffes unter Wasser. — Damit wir auch später nur ja nicht zu lange über Wasser bleiben, drückt zu allem Überfluß der Rudergänger im Turm auch noch einmal aus Versehen auf den Knopf der Alarmanlage: also wir nochmals hinein ins Aquarium, anstatt vorwärtszukommen. Kaum laufen die Ölmaschinen wieder zur Überwasserfahrt, da ertönen schon wieder die Alarmglocken. Was ist denn nun Schon wieder los? Aus dem blendenden Sonnenschein heraus kommt ein französischer Flieger, der erst ziemlich spät gesehen werden konnte. „Schnell auf 50 Meter gehen!" Obgleich ich zur Beschleunigung des Tauchens den sog. Regler reichlich flute, scheint wie immer in solchen Lagen das Boot nicht unter Wasser zu wollen. Als wir auf 16 Meter sind: Rums, Rums, Rums, die ersten drei Fliegerbomben, bei 24 Meter noch einmal zwei Grüße aus der Luft. Im Turm gehen aber nur ein paar Glassachen zu Bruch, nichts Lebenswichtiges, und vor allem bleibt das Boot dicht. Ein paar Mützen u. a., was beim Schnelltauchen nicht mehr mit ins Boot genommen werden konnte und aufschwamm, mag den Flieger veranlaßt haben, unsere Vernietung zu melden, während wir auf 50 Meter wohlbehalten abliefen.

Aus einem Trümmerfeld fischen wir ein paar Fässer mit wunderbarem amerikanischen Schweine-Schmalz. Was nicht während der Fahrt vertilgt wird, wird in die sorgsam aufgeschnittenen Blechbüchsen, in denen wir unser Brot mitbekamen, gefüllt, und die Büchsen werden wieder zugelötet. — Offenes Brot schimmelt sehr schnell im U-

Boot, darunter haben wir in der ersten Kriegszeit sehr gelitten. — Später bekam jeder von uns eine solche Büchse mit mehreren Pfund Schmalz mit auf Urlaub, zu einer Zeit, als es zu Hause Fett nur grammweise auf Fettkarten gab!

Ein Angriff auf eilten Geleitzug bringt uns eine ganze Anzahl Wasserbomben eines begleitenden Zerstörers ein. Wie immer wird jede Bombe von einem abgeteilten Unteroffizier der Zentrale mit einem Kreidestrich am Sehrohrschacht gebucht, Sorgfältig und kaltblütig, denn jede nächste Bombe kann treffen und Boot und Besatzung vernichten.

Während in der folgenden Nacht draußen einmal eitel Ruhe und Frieden herrschen, gibt's außer für die Wache für einen weiteren Teil des Maschinenpersonals und mich wieder einmal eine schlaflose Nacht infolge notwendiger Beseitigung einer Maschinenstörung, die die Verwendungsfähigkeit des Bootes in Frage stellt.

Am Abend des 28. November wird Teneriffa passiert, ohne Glas können wir deutlich ihre hell erleuchtete Hauptstadt Santa Cruz sehen, und am nächsten Tage sind wir nach vierzehntägiger Fahrt auf unserem eigentlichen Operationsgebiet angelangt. Das Wetter ist herrlich, wir lassen uns schließlich bei gestoppten Maschinen treiben. In den Maschinenräumen herrscht nie geahnte Stille; wie gönne ich meinen Leuten die kleine Ausspannung! Sie müssen während der Fahrt bei Hitze und in schlechter Luft Tag für Tag zweimal sechs, gleich zwölf Stunden Wache gehen, dazu kommen dann noch oft genug Instandsetzungsarbeiten, und bei jedem Unterwassergehen müssen auch wieder alle Mann auf ihren Tauchstationen sein. — Von Bewachung ist nichts zu bemerken. So bringen wir es denn auch fertig, einmal einen Tag lang — — ein Segel zu setzen, das unser 1.

W. O. Oberleutnant z. S. Gercke noch schnell vor dem Auslaufen beschafft hatte. Wir machen unter Segel immerhin so viel Fahrt, daß das Boot im Ruder bleibt, d. h. wir halten Kurs.

Am Nachmittag gibt's etwas Neues: Freischwimmer außenbords; schwimmen muß man immerhin bei einigen tausend Metern Wassertiefe können, wenn man wiederkommen und nicht etwa noch wegen „unerlaubter Entfernung" bestraft werden will. Wir sind auf etwa 27 Grad nördlicher Breite, die Wassertemperatur beträgt 22 Grad Celsius. Dieses Bad im Ozean war das erste und letzte, da schon am nächsten Tage ein Hai vorbeigeschwommen kam!

Wir sichten endlich einen Dampfer. Mit „Alle Fahrt" halten wir auf ihn zu, als wir plötzlich feststellen, daß der Dampfer gestoppt liegt und ein U-Boot bei ihm ist. Der Dampfer „Kediri", ein Holländer, hatte Bannware für England geladen, seine Besatzung hatte „U. Y." Schon tags vorher unter Land geschleppt. Unterdessen kommt ein anderer Dampfer in Sicht, merkwürdigerweise mit Kurs auf uns. Leider ist es jedoch ein Fahrgastdampfer. Schließlich liegen wir vier Schiffe nahe beieinander, und die Fahrgäste des „Rindjani" recken sich Hals und Augen nach uns aus. Vom „Kediri" holen wir uns noch allerhand nützliche Sachen, u. a. Frischwasser und Proviant, ein Grammophon mit Platten, Wein und Zigaretten und — — zwei Fäßchen Pilsener. Danach fährt er in die Tiefe. An einem der nächsten Tage sichten wir den Pic von Teneriffa, dessen über die Wolken ragender rötlich leuchtender Gipfel im hellsten Sonnenschein erstrahlt.

Ein griechischer Dampfer läuft uns dann in die Arme, der nur 128000 Zentner Mais von Argentinien nach England bringen will.

Als wir in der folgenden Nacht einen Segler durch einen Schuß vor den Bug anhalten wollen, werden von einem anderen Fahrzeug sofort Licht-Signale gegeben, es ist wieder „U. Y.", das mit dem Segler unter Land fährt, um die Besatzung abzusetzen.

Und noch ein Grieche läuft uns vor den Bug, „Salamis". Nachdem wir uns, um Treiböl zu sparen, noch eine Strecke von „Salamis" haben schleppen lassen, wird auch er versenkt.

Als nun unser Gebiet verlassen werden soll, treten mehrere Maschinenstörungen auf, die das Boot bewegungsunfähig machen. Die Kupplungen hinter den Ölmaschinen lassen sich nicht mehr einkuppeln, so daß letztere weder mit den elektrischen Maschinen noch mit den Schiffspropellern verbunden werden können. Viel Schlimmer aber, weil kaum zu beheben, ist, daß schon vorher vorhandene Risse in den Kastengestellen, die die Ölmaschinen-Zylinder mit den Maschinenfundamenten verbinden, größer geworden sind. Da hilft kein „Abbohren" mehr. Gehen die Risse weiter, dann müssen eines Tages unweigerlich die Zylinder in die Luft gehen. Aber ein Kerl, der sich nicht zu helfen weiß, ist nicht wert, daß er in Verlegenheit kommt, und noch weniger wert, zum Maschinenpersonal eines deutschen Unterseebootes zu gehören. Maschinistenmaat Becker, der gleichzeitig Torpedomaat des Bootes ist, denkt an seine Spannschrauben, und ein paar starke Stahlleinen sind auch vorhanden. Also, wir nehmen etwa jede dritte Fundamentschraube raus, legen um die unteren Zylinderflanschen die Stahlleinen, die wir durch die leeren Fundamentbolzenlöcher ziehen. Die Spann-Schrauben pressen die Zylinder auf die Kastengestellte und die Fundamente. In 36stündiger, ununterbrochener

Arbeit bei 30 Grad Hitze im Maschinenraum ist es geschafft worden.

Wenige Tage später wird Kap Spartel gesichtet: Wir stehen an der Einfahrt in die Straße von Gibraltar! Der schwerste Teil unserer Unternehmung liegt unmittelbar vor uns. Wegen des aus dem Mittelmeer in den Atlantik setzenden Stroms müssen wir über Wasser durch, selbstverständlich ist das nur nachts möglich. Ich bin in der Zentrale, als ohne Alarm oder Kommando plötzlich beide Ölmaschinen stehenbleiben. So schnell bin ich mein Lebtag nicht nach achtern in den Maschinenraum geflitzt, wo mir der wachhabende Maschinist kreidebleich gegenübersteht. Was ist geschehen? Infolge der Eigenart der Treibölförderung ist anstatt Treiböl Seewasser in beide Dieselmotoren gelangt, alle Leitungen und Zylinder Sind voll Wasser! Und das ausgerechnet an der gefährlichsten Stelle der ganzen Fahrt, mitten in der Straße von Gibraltar! Aber schließlich gelingt es auch hier wieder, die Maschinen in Gang zu bekommen, wenn auch eine uns unendlich dünkende Zeit unter erhöhter Gefahr, vom Feind entdeckt zu werden, weil aus dem Motorenauspuff heraus eine dichte weiße Qualmfahne hinter uns her zieht, darüber verstreicht. Zum Glück ging der Mond erst gegen drei Uhr auf. Also sind wir wieder einmal dem Totengräber noch eben von der Schaufel gerutscht. Nachdem wir Europa Point auf der europäischen, Ceuta auf der afrikanischen Seite passiert haben, sind wir im Mittelmeer, der Durchbruch ist gelungen. Und ich als Leitender Ingenieur habe die seelisch schwersten Stunden in meiner fast sechsjährigen U-Boot-Fahrzeit hinter mir.

Am Morgen grüßt uns der schnee- und eisbedeckte Kamm der Sierra Nevada. Nachmittags halten wir den norwegischen Dampfer „Sno" an. Der Kapitän bringt außer den Schiffspapieren auch seine Frau mit an Bord, wohl eine Spekulation auf unser Mitgefühl. Er habe gerade geheiratet, es sei seine erste Reise als Kapitän und mit seiner Frau, also gewissermaßen die Hochzeitsreise (wenn's stimmt). Ja, mein Lieber, dann darf man eben außer der Frau nicht noch 3000 Tonnen = 60000 Zentner Kohlen für Französisch-Algerien mitnehmen. Herr und Frau Kapitän samt Besatzung müssen also aussteigen.

Als wir gerade zwischen Sizilien und Tunis hindurch sind, läßt ein in geringer Entfernung gesichteter Zerstörer uns eine hier ausliegende Bewachungslinie erkennen. Alarm, und in einer Tiefe von 45 Metern wird der Marsch unter Wasser fortgesetzt, bis gegen 12 Uhr wieder aufgetaucht wird. Bei Nacht ist das Auftauchen aus größerer Tiefe noch unangenehmer als bei Tage, weil man nachts durch das Sehrohr nichts sehen kann, also bis zum öffnen des Turmluks sozusagen blind ist.
—
24. Dezember 1916, Heiligabend. In weiser Voraussieht waren in Emden einige künstliche Riesenweihnachtsbäume bis zu 30 Zentimeter Höhe gekauft worden, nun steht in jedem unserer Wohnräumchen solch Weihnachtsbaum. Nachmittags vier Uhr gibt's Krapfen, aus Beutemehl in Beutebutter in offener, elektrisch geheizter Bratpfanne gebacken. Seit dem Morgen ist unser Smutje dran, denn wir sind unserer immerhin 45 Mann und wahrlich keine schlechten Esser. In der Sog. Offiziersmesse liegt zur Feier des Tages sogar ein weißes Tischtuch auf. Das Grammophon spielt Weihnachtslieder, auch die Platten stammen aus Emden. Wohl bei jedem von uns fliegen einmal die Gedanken in die Heimat. Beim Abendbrot

wird der Weihnachtskarpfen oder die Festgans durch Bratklopse aus Cornedbeef ersetzt, und zum Schluß gibt's noch einen gar nicht seemännisch milden Punsch aus Essenz und rostigem Wasser.

Am zweiten Feiertag acht Uhr morgens laufen wir in die Straße von Otranto ein. Mehrfach müssen wir vor Fliegern tauchen, einmal geschieht's versehentlich vor einer Möwe, denn die Nerven werden auf solcher Fahrt nicht besser. Zweimal wird eine Kette von Bewachern, die Netze zwischen sich schleppen, unter Wasser umgangen. In leider zu großer Entfernung läuft ein Kriegsschiff, anscheinend ein französischer Kleiner Kreuzer, mit hoher Fahrt vor uns quer durch die Straße nach Westen. Vor der Boche di Cattaro erwartet uns ein k. u. k. Torpedoboot und lotst uns nach Gjenovic, wo wir von den Besatzungen der österreichisch-ungarischen Schiffe mit drei Hurras begrüßt werden.

U-Boote retten uns Flieger
Von Friedrich Christiansen

Es war Ende 1916 in Zeebrügge. Fähnrich Exner und ich befanden uns auf einem Aufklärungsflug nach der englischen Küste und nach Dünkirchen. Wir hatten schon die längste Strecke des Weges hinter uns und waren wieder auf dem Heimflug. Auf der Reede vor Dünkirchen sahen wir eine Anzahl feindlicher Schiffe unter uns liegen, englische und französische Zerstörer. Da wir von Natur aus immer ziemlich neugierig waren und außerdem noch eine Bombe an Bord hatten, pirschten wir uns etwas näher heran und warfen die Bombe ab. Dann flogen wir an der Küste entlang mit Kurs auf Zeebrügge. Wir waren aber zu neugierig gewesen und hatten uns allzusehr den feindlichen Küstenbatterien genähert. Ein Schrapnell traf unseren Propeller und im Gleitflug mußten wir auf das Wasser niedergehen.

Die feindlichen Zerstörer, die wir kurz vorher mit unserer Bombe geärgert hatten, hatten unseren Unfall bemerkt; wir kamen allerdings noch ziemlich 15 Kilometer mit eigner Kraft von ihnen fort, dann aber war es aus. Der Motor lief nicht mehr und wir saßen auf dem ziemlich ruhigen Wasser wie eine lahmgeschossene Ente und mußten nun abwarten, was das Schicksal mit uns vorhatte. Die Zerstörer preschten heran, wir sahen sie immer näher kommen und nun begannen sie auch schon zu schießen. Die ersten Kurz- und Weitschüsse kamen uns bereits gefährlich nahe. Wir warfen erst mal unsere Geheimpapiere über Bord und zerrissen unsere Karten. Und dann taten wir nichts mehr, sondern murmelten nur hin und wieder ein derbes Soldatenwort.

Plötzlich tauchte dicht vor uns das Sehrohr eines U-Bootes auf. Wir grinsten uns ein wenig an, und es mag etwas Galgenhumor in unseren Stimmen gelegen haben, als wir uns gegenseitig fragten, ob das U-Boot oder die Zerstörer uns zuerst erreichen würden; denn wir dachten natürlich, daß es sich um ein englisches Unterseeboot handele. Da hörte ich eine Stimme zu uns herüberrufen: „Mensch, Krischan, wo kommst du denn her — —?" Es war das deutsche U-Boot UC 1, Kommandant Oberleutnant v. Werner, das unterwegs nach der Themse war auf seiner 100. Reise und aufgerechnet hier auf der Lauer lag, wo wir niedergehen mußten. Zu freundlichen Einladungen war allerdings nicht mehr viel Zeit, die Zerstörer kamen immer näher und wir konnten nur schnell noch einige Sprengpatronen auf die Schwimmer unserer Maschine legen, dann stiegen wir auf das U-Boot über und tauchten. Wenige Sekunden später waren auch schon die feindlichen Schiffe über uns, und in diesem Augenblick flog ihnen unser explodierendes Flugzeug um die Ohren. Am Nachmittag setzte uns das U-Boot in Ostende ab. Nur das Seitensteuer unseres Flugzeuges hatten wir noch aus dem Wasser gefischt und mitgenommen. —

Wir hatten eines Tages auf der Station einen neuen Flugzeugtyp bekommen, der besonders für Nachtbombenflüge geeignet sein sollte und den wir noch ausprobieren mußten. Zur gleichen Zeit hatten wir durch Agenten die Meldung bekommen, daß sich ein englischer Dampfer auf dem Wege von der Themse nach Rotterdam befinde, der feindliche Kuriere usw. an Bord habe. Um nun gleich das Angenehme mit dem Nützlichen zu verbinden, beschlossen wir, d. h. ich und mein 1. Monteur Zeh, mit der neuen Maschine einen längeren Überseeflug zu unternehmen und gleichzeitig den Dampfer zu beobachten, um nötigenfalls auf unserer Station von seinem Standort Meldung zu machen.

Der Hinflug war ausgezeichnet; abends um 6 Uhr sichteten wir auch tatsächlich den Dampfer, Themse auslaufend, und wir kehrten sofort um, um noch vor Dunkelheit wieder auf der Station zu sein. 150 Kilometer vor Zeebrügge gab es plötzlich einen fürchterlichen Knall, der Motor war auseinandergeflogen! Das Flugzeug bäumte sich auf, durch den heftigen Schwung flog Zeh über meinen Kopf weg und blieb am Schwanz der Maschine in den Stahlkabeln hängen. Das Flugzeug kam ins Trudeln und knallte ziemlich heftig auf die Wasserfläche. Das war eine schöne Bescherung — — Die Schwimmer waren schwer beschädigt und das Schwimmgestell war eingeknickt. Wir legten einen Selbstgebauten Treibanker aus und trieben bei reichlich Starkem Seegang und frischem westlichen Wind langsam an der holländischen Küste entlang, allerdings in ziemlichem Abstand. Unsere Lage wurde immer bedrohlicher: ein Teil nach dem anderen löste sich von den Schwimmern und das ganze Flugzeug begann sich langsam aber sicher in seine Bestandteile aufzulösen.

Es vermehrte nicht gerade unsere gute Laune, daß abends um 10 Uhr der englische Dampfer, auf den wir es abgesehen hatten, in nächster Nähe an uns vorüberzog. Wir sahen das helle Licht in seinen Passagierkabinen und unsere Flüche sind wohl wenig Salonfähig gewesen. Da wir kein Licht hatten, sichtete uns der Dampfer nicht. Nachts um 12 Uhr — unsere Lage war immer bedenklicher geworden — pfiff plötzlich Maschinengewehrfeuer dicht über uns hinweg. Wir konnten inmitten tiefschwarzer Nacht nicht erkennen, von was für einem Fahrzeug die Schüsse stammten, nur die Mündungsfeuer sahen wir in nächster Nähe unheimlich vor uns aufblitzen. Ganz dicht auf die Flugzeugschwimmer gepreßt, ließen wir das Feuer über uns ergehen.

Als für einen Augenblick Ruhe eintrat, schossen wir einen roten Stern gegen den nachtschwarzen Himmel, das Zeichen dafür, daß wir uns in Seenot befanden. Es dauerte nicht lange, da tauchte ein kleiner schwarzer Körper etwa 50 Meter vor uns auf. — Ein Unterseeboot! Wir hatten nicht viel Zeit zum überlegen. Das Maschinengewehrfeuer setzte wieder ein, und wir mußten uns platt auf die Schwimmer legen und konnten nichts anderes tun, als die Leute zur Hölle wünschen, die uns auf so unfreundliche Art begrüßten. Nach einer Viertelstunde hörte das Feuer dann wieder auf, und wir hörten eine Stimme herüberrufen, die wir in dem Wind- und Wellengetöse zwar nicht deutlich verstehen konnten, die uns aber wie holländisch oder englisch vorkam. Ich antwortete auf englisch und plattdeutsch und hörte plötzlich, wie eine Stimme mit ungeheurem Erstaunen ausrief: „Donnerwetter, Krischan, bist du das etwa?" Wieder war es ein deutsches U-Boot, das uns beinahe in Grund und Boden geschossen hätte. Der Kommandant, Oberleutnant z. S. Amberger, war ein sehr guter Bekannter von mir und sein Boot war das berühmte UB 10. Mit Haken und Leinen holte man uns an Bord und fütterte uns erst mal mit Brot und heißem Kaffee. Dann wickelte man uns ein, so gut es in diesem kleinen Fahrzeug eben ging. Der Kommandant erzählte mir, daß er seit 10 Stunden auf Grund gelegen hatte, weil in dieser Gegend englische U-Boote herumkreuzten und er gewissermaßen auf U-Boot-Jagd wäre. Mit der Zeit fei es ihm zu langweilig geworden und er wollte sich gerade auf den Heimweg machen. Uns hatte er natürlich für ein englisches Flugzeug gehalten, das er sicherheitshalber erst mal beschossen hatte. Als wir noch mitten im Erzählen waren, ertönte plötzlich Alarm: „Feindliches U-Boot an Backbord." Ich hörte die Signale und muß sagen, daß ich mir in diesem Moment reichlich überflüssig vorkam. Ich steckte den Kopf ein wenig durch das Turmluk und sah ganz scharf abgezeichnet gegen das helle Licht des Mondes die schwarzen Schattenrisse eines U-Bootes. Die beiden Gegner fuhren jetzt umeinander herum, jeder versuchte den anderen vor seine Jagdgewehre zu bekommen. Es war wirklich wie ein unheimliches nächtliches Duell zweier unwirklicher Ungeheuer. Da leuchtete plötzlich von dem gegnerischen U-Boot ein weißer Stern auf, und man hörte in diesem Augenblick auch schon ein höllisches Gelächter, untermischt mit einigen kräftigen Seemannsflüchen. Es war ein deutsches U-Boot, das von weiter Fernfahrt kam und uns ebenfalls für einen Engländer gehalten hatte.

In Kiellinie machten wir uns nun langsam auf den Weg nach Zeebrügge und wollten bei Tagesanbruch durch die Minenlücken und Netzsperren in den Hafen fahren. Um 4 Uhr morgens Signalisierte uns plötzlich das erste Boot: „Feindliches Torpedoboot voraus. Klar zum Gefecht!" Alles stand in unserem halbgetauchten Boot auf feinen Stationen, und die wackeren U-Boot-Leute witterten noch zu guterletzt eine gute Beute. Aber auch das stellte sich als Irrtum heraus, das Torpedoboot schoß ein Erkennungssignal — — Es war ein deutsches Boot. Wir tauchten auf, und das Torpedoboot kam längsseits.

„Ich soll Krischan suchen!" rief der Kommandant des Torpedobootes zu uns herüber, „er war nach der Themsemündung unterwegs und ist nicht nach Haus gekommen; er muß irgendwo herumtreiben." Jetzt ließ ich mich in voller Lebensgröße sehen, und wir konnten guten Mutes unseren Weg fortsetzen. Immerhin waren wir jetzt schon ein stattliches Geschwader von drei Schiffen geworden und schlossen schon Wetten ab, wer sich uns wohl als nächster noch anschließen würde.

Um 5 Uhr morgens passierten wir dann den Molenkopf von Zeebrügge. Wir freuten uns schon auf den warmen Kaffee und das warme Bett, das wir nun wirklich verdient hatten. Da gab es plötzlich einen gewaltigen Knall und sämtliche Lichter in unserem Boot gingen aus. Englische Flugzeuge, die uns ab und zu einmal „besuchten", hatten die drei Schiffe erspäht und gedachten bei einem Morgenangriff uns zum Schluß noch etwas Böses anzutun. Aber die Bomben trafen glücklicherweise nicht, und bald lagen wir geschützt im Hafen.

Mit großem Hallo und warmem „Kaffee" wurden wir von den Kameraden aufgenommen, und am selben Tage hingen wir wieder über unserem Kriegsgebiet, der grauen Nordsee.

Der Letzte von UC 26
Von Karl Acksel

Am 29. April 1917 war UC 26, Kommandant Kapitänleutnant Graf Schmettow, von Zeebrügge zum Minenlegen vor Le Havre, Onstreham und Cherbourg ausgelaufen. Nach Erledigung unseres Auftrages fuhren wir Richtung Southampton. Die See wurde immer unruhiger, bald waren die Schrauben über, bald unter Wasser. Es war nicht mehr möglich zu fahren. Da beschloß unser Graf, auf Grund zu gehen, um unsere müden Knochen auf 32 Meter auszuruhen. Alles bezog nun seine Stellung, in Hängematten oder Kojen bis auf die Lecksicherungswache. Ich lag im Heckraum gleich neben den Reservetorpedos. Wir wurden durch die an dieser Stelle vorhandene Grundsee immer hin und her geworfen. Was nicht seefest gezurrt war, geriet in Bewegung. So auch der Reservetorpedo. Er störte mich dauernd in meinem Schlaf; ich stand daher kurzerhand auf und löste meinen Kameraden ab. Dieser schob auch gleich ein und lag bald darauf in tiefem Schlaf. Das Wasser wurde immer unruhiger und warf das Boot immer stärker hin und her. Wahrscheinlich lagen wir an einem Felsenabhang, denn außen an der Bordwand war ein Getöse, als ob Hunderte von Steinen herangeworfen würden.

Bei meinem Rundgang durch die wasserdichten Abteilungen mußte ich auch durch die Kommandantenmesse. „Was ist hier los?" fragte mich der Graf aus der Koje, „hier liegen wir wohl am Eingang der Hölle! Es wird ja immer netter." Während ich mich mit dem Kommandanten unterhielt, wurde es auf einmal draußen ganz still, man hörte nur das Schnarchen der Leute. Da klopft es plötzlich dreimal nacheinander außen an die Bordwand, und danach geht das Getöse wieder los. Ich sagte: „Herr Graf, ich glaube, Neptun ruft uns. Wir sind reif!" Der Kommandant lachte mich natürlich tüchtig aus, aber ich mußte doch alles wecken, und wir fuhren weiter. — Später lagen wir auf 24 Meter noch einmal sieben Stunden in Ruhe. Dann legte sich das Wetter und wir konnten unsere Kriegsfahrt fortsetzen.

Ich stehe gerade an Deck, da kommt von England ein Luftschiff angeflogen. Es hatte große Ähnlichkeit mit unserem Parseval. Die Alarmglocken schrillen. „Auf zwanzig Meter tauchen!" Es war immer ein besonderes Gefühl, wenn es nach unten ging. — Nun kam ich allmählich mit meinen Batterien in Druck. Denn durch das viele Unterwasserfahren waren diese schon zu zwei Dritteln aufgebraucht. Meine größte Sorge war, sie wieder aufzuladen. Wenn jetzt noch eine fünfstündige Unterwasserfahrt kommt, bin ich aufgeschmissen. Deshalb machte ich dem Kommandanten Meldung. Er hatte es aber Schon selber gemerkt und ließ, sobald wir wieder auftauchen konnten, in vierstündiger Überwasserfahrt aufladen. Das war gut, denn bald danach kam ein schöner Transporter Richtung Le Havre uns entgegen. Wir gingen auf Sehrohrtiefe, um dann sofort einen anderen Kurs einzuschlagen. Kein Laut, nur das Summen der Elektromotoren!

Der Kommandant stand am Sehrohr, schob es nur einen kurzen Augenblick nach oben, um es gleich wieder einzuziehen. Die Spannung wurde immer größer. Jetzt gab der Graf das Kommando: „Steuerbord-Bugtorpedorohr klar zum Schuß!" Die Lanzierrohrklappe wurde vom Torpedomaat aufgedreht, das Umspülungswasser lief ein. „Torpedo fertig zum Schuß!"

Noch einmal schob der Graf das Sehrohr nach oben. Dann kam das Kommando:

„Achtung, fertig — — los!" Der Torpedo wurde mit 70 Kilogramm Preßluft hinausgeschleudert, man vernahm ein Rauschen. Wir zählten. Zwischen 36 und 40 muß die Explosion erfolgen. Aber es war ein Versager. Wir gingen auf 28 Meter in Gegenkurs. Wie gut dies war, konnten wir an den in der Ferne explodierenden Wasserbomben vernehmen, wir waren nämlich durch die Blasenbahn unseres Torpedos entdeckt worden. Bald darauf wiederholten wir den Angriff, und nach einer Jagd von etwa dreieinviertel Stunden glückte er dann endlich. Trotz der Begleitboote gelang es uns, zum Schuß zu kommen und den 8000-Tonnen-Dampfer doch zu Neptun zu schicken. Wir brauchten diesmal nur bis 38 zu zählen. Der Wasserbombensegen war wieder sehr reichlich, zum Glück ohne uns Schaden zuzufügen.

Nach etwa zweistündiger langsamer Unterwasserfahrt versuchten wir wieder nach oben zu gehen. Da nichts mehr zu entdecken war, tauchten wir auf. Bald fand auch unser Geschützführer Gelegenheit, seine Kanone sprechen zu lassen. Wir brachten zwei kleine Segler auf. Ein Warnungsschuß wurde ihnen vor den Bug gesetzt. Die Besatzungen stiegen Hals über Kopf in die Beiboote. Nach 12 Schuß brannten die Segler lichterloh. Stolz machte unser lieber Bootsmannsmaat seinen Mündungsdeckel wieder auf das Rohr. — Voraus dichte Rauchwolken: Wir verschwanden auf Sehrohrtiefe. Zerstörer im Zick-Zack-Kurs! Wir gingen auf dreißig Meter Tiefe und ließen diese Meute über uns wegrauschen. Nach geraumer Zeit ging es wieder auf Sehrohrtiefe, um zu beobachten, wie es oben aussah. Später kam wieder eine Rauchwolke in Sicht: ein Dampfer von etwa 6000 Tonnen. Der Kommandant ließ das Boot quer legen, um den Hecktorpedo anzubringen. Diesmal ließen wir unser Opfer auf uns zu kommen. In aller Ruhe arbeitete der Kommandant mit seinem Sehrohr. „Achtung! Hecktorpedo klar zum Schuß!" Alles stand aus seinem Platz, jeder wußte, worum es wieder ging. Der Torpedomaat ließ das Umspülungswasser herein. „Torpedo klar zum Schuß!" Der Graf: „Achtung, fertig —— los."

Wieder das altbekannte Rauschen. Aber wieder Versager. „Auf Tiefe gehen!" Die Wasserbomben krepierten diesmal in allernächster Nähe. Es waren an dreißig Stück. Glücklicherweise blieben wir auch diesmal verschont. Als sich alles beruhigt hatte, gingen wir auf Sehrohrtiefe, um dann bald aufzutauchen. Bei der Überwasserfahrt wurde nun der noch vorhandene Reservetorpedo ins Rohr gebracht. Dies war bei der Enge des Raumes keine leichte Arbeit. Kaum zehn Minuten später kam schon wieder Alarm. Auf Sehrohrtiefe ging es weiter. Diesmal hatten wir zwei bewaffnete Dampfer vor uns. Wir fuhren ihnen mit etwa drei Seemeilen entgegen und drehten dann bei, um mit dem Heckrohr zum Schuß zu kommen. Der Graf nahm den zuletzt fahrenden Zum Ziel. Trotz des Zick-Zack-Kurses wagte er den Angriff. Aber wieder Versager! Jetzt schien sich unser Aberglaube zu bestätigen; denn wir waren am Freitag in See gegangen. Es ging dann wieder der Heimat zu. Wir brachten sechs bewaffnete Fischdampfer auf. Als unser erster Warnungsschuß aus dem Rohr ging, setzten sie sich zur Wehr. Jetzt konnte unser Geschützführer zeigen, was er gelernt hatte. Beim zweiten Schuß konnte er schon einen Treffer buchen, er schoß wie besessen, bei 28 Schuß waren alle sechs erledigt. Wir dagegen hatten keinen Treffer. Wir konnten die Rettung der im Wasser Schwimmenden

Besatzungen nicht mehr vornehmen, denn es kamen von Land drei Flieger auf uns zu. Es fing schon an dunkel zu werden. Die Flieger setzten gleich zur Wasserung an, um die Leute aufzunehmen. Nach unserm Auftauchen war nichts mehr zu sehen. Um 10 Uhr rief der Graf vom Turm, daß wir auf der Höhe von Boulogne seien. In zwei Stunden würden wir die Sperre passieren. Um sieben Uhr früh wären wir dann im Heimathafen.

Es war die Nacht vom 8. zum 9. Mai. Um ein Uhr wurde ich von meiner Wache abgelöst. Meinen Kameraden verließ ich mit den Worten: „Paß gut auf, heute passiert noch was!" Er lachte und fragte mich, ob ich Angst hätte. Leider behielt ich doch recht. Kaum lag ich in meiner Koje, als plötzlich alles vom Turm gesprungen kam. Ein Alarm war gar nicht erst erfolgt. Der Graf rief nur: „E-Maschinen äußerste Kraft voraus, auf zwanzig Meter!" Ich war noch nicht ganz aus meiner Koje, als ich einen kleinen Stoß vernahm. Unmittelbar darauf brach über meiner Koje das Wasser in starkem Strahle ein. Zu Abdichtungsversuchen hatte ich keine Zeit, denn ich mußte meine E-Maschinen auf Schraube kuppeln. Wir waren gerammt, der Gegner war schneller gekommen, als wir tauchen konnten. Die Turmwache hatte ihn zu spät entdeckt. In etwa sechzehn Meter Tiefe erreichten uns zum größten Unglück noch ein paar Wasserbomben. Der Druck war so groß, daß sich das Boot gleich auf die Steuerbordseite legte, aus welcher Lage wir nicht mehr herauskamen. Wir sackten immer mehr ab. Durch den Wassereinbruch liefen die Batterien voll Wasser, auch das Licht ging allmählich aus. Alles war dunkel, keiner wußte, was los war. Den Meeresboden hatten wir immer noch nicht erreicht. Das Wasser stand uns schon bis an den Leib. Wir hatten in jeder wasserdichten Abteilung eine Notlampe. Kaum brannte diese, verspürte ich wieder einen leichten Stoß: wir hatten den Meeresboden erreicht. Das Tiefenmanometer zeigte 46 Meter Tiefe. Die Batterien waren ausgelaufen, keine Lenzpumpe konnte in Betrieb genommen werden, um das eindringende Wasser außenbords zu pumpen, kein Ventilator ging. Es war um uns geschehen! Keine Aussicht, uns irgendwie maschinell zu helfen. Das Wasser stieg immer mehr. Keine menschliche Kraft konnte Einhalt gebieten. Es war furchtbar, wie das Wasser so Zentimeter um Zentimeter am Körper emporstieg. Es hatte eine Temperatur von etwa 12 Grad. Da ich es vor Schüttelfrost kaum mehr aushalten konnte, tauchte ich einfach unter, wonach das Frostgefühl etwas nachließ. Dies waren alles Dinge, die man gar nicht so wiedergeben kann. Die Gedanken waren wie ein Film: Elternhaus, Verwandte, Freunde, ja selbst das Verlusttelegramm an meine Eltern — alles sah ich vor mir. Todesfurcht wechselte ab mit alten Erinnerungen. Jetzt rief der Kommandant aus der Zentrale: „Alle Mann achtem heraus, das Maschinenluk auf!" Mit vereinten Kräften wurde von uns versucht, das Einsteigeluk zu öffnen, aber leider vergebens. Der Druck, der von außen auf dem Deckel ruhte, war zu groß. Wir riefen dem Grafen zu, daß es uns nicht gelungen sei. Er kam dann von der Zentrale zu uns geschwommen, denn gehen war nicht mehr möglich. Der Wasserstand war schon zu hoch. Er zog seine Jacke aus und versuchte nun selbst das Luk zu öffnen, aber leider war es auch ihm nicht möglich. Auch mit einem behelfsmäßigen Knebel gelang es nicht. Als der Graf nun einsah, daß es für uns kaum noch eine Hilfe gab, aus unserer Todeszelle zu entkommen, brachte er mit uns ein Hurra auf unfern Obersten Kriegsherrn aus.

Dann verließ er unsern Maschinenraum mit den Worten: „Grüßt meine Eltern und Geschwister! Wo mein Boot bleibt, bleibe ich auch." Jeder wußte, in welcher Lage wir uns befanden, worum es ging. Wir sollten uns auf unsern Tod vorbereiten! Alle hielten Disziplin, man vernahm kein Angstgeschrei oder Gewinsel.

Da nun das Wasser immer noch stieg, kletterten wir auf die Backborddieselmaschine zur höchsten Stelle. Denn die Steuerbordmaschine lag ja schon unter Wasser, weil das Boot sich aus diese Seite gelegt hatte. Wir hatten noch einen Luftraum von etwa dreiviertel Meter Höhe. Mit einemmal geschah ein Wunder: das Wasser hörte fast auf zu steigen. Die Luft wurde aber immer dünner, denn die zehn Mann brauchten eine ganze Menge Sauerstoff zum Leben. Wir drohten bald zu ersticken. In dieser höchsten Not kam der Bootsmannsmaat auf den Gedanken, das Entlüftungsventil des Preßluftbehälters zu öffnen. Das gelang. Die Luft drang in unsern Raum ein, und das Wasser stieg nicht mehr. Das Hinzukommen der komprimierten Luft bedeutete etwas Sauerstoffersatz. Somit konnten unsere Lungen wieder besser atmen. Auch war es ein Zeichen, das sich der Wasserdruck von außen mit dem des Inneren ausgeglichen hatte. Um nun den Einsteigedeckel öffnen zu können, mußten wir so lange warten, bis die in unsern Raum einströmende Preßluft einen Überdruck gegen außen erzielte. Das geschah schnell genug und der Deckel flog mit solcher Gewalt auf, daß die beiden in der Nähe stehenden Kameraden hinausgezogen wurden. Der augenblickliche Überdruck war derart groß, daß ich dachte, mein Trommelfell würde platzen. Dieser Zustand dauerte aber nicht lange, da fand ein Druckausgleich statt. Jetzt versuchte ich auch aus der Todeszelle zu entkommen. Aber die dem Einsteigeluk am nächsten Stehenden tauchten zuerst unter, um nach außen zu verschwinden. Ich verließ als letzter den Raum, und das wurde meine Rettung. Denn mir kam dabei gerade noch ein im Boot herumschwimmender Rettungsring in die Hände. Dies war ein Zeichen, daß die Kameraden in der Zentrale auch das Turmluk aufbekommen hatten, denn nur So konnte innerhalb des vollgelaufenen Bootes eine Strömung entstehen. Nun verschwand ich mit meinem Rettungsring durch das Einsteigeluk ins Ungewisse. Ich trieb der Oberfläche zu, meinen Ring krampfhaft festhaltend. Es dauert eine ganze Zeit, um aus 46 Meter Tiefe nach oben zu kommen. So lange konnte ich meinen Atem nicht anhalten. Während des Aufstieges versuchte ich dreimal zu atmen. Das war natürlich nicht möglich, hatte aber doch Sinn, denn das Stoßweise Ausatmen entlastete jedesmal meine Lunge von dem noch vorhandenen Überdruck der Tiefe. — Durch den entstandenen Auftrieb machte ich dann einen ziemlichen Salto über Wasser. 14 bis 16 Kameraden trieben teils schon tot, teils schwimmend im Wasser, um Hilfe schreiend. Die aufkommende See, es war starker Wellengang, riß in den nächsten zehn Minuten alles nach unten; bald war ich allein hier oben. Mit meinem Rettungsring, der mich sehr gut trug, wurde ich von den haushohen Wellen hin und her geworfen. Da tauchte kurz vor mir mein Kamerad F. auf. Er schrie um Hilfe. Ich versuchte an ihn heranzukommen, was mir nach vielen Mühen auch gelang. Dann zog ich ihn mit heran und sagte ihm, er solle sich an dem Ring mit festhalten, denn er trüge uns beide ganz gut.

Wir ließen uns nun beide eine ganze Weile treiben. Aber dann verließen meinen Kameraden die Kräfte. Ich versuchte ihn festzuhalten und ihm zuzureden. Da kam wieder ein Brecher, der uns vollkommen untertauchte. Als ich wieder an die Oberfläche kam, war mein Kamerad verschwunden. Auch er starb den Heldentod, ohne zu klagen. Ich wurde von den Wellen auf und nieder getrieben, meine Kräfte fingen schon an zu Schwinden, man sah weiter nichts als Himmel und Wasser. Ich verfiel nun schon in Stumpfheit. Da sah ich am Horizont einen Zerstörer aufkommen. Sofort erwachte mein Lebensmut wieder, ich schrie tüchtig um Hilfe. Nach geraumer Zeit steuerte er auch aus mich zu. Als er auf Rufweite war, wurde versucht, mir einen Rettungsring an einer Wurfleine zuzuwerfen. Dies gelang auch ganz gut, doch als ich gerade zufassen wollte, nahm ihn mir eine hochgehende Welle wieder weg. Der Kampf um mein Leben wurde mir sehr schwer gemacht. Der Zerstörer fuhr jetzt mit äußerster Kraft voraus. Ich nahm schon an, der Engländer wolle mich meinem Schicksal überlassen. Aber man wollte nur verhindern, daß ich von den Wellen an die Bordwand geworfen würde. Der Zerstörer fuhr deshalb voraus, um mich von hinten zu fassen. Es gelang glänzend. Jetzt wurde ein Ruderboot ausgesetzt. Als es bei mir längsseit war, hatte ich noch die Kraft, mich an die Bordwand zu klammem; dann versuchten mehrere Bootsinsassen mich hereinzuziehen. Dies war aber nicht so einfach, weil mein Körper von dem kalten Wasser ganz steif war. Mit vereinten Kräften gelang es dann aber. Zu meinem größten Erstaunen lag auch der Leutnant Petersen schon im Boot. Dieser hatte aber noch mehr als ich gelitten. Jetzt steuerten wir den Zerstörer wieder an. Unser Kutter schaukelte wie eine Nußschale in den haushohen Wellen. Die englischen Seeleute bewiesen ihr seemännisches Können. Mit vieler Mühe gelang es ihnen, das Boot wieder auf den Zerstörer zu bringen. Um ein Haar wären wir dabei noch umgekippt. Das Boot Setzte nämlich beim Einhieven auf die Bordwand des Zerstörers auf. Oben angekommen, wurde ich aus dem Boot herausgeholt, denn allein konnte ich nicht mehr. Dem Leutnant Petersen ging es ebenso. Ich wurde nun mit Hilfe von mehreren Seeleuten nach dem Achterdeck gebracht. Hierbei ging noch ein großer Brecher über uns hinweg, der uns alle zu Boden warf. Um Haaresbreite wäre ein englischer Matrose dabei über Bord gegangen. Im letzten Augenblick wurde er noch von einem seiner Kameraden festgehalten. Auf allen vieren kroch ich nun auf dem Niedergang der Offiziersmesse zu. Bei dem Versuch, nach unten zu gelangen, flog ich im Bogen hinunter, ohne irgendwelchen Schaden zu erleiden. Hier bemühten sich die Offiziere um uns beide und halfen uns aus unserer nassen Kleidung. Dann wurden wir von ihren Burschen tüchtig mit wollenen Decken massiert. Auf ein Ruhebett gelegt, schlief ich vor Schwäche sofort ein und erwachte erst nach etwa zwei Stunden. Der Kommandant trat zu mir und reichte mir ein Glas Whisky. Der war aber so stark, daß ich ihn nicht vertragen konnte; er kam wieder heraus. Der Brite bot mir noch einen an. Als ich zunächst abschlug, nahm er das Glas und trank selbst davon. Danach gelang es auch mir, und tatsächlich wirkte der Trank belebend. Der Kommandant fragte nun, von welchem Boot wir seien, und sonst Belangloses. Als Andenken von mir erbat er sich meinen Fingerring. Da er für mich keinen besonderen Wert hatte, überließ ich ihm diesen gerne, denn ich hatte ihm ja mein Leben zu verdanken. Auch war die Behandlung gut und kameradschaftlich. Im Laufe unserer Unterhaltung lief der Zerstörer in Dover ein. Später hörte ich, daß Leutnant Petersen in Dover gestorben fei. So blieb ich leider der einzige Überlebende von UC 26.

U 22 läuft auf eine Mine
Von Alfred Schirmer

Am Gründonnerstag 1917 klärt es mittags auf. Mit langsamer Fahrt steuert U 22, Kommandant Oberleutnant z. S. Scherb, aus dem Hafen von Helgoland. Schnell wird das Boot tauchklar gemacht. Ein kurzes Prüfungstauchen. Und dann mit 12 sm Marschgeschwindigkeit Kurs auf Horns Riff. Ins Eismeer soll es gehen. Überraschend soll unser Boot dort erscheinen und den Handel mit Kriegsmaterial über Archangelsk schädigen und lahmlegen.

Donnernd hämmern beide Motoren in gleichmäßigem Takt und singen den wachfreien U-Boot-Leuten ein Schlaflied. Man ist so an diese Melodie gewöhnt, daß eine kleine Gangänderung schon genügt, um den Schlaf zu verscheuchen. — Der Karfreitagmorgen bricht an; eine leichte Dünung und See läuft mit uns. Um 6 Uhr 30 soll getaucht werden, um etwaige feindliche Minensperren zu untertauchen. Da! — Um 6 Uhr erschüttert ein donnernder Knall das Boot. Es bockt wie ein störrisches Pferd. Die Schläfer auf den Kojen werden in die Höhe geschleudert. Der hämmernde Takt der Motoren ist verstummt. Schrill rufen die Alarmglocken die Besatzung auf die Tauchstationen. — Was ist das? Mine oder Torpedo?

In dem engen Gang der Wohnräume drängen die Männer im Halbdunkel zu ihren Stationen. In der Zentrale ist beruhigende Stille. „An alle Räume! Bilgen peilen und beobachten."

Vom Turm kommt die Meldung des Rudergängers: „Ruder klemmt hart Steuerbord." Aus einem Sprachrohr tönt es: „Hecktorpedoraum macht Wasser." Also hat es im Hinterschiff eingeschlagen. Ich stürze durch den engen Gang zwischen den beiden Maschinen durch Öl- und Maschinenraum nach hinten. Im E-Maschinenraum muß ich über den hier lagernden Reservetorpedo klettern.

Im Hecktorpedoraum meldet der Torpedooberheizer Schmidt den Wassereinbruch. Zischend entweicht die Preßluft aus dem mit dem Steuerbord-Torpedorohr auseinandergebrochenen Torpedo. Unter den Torpedorohren fließen dicke Wasserstrahlen in den Raum; es ist nicht auszumachen, woher sie kommen. „Lenzpumpe anstellen, aus Hecktorpedoraum saugen!" Kaum ist der Befehl heraus, So rattert die kleine Lenzpumpe im Raum, um das Wasser wieder nach außenbords zu entfernen. Aber das Wasser steigt. Es steigt schnell. Die brave kleine Pumpe schafft es nicht allein. Befehl an Zentrale, wo der tüchtige Wachmaschinist, Obermaschinistenmaat Ziegler, die Leitung hat: „Hauptlenzpumpe aus Hecktorpedoraum anstellen!"

Die Meldung: „Hauptlenzpumpe ist angestellt!" trifft fast gleichzeitig mit der Hiobspost ein, daß auch Öl- und E-Maschinenraum Wasser machen. Nun wird es ernst. Unheimlich steigt der Wasserspiegel in diesen beiden Räumen, ohne daß festzustellen ist, woher das Wasser kommt. Die Hauptlenzpumpe wird beschleunigt umgestellt, um diese beiden großen Räume zu halten. sonst ist das Boot verloren. Der Hecktorpedoraum muß nun, da die kleine Lenzpumpe ihn nicht lenz halten kann, aufgegeben werden. „Raum räumen!" Mit dumpfem Schall schließt sich das starke runde Luk im hinteren Kugelschott. Langsam sinkt das Hinterschiff des Bootes tiefer. Das Boot nimmt eine immer stärker werdende Neigung nach hinten an. Man klettert auf dem vom Öl glatten Flur mühsam bergauf, um in die Zentrale zu kommen. Die Wasserwaage zeigt hier 8° Achterlastigkeit. „Gebläse anstellen, Tauchtanks ausblasen!" Kreischend übertönt das anlaufende Luftgebläse das Brummen der Hauptlenzpumpe. Vergeblich. Der Luftmast des Gebläses kommt durch von hinten auflaufende Seen zeitweise unter Wasser. Ein Klirren im Gebläse zeigt, daß es sofort abgestellt werden muß, um es vor der Zerstörung zu bewahren. Das Turmluk schneidet ebenfalls durch darüberlaufende Seen unter und gibt jedesmal erst einen Guß Wasser durch den Turm hindurch in die Zentrale, ehe es geschlossen werden kann. Die Verständigung mit der Wache auf dem Turm ist deshalb schon schwierig geworden. Sie konnte aber die für die Arbeiten wichtige Meldung abgeben, daß das leichte Hinterschiff nur noch an den Netzabweisern hängt und bei jeder See auf- und niederschlägt. Die hinteren Tauchtanks sind also zerstört und können daher das Boot nicht mehr tragen.

Die Achterlastigkeit des Bootes nimmt zu — 14° —. Das Boot hat 5° Steuerbordschlagseite. Bleibt das Boot schwimmen oder wird es jetzt vom vollgelaufenen Torpedoraum in die Tiefe gezogen? Eine bange Frage. Da entschließe ich mich, die Backbord vorderen Tauchtanks etwas zu fluten und gleichzeitig die Treibölbunker durch Preßluft zu entleeren. — Schnell und umsichtig werden die Befehle von den Obermaschinistenmaaten Fink, Müller und dem Oberheizer Lohmann ausgeführt. Das Fluten richtet das Boot ein klein wenig auf, so daß das Stehen auf der schrägen Fläche und das Arbeiten im Boot erleichtert ist.

Aufatmend wird kurze Zeit später an einer sich langsam um das Boot ausbreitenden Ölfläche festgestellt, daß die geleistete Arbeit von Erfolg gekrönt ist. Nun wird es noch geraume Zeit dauern, bis das Treiböl aus den Bunkern ganz entfernt ist, und das Boot wieder eine einigermaßen erträgliche Lage angenommen hat. Die Spannung, die auf allen lag, läßt langsam nach. Es kommt den Männern nun zum Bewußtsein, daß unser Kommandant kurze Zeit nach der Minenexplosion durch ein Funkentelegramm die Lage des Bootes gemeldet hat, und daß die 2. Torpedoboot-Halbflottille, die gerade vor dem Lister Tief stand, mit hoher Fahrt zu Hilfe eilt. Gott sei Dank, die F.-T. hat gut gearbeitet. Die vordere Netzabweiserantenne genügte, um die Meldungen abzugeben. Trotzdem werden jetzt die F.-T.-Masten aufgerichtet, weil die stärker herüberkommenden Seen den F.-T.-Verkehr gestört haben.

Durch das Zentralsehrohr wird abwechselnd Umschau gehalten. Die Wache an Deck hat sich von dem ewig nassen Turm nach dem aus dem Wasser herausragenden Vorschiff begeben und ist eifrig dabei, aus einem Stück Holz einen Pfropfen zu schneiden, um das Dingi, dessen Entleerungspfropfen sich im U-Boot befindet, schwimmfähig zu machen. — Den Männern unten, die eben die größte Gefahr gebannt haben, erscheint das etwas belustigend.

Bei einer Runde durch das Boot wird festgestellt, daß es nun an der Zeit ist, zu frühstücken. Aber der brave Koch hatte geglaubt, es sei nun doch nicht mehr notwendig, Kaffee zu kochen. Er holt das nun nach. Und bald macht sich beim Frühstück, das jeder stehend auf seiner Tauchstation einnimmt, eine gewisse Behaglichkeit breit. Jetzt wird der für die ganze Fernfahrt bemessene Eigenproviant in Angriff genommen. Während sonst das Stück Wurst oder Speck des erfahrenen U-Boot-Mannes nach genau bemessenen Reisetagen eingeteilt und verzehrt wird, fallen jetzt alle

Hemmungen angesichts der ungewissen Lage oder der bevorstehenden Rückkehr in die Heimat.

Langsam hebt sich inzwischen, entsprechend den aus den Bunkern gepreßten Treibölmengen, das Hinterschiff wieder aus dem Wasser. Noch ist die Gefahr nicht vorüber. Wir treiben offensichtlich in einem neu gelegten, noch unbekannten Minenfeld. Was werden die nächsten Stunden bringen? — Aber die dauernde Arbeit an dem Lenzhalten des E- und Ölmaschinenraumes und das Auspumpen des Öles halten die Besatzung in Atem und bringen sie über diese Stunden der Ungewißheit hinweg. Bei einer zweiten Runde durch das Boot werden zwei U-Boot-Neulinge, die im Vorschiff ihre Tauchstation haben und an den Arbeiten nicht beteiligt sind, schwer Seekrank angetroffen. Der eine hatte als Folge dieser Lage kurz daraus eine böse Lungenentzündung zu überstehen.

Auf die Frage an den Koch: „Was gibt es heute zu Mittag?" sagte er erstaunt: „Zu Mittag? Ich habe alle Töpfe voll Kaffee." Schnell muß er nun aus den mitgenommenen Vorräten das Beste heraussuchen und ein Mittagessen zusammenstellen. Da gerade auch die Rauchwolken der heraneilenden Torpedoboote gesichtet werden, schmeckt es allen besonders gut.

Endlich ist die 2. Torpedoboot-Halbflottille heran. Und es ist 2 Uhr geworden. Sechs Stunden hatte der Kampf mit dem Wasser schon gedauert. G. 192, Kommandant Oberleutnant z. S. Mewis, erhält vom Halbflottillenchef den Befehl, das Boot in Schlepp zu nehmen. Bei der hergehenden Dünung und der Lage des Bootes keine leichte Aufgabe. In einem schneidigen Manöver geht G. 192 auf Reichweite längsseit und gibt die Schleppleine herüber. Beim Anschleppen macht sich nun das mit hart Steuerbord eingeklemmte Ruder bemerkbar. Aber das

Manöver gelingt; mit geringer Fahrt geht es nun nach Hause. Die übrigen Boote der Halbflottille fahren indes U-Boot-Sicherung. Nach einer Viertelstunde bricht aber die Schleppleine bei einem Einrucken infolge einer durchlaufenden See. Gleichzeitig reißen die Drahtstander des hinteren Netzabweisers mit scharfem Knall. Das abgerissene leichte Hinterschiff versinkt. Das Ruder aus der eingeklemmten Hartlage herauszubringen, gelingt nun endlich nach Verbrauch einer großen Zahl von elektrischen Sicherungen des Rudermotors. Nun ist das Schleppen viel einfacher. Gegen 8 Uhr abends kommt Horns Riff Feuerschiff in Sicht. Die Torpedoboote legen einen schwarzen Rauchschleier zwischen Boot und Feuerschiff und entziehen so das Boot der Sicht — und vielleicht der Meldung an den feindlichen Nachrichtendienst.

Kurze Zeit darauf übernimmt der aus seiner Bereitschaft in Helgoland herbeigerufene Werftschlepper „Voßlapp" den Schleppzug. — Die ganze Nacht wird noch gearbeitet, um das Boot, das durch Leerpumpen der hinteren Treibölbunker inzwischen auf ebenen Kiel gelegt ist, lenz zu halten. Die vorhandenen kleinen Kühlpumpen werden an die Hilfslenzleitung angeschlossen, um die Hauptlenzpumpe zu entlasten. Wenn auch mit einigen Schwierigkeiten, aber es geht. Befriedigt wird am anderen Morgen festgestellt, daß die größte Gefahr beseitigt ist. Ein sonniger Samstagmorgen ist inzwischen aufgestiegen. Die dienstfreie Besatzung sitzt jetzt, nachdem der Schleppzug in sicheren Gewässern angelangt ist, an Deck und überläßt es der Sonne, die letzten Sorgen aus den Herzen zu treiben. Doch eine Sorge haben wir noch. Wir haben kein W. C. mehr. Das liegt in dem vollgelaufenen Torpedoraum. Und So müssen wir uns denn an Deck behelfen auf den vom Wasser bespülten Tauchtanks und unter den anzüglichen Winksprüchen der uns begleitenden Torpedoboote.

In der Nacht zum Ostersonntag morgens um 1 Uhr läuft der Schleppzug in die Schleuse von Wilhelmshaven ein. Der Stab des Führers der Unterseeboote steht zum Empfang bereit, um das Boot, das nach überstandenem Minentreffer ohne Menschenverluste nach Hause kommt, willkommenzuheißen. Noch eine Nacht an Bord, um die Sicherheit des Bootes zu überwachen! — Am Ostersonntag steht das Boot im Schwimmdock trocken. Beide Schraubenwellen starren verbogen in die Luft. Das leichte Hinterschiff, an dem sie befestigt waren, fehlt. Drohend ragt ein roter Torpedokopf aus dem abgebrochenen, herunterhängenden Steuerbord-Torpedorohr heraus. Die Gefechtspistole ist im Kopf abgebrochen. Der Sprengkörper sitzt mit den Resten der Pistole noch im Torpedokopf. Das Backbord-Torpedorohr ist ebenfalls abgebrochen. Aber der Gefechtskopf des Torpedos mit seiner Sprengladung fehlt; große gelbe Klumpen des Sprengstoffes liegen im verbliebenen Teil der Tauchtanks. Welch ein Glück, daß diese Sprengmassen nicht mit der feindlichen Mine detoniert sind!

Das Ruderblatt hat einen tiefen Einriß von der Steuerbord-Schraubenwelle erhalten. Jetzt ist auch das Festklemmen des Ruders in der Hartlage erklärt. — Fast um den ganzen Umfang des Druckkörpers des Bootes geht im Hecktorpedoraum ein durchgehender Riß. Nur etwa mit 1 Meter am Umfang wird der dahinterliegende Teil des Bootes mit den Torpedorohren noch gehalten. Zahlreiche Nieten des Druckkörpers am Kiel unter dem E- und Ölmaschinenraum sind abgerissen und haben den Wassereinbruch in diese Räume verursacht. In zwei

Monaten angestrengtester Arbeit gelingt es der Kaiserlichen Werft, das Boot wieder instandzusetzen. Dann geht es mit dem Kern seiner alten Besatzung, die zum Teil Seit 1913 auf dem Boot Dienst tut, zu neuen Taten in See.

Die Seeschlange
Von Otto Krüger

ES war im Juni 1917, U 64 befand sich auf einer Reise in das Operationsgebiet im westlichen Mittelmeer. Bei herrlichem Wetter waren wir in die Nähe der Balearen gelangt. Ich hatte, wie üblich, die Morgenwache von 4 bis 8 Uhr. Windstille. Auf westlichem Kurs, auf spiegelglatter See, zieht das Boot seine Bahn. Bootsmaat Klatt und ich halten Ausguck nach vorn und Obermatrose Metze nach achtern. Langsam beginnt es im Osten zu dämmern. Ich suche mit dem Glas den Horizont ab. Da, ich stutze, was ist dort voraus? Eine Reihe dunkler Punkte zieht sich am Horizont entlang. Es ist noch zu dunkel, um Genaueres erkennen zu können. Wie eine lange Kette kleiner Inselchen zieht es sich in Schlangenlinie hin. Land? Das kann nicht möglich sein. Im Geiste überfliege ich Karte und Schiffsort. Nein, Land ist es nicht. Mir wird doch etwas unheimlich zumute. Wir kommen schon bedenklich näher. Ich denke gerade daran, nach Süden abzudrehen. Da, ein leichtes Kräuseln der Wasserfläche — und verwunden ist der Spuk.

Im letzten Augenblick noch hatte ich es erkannt: Eine Herde riesiger Schweinsfische lag, Rücken an Rücken, eine Schlangenlinie bildend, im friedlichen Morgenschlummer und wurde durch das Schraubengeräusch des Bootes gestört. So mögen auch manche alte Seeleute, die vermeinten, eine Seeschlange zu sehen, getäuscht worden sein. Als ich seinerzeit über das Seeungeheuer von Loch Neß las, dachte ich an meine Seeschlange bei den Balearen.

Noch mal gut gegangen ...
Von Wilhelm Reinhard

Nach langwierigen und anstrengenden Maschinenproben sollte die Ausreise unseres UB 22 an einem Freitag im Juni 1917 erfolgen. Statt am Freitag, dem 9. Juni um 2 Uhr nachmittags, ging es aus Aberglauben erst Sonnabend früh um 1 Uhr vom Pier in Helgoland.

Kleine Minensuchboote hatten in selbstlosem Einsatz UB 22 bei gutem Wetter durch minenverseuchte Gebiete weit in die See hinausgebracht. Dann wurden in etwa 30 Meter Tiefe Minenfelder innerhalb des feindlichen Sperrgebietes an der deutschen Nordseeküste unter Wasser durchfahren. Die Stander der über dem Boot stehenden todbringenden Minen scharrten hörbar an den beiden seitlichen Scheuerleisten des Bootes. Das wenig angenehme Geräusch wurde durch laute, krächzende Militärmärsche der alten Platten des noch älteren Trichtergrammophons übertönt.

Nach dem Auftauchen stampfte und rollte trotz ruhiger See der kleine „Untersatz" von 275 Tonnen Wasserverdrängung mit halber Fahrt der Boje „Quatsch" in der „Friedrichstrasse" entgegen. Der durch diese Boje „Q" gekennzeichnete Ansteuerungspunkt war ein Tummelplatz für englische U-Boote. Hier hieß es also ganz besonders: „Aufpassen!" Die „Friedrichstraße" war der schmale neutrale Seeweg, der zwischen dem feindlichen Sperrgebiet an der deutschen Nordseeküste und dem deutschen Sperrgebiet um Englands Küsten lag und der Holland und Belgien mit der nördlichen Nordsee verband. Hier herrschte naturgemäß ein starker Handelsschiffsverkehr, auch seitens der Schiffe der „Belgian Relief Company", die durch besondere

Abmachungen zwischen den kriegführenden Staaten geschützt waren und nicht angegriffen werden durften.

Die Schwingungen der Dieselmaschinen verbreiteten sich über den gesamten Bootskörper und ließen diesen ständig erzittern. Mit Marschfahrt fuhr das Boot immer weiter in das Sperrgebiet hinein, immer weiter der englischen Ostküste entgegen. Jetzt konnte jedes Schiff, das sich zeigte, von uns durch Artillerie, Sprengbomben oder Torpedos angegriffen werden.

Das erste Opfer wurde der dänische Segler „Jenny". Mit Kohlen für England beladen, mußte er durch Sprengpatronen versenkt werden. Die Besatzung wurde unter Mitgabe von Lebensmitteln und Seekarten angewiesen, das nächste Leuchtfeuerschiff, „Doggerbank-Süd", anzusteuern. Ihr ängstlicher Gesichtsausdruck spiegelte die Greuellügen wider, nach denen die deutschen U-Boot-Besatzungen alles töten, was ihnen in die Hände kommt.

Es folgten aufreibende Tage innerhalb unseres Operationsgebietes. Dieses mußte genau bestimmt sein, damit nicht ein anderes deutsches U-Boot uns gestellte militärische Aufgaben störte. Viele Angriffe wurden in sicht der englischen Ostküste gefahren, wobei erst nach etwa sieben bis acht Anläufen der Torpedo „tödlich" gewirkt hatte. Bisher hatten sich drei Dampfer unserer Tätigkeit nicht entziehen können, und unser „Umsatz" betrug am Abend des 24. Juni 11700 Tonnen.

Maschinenstörungen, Minenfelder, gegnerische U-Boote, Fischdampfer, Flugzeuge und Luftschiffe, Netzträger, Indikatornetze und Horchverfolgung machten es uns nicht leicht, U-Boot-Fallen stellten den Kommandanten vor die schwerwiegendsten Entschlüsse. Wasserbomben bewiesen uns, daß der Engländer alles auf uns hetzte, was verfügbar war.

Jeder Tag brachte uns, außer den üblichen Tauchmanövern, durchschnittlich etwa sechs Alarmmanöver, und immer ging es schnell in die schützende Tiefe. —

Es war der 25. Juni 19171 — UB 22 ist gerade wieder aufgetaucht. 16 Seemeilen querab von Sunderland ist abends um 9 Uhr nicht ein einziges Fahrzeug zu sehen. Auf dem kleinen U-Boot-Turm umgibt mich nach sechzehnstündiger Unterwasserfahrt die wohltuende, würzige Seeluft. Schnell darf jeder Mann der Besatzung, aus dem runden Turmluk herausschauend, eine Zigarette rauchen, um dann glücklich wieder im Bootsinnern zu verschwinden.

„Reinhard," Sagte der Kommandant, Oberleutnant z. S. Karl Wacker, der verdiente frühere 1. Wachoffizier des erfolgreichen „Amerika"-Bootes U 53, „hier sind wir jetzt zu bekannt. Ich möchte heute nacht in die südlichste Ecke meines Operationsgebietes. In der Gegend Scarborough-Flambour Head ist immer etwas los. Lassen Sie nun den Untertriebtank lenzen, damit das Boot leichter wird und wir dadurch mit schnellerer Fahrt bis zum Morgengrauen drüben sind."

„Jawohl, Herr Oberleutnant, schneller kommen wir mit ‚lenzem' Tank hin! Ich halte es aber grundsätzlich für nicht richtig, den Untertriebtank zu lenzen, weil wir hier jeden Augenblick mit Gegenwirkung zu rechnen haben. Herr Oberleutnant kennen ja den berüchtigten ‚Zerstörer vom Dient', den wir auch heute nacht sicherlich wieder sehen werden." — „Gut! Dann soll eine Maschine auf Schraube gehen, und mit der anderen Maschine lassen Sie die Batterie aufladen! Wieviel Preßluft haben wir noch?" — „Nur noch 40 Kilogramm Druck, Herr Oberleutnant! Wir sind ja heute achtmal getaucht und aufgetaucht. Der Kompressor ist bereits angestellt und füllt wieder auf!"

„Gut, Reinhard! — Schauen Sie sich einmal diesen herrlichen Sonnenuntergang an. So etwas ist ja nur auf See zu sehen! Und diese unheimliche Klarheit! — Der Rauch da hinten kommt von einem großen Stahlwerk, das wir leider nicht torpedieren können. — Die Sicht ist ja nahezu unendlich. — Gerade deshalb bekommen wir aber bald anderes Wetter!"

„Für weitere Erfolge wird das aber besser sein als diese Sicht und die so glatte See, Herr Oberleutnant! — Und wir wollen ja den Stammtischen in Deutschland, die ‚mit Tonnage gefüttert' sein wollen, noch einen kleinen Gefallen tun. Wenn täglich nicht wenigstens 30000 Tonnen U-Boot-Erfolge gemeldet werden, dann fallen wir bei den Herren Biertischstrategen in Ungnade!"

„Na, Reinhard, Sie wissen ja am besten, wie wir uns abschuften müssen — —"

Ich gehe runter in die enge Zentrale, um die letzten Anweisungen für die Nacht zu geben. — Da ich seit einer Woche täglich kaum drei Stunden Schlaf hatte, soll dies diese Nacht nachgeholt werden. Die Wache auf der Brücke wird schon aufpassen! — Hundemüde strecke ich mich vollständig angezogen mit den Seestiefeln in meine Koje neben der Zentrale — —

Ja, es ist eigentümlich: Im größten Dreck hat man immer die schönsten Träume — — und jetzt ist ein herrliches Tanzfest mit hohen Offizieren in gold- und silberstrotzenden Uniformen, mit festlich gekleideten Frauen, in einem goldenen Saal mit übernatürlicher feenhafter Beleuchtung — — ein Klingelzeichen schrillt durch den Saal — — die Paare nehmen Aufstellung zum Tanz — — ein hinreißendes Bild — — ein weiteres, noch lauteres Glockenzeichen schrillt auf — — Alarm!

Der Kommandant schreit vom Turm aus in die Zentrale — — „Runter — — runter — — wir werden überfahren — —"

Ich stürze schlaftrunken aus meiner Koje — sehe sofort, daß das Turmluk vom Kommandanten schon geschlossen ist — drehe mechanisch das Zentralentlüftungsventil schnell auf — die Luft rauscht aus den Tauchtanks und alles geht wie am Schnürchen, wie schon hundertmal vorher — — „— — nur runter — — nur runter — — schneller — — hart Steuerbord — — zum Donnerwetter — sinkt denn das Boot immer noch nicht? — —"

Unaufhörlich schrillen die vom Kommandanten betätigten Alarmglocken, aber es wird schon alles gut gehen, wie bisher auch! Wir sinken doch schon; was soll uns da passieren können!

Plötzlich fällt mir ein: „Verdammt, wie ist es mit dem Untertriebtank? — Obermaat Doose, ist er lenz?" — „Nein, auf Grund der Anweisung blieb er geflutet!" — „Gott sei Dank!" Denn es dauerte allein etwa 25 Sekunden, bis dieser Tank geflutet war. — Auf das Alarmsignal hin gingen die Maschinen nach der Umschaltung vom Dieselbetrieb zum elektrischen Betrieb auf „Äußerste Kraft voraus". — „Vorderes Tiefenruder hart unten — — hinteres Tiefenruder 15 Grad oben — — Regler fluten — — trimmen nach vorn — — alle Mann voraus, ganz voraus — — " rufe ich in der Zentrale, obwohl das alles Selbstverständlichkeit und auch schon durchgeführt ist — — Und dennoch, das Boot bleibt auf 6 Meter hängen und geht nicht tiefer!

„Jetzt muß er über uns sein — — ," ruft der Kommandant, „hören Sie denn nicht die immer näher kommenden Schraubengeräusche — — nur runter — jetzt muß es kommen — —!"

6,5 Meter — — 7 Meter — — 7,5 Meter — — 8 Meter — — 9 Meter — — 10 Meter — — bange Sekunden, die wie Minuten erscheinen — — da: eine schlagartige, sehr starke, dumpfe Erschütterung — das Boot stößt — ein Knall — Licht aus — — Klirren zerspringenden Glases — —

„Notbeleuchtung anstellen!" schreie ich in die Finsternis und denke: Jetzt hat es uns gepackt! — Warum meldet denn niemand: „Wassereinbruch!"? Die Notlampen blitzen auf, und an dem grell beleuchteten Tiefenmanometer sehe ich, wie das Boot sehr schnell sinkt — —

„Alle Mann auf Tauchstationen! Vorderes Tiefenruder hart oben — hinteres Tiefenruder hart unten — alle Pumpen-Regler lenzen — trimmen nach achtern. — Entlüftungen geschlossen? — Klar bei Preßluft für Tauchtanks!" — Jeder einzelne tut feine Schuldigkeit, als hinge von ihm allein Wohl und Wehe des Bootes ab — —

Da erschüttert eine weitere furchtbare Detonation das Boot, das immer schneller sinkt: 35 Meter — — 40 Meter — — 45 Meter — — 50 Meter — — Starkes Rauschen umfängt uns alle. Ein untrügliches Gefühl sagt mir, daß der Meeresgrund das schnell sinkende Boot abbremst — — „Alle Maschinen stopp!" — —

59 Meter tief liegen wir auf dem Meeresgrund. Es war ein Glück für uns, daß es an dieser Stelle nicht viel tiefer war, denn sonst wäre das Boot weiter durchgefallen und durch den mit der Tiefe zunehmenden Wasserdruck immer mehr zusammengedrückt worden. — Lautlose Stille umgibt uns, bis auf das Summen des Umformers für den Kreiselkompaß und bis auf das Rauschen des einströmenden Seewassers. — Eine dritte Wasserbombe, unmittelbar über dem Boot, erschüttert

wiederum die See! Das halten unsere Treiböltanks nicht aus. Wir haben sicherlich eine starke Ölspur, und die wird für uns das Ende bedeuten!

„Das war dieses Vieh, dieser ‚Zerstörer vom Dienst'," erklärt jetzt der Kommandant, als er die Leiter vom Turm in die Zentrale runtersteigt. „Als wir auf 12 Meter waren, ist er unmittelbar über uns weggefahren — ich erwartete die Detonation des Schleppgerätes, die unseren sicheren Untergang bedeutet hätte — doch, Gott sei's gedankt, er hatte wohl keins! — Auf 20 Meter fuhr er wieder über uns hinweg, aber da konnte er uns nicht mehr schaden. — Aber was nun hier?" —

„Maschinenbilge und achterer Trimmtank fluten stark nach!" meldet manövermäßig die Maschinenwache. — „Zuerst wieder Beleuchtung in Ordnung bringen! Neue Sicherungen einsetzen!" befahl ich, und bald umgab uns wieder das spärliche, unersetzbare und so ersehnte elektrische Licht.

An ein Auspumpen des einströmenden Wassers war nicht zu denken, da die Pumpen entsprechend der Tiefe gegen eine Wassersäule von 59 Metern nicht drücken konnten. Trotz unserer gefährlichen Lage besprachen wir uns in Ruhe. Vor allem mußten die durch die Wasserbomben eingetretenen Beschädigungen möglichst beseitigt werden. Was es bedeutete, die Beschädigungen überhaupt erst einmal einwandfrei festzustellen, wissen nur diejenigen, die sich einmal in ähnlicher Lage befunden haben.

Dabei erinnerte uns, pünktlich alle sechs Minuten, eine jedesmal genau über dem Boot detonierende Wasserbombe, daß der unsichtbare Feind nicht locker ließ, ein Beweis, daß die Öltanks undicht waren und eine starke Ölspur unsere Lage dem Verfolger genau angab.

„So wollen wir hier nicht ersaufen, Herr Oberleutnant! — Wenn auch der Feind unmittelbar über uns ist, so blase ich doch jetzt ganz vorsichtig die Tauchtanks an. Wir müssen wieder Fahrt haben! Geschwindigkeit ist Leben! So kann das Boot versanden und verschlammen." — „Gut, Boot vom Grunde lösen!" —

Da das Achterschiff um einige Tonnen Wasser schwerer geworden war, ließ ich auch zuerst in die achteren Tauchtanks Preßluft einströmen. Es war inzwischen 3,15 Uhr morgens geworden. Um 2,23 Uhr hatten die schrillen Alarmglocken das Signal zum Schnelltauchen gegeben. Langsam drehe ich die Preßluftventile für die achteren Tauchtanks weiter auf — — die gepreßte Luft zischt in die Tanks — — und nun legt sich das Boot stark nach Backbord über, so daß ich sofort die Preßluftventile wieder schließen muß. — Ganz allmählich hebt sich, das Achterschiff! — Ununterbrochen klopfe ich an die Scheibe des Tiefenmanometers — — jetzt bewegt sich der Zeiger — — ganz, ganz langsam steigt er — — 58 Meter — — 57,5 Meter — — 57 Meter — — 56,5 Meter — — 56 Meter — — jetzt müssen die Schrauben frei sein —

„Preßluft auf alle Tauchtanks! — Alle Pumpen klar zum Lenzen!" — — 54 Meter — — 53 Meter — 10 Grad Vorlastigkeit — —

„Boot ist los! — Beide Maschinen kleine Fahrt voraus!"

Pünktlich, auf die Sekunde, platzen weiterhin alle sechs Minuten die Wasserbomben über dem Boot.

Das Boot pendelt durch. Statt vorlastig zu bleiben, wird es allmählich wieder achterlastig, während es weiter steigt — — 48 Meter — — „Alle Pumpen, Bilgen und Regler lenzen!" rufe ich nun in den Maschinenraum — —

Gott Sei Dank! — Wir Steigen wieder! Bald werden wir sehen, was eigentlich oben los ist. — Doch nein, denn es ist ja noch Nacht — — Aber neuer Lebensmut zeigt sich doch wieder bei all den treuen Kameraden! — — 45 Meter — — 44 Meter. Da: wieder die alles erschütternde Detonation einer genau liegenden Wasserbombe! — Und wieder sinkt das Boot nach einem kurzen Aufbäumen — —

„Alle Maschinen äußerste Kraft voraus! — Alle Mann achteraus! — Alle Pumpen weiter lenzen! — Vorderes Ruder hart oben, hinteres hart unten!" Alles vergebens! — Das Boot wird wieder vorlastig, wieder fällt der Zeiger des Tiefenmanometers, und nichts kann das erneute Sinken des Bootes aufhalten. — „Alle Maschinen stopp!" — Ein Scharrendes Geräusch — — und wieder liegt das todwunde Boot auf dem Meeresgrund!

Eine weitere Wasserbombe — — eine zweite — — dritte — — vierte — — fünfte — — sechste — — achte — — zwölfte — — ein Trommelfeuer von Wasserbomben — — die See brodelt und braust! — Ist denn eine solche Hölle überhaupt möglich?! — „Herrgott im Himmel, wenn es nun schon so weit sein soll, dann sei aber gnädig mit uns, mach es kurz — —! Nein, wir wollen leben, wir müssen leben!" — Weiter erschüttern zahllose Wasserbomben die See, und es wird uns zu einer tragischen Gewißheit, daß der Feind nicht mehr locker läßt. — Was ist zu tun? — Die Besatzung muß erkennen, daß man sich so schnell nicht aufgibt. — Nur irgend etwas veranlassen und nicht die Hände in den Schoß legen! — Hilf dir selbst, dann hilft dir Gott! — Die Maschinenraumbilge machte weiterhin stark Wasser. Bis über die Knie im Wasser stehend, stellte ich fest, daß das Reglerbodenventil gerissen war und Seewasser in dickem Strahl in die Bilge strömte. Also:

Maschinenraumflurplatten aufdecken und das Reglerbodenventil dichten! — —

Es war eine ungemein schwere Arbeit, das Ventil und seinen Flansch, von dem die Schrauben z. T. gerissen waren, wieder so weit dicht zu bekommen, daß der Wassereinbruch wenigstens teilweise nachließ. Aber der Wasserspiegel stieg im Maschinenraum weiterhin. — Die Luft im Boot war durch die schwere körperliche Arbeit der Tiefensteurer und des Maschinenpersonals sehr schlecht geworden. Immer müder wurden die braven Kerls, schon klagten die ersten über Kopfschmerzen. — Wie wird es in einer Stunde hier im Boot aussehen? — Soll uns wirklich der gefürchtetste Tod, der langsame Erstickungstod, bevorstehen?

Immer noch zeigen die detonierenden Wasserbomben uns an, daß der Feind über uns ist. Wenn er also mitten in dunkler Nacht unsere Spur nicht verloren hat, dann wird mit dem Morgengrauen des 26. Juni 1917 unsere Rettung unmöglich sein. Die elektrischen Batterien und die Preßluftflaschen sind nahezu leer. Mit eigener Hand lasse ich schon zeitweise aus den Sauerstofflaschen reinen Sauerstoff in das Boot blasen, um uns alle nach den bisherigen schweren Stunden zu erfrischen — — In meinem Notizkalender mache ich in der Rubrik dieses Tages ein Kreuz — —

Doch was ist das: Die Wasserbomben bleiben ja auf einmal aus! — — Sollte man das Boot jetzt vielleicht mit Schlepptrossen einfangen und einschleppen wollen? — Noch schlimmer!! — —

„Ruhe im Boot! — Auf Schraubengeräusche achten!" befiehlt mit klarer Stimme der Kommandant. Nur das Gurgeln und Plätschern des eingedrungenen Wassers ist zu hören. Sonst bleibt es totenstill in dem auf dem Meeresgrund liegenden U-Boot. Und wirklich: Es ist nichts, aber auch gar nichts mehr zu hören! — Ein neuer Auftauchversuch wird unternommen. Nun muß es auf Biegen oder Brechen gehen. Wenn es jetzt nicht gelingen sollte, so wird es keine Sonne mehr für uns geben! —

„Anblasen der Tauchtanks!" — Wenn die „Beefs" jetzt noch über dem Boot sind, dann müßten sie doch auf die Luftplupper, die jetzt hochsteigen, wieder mit Wasserbomben antworten — —

Zischend strömt die gepreßte Luft in die Tauchtanks! — Doch was ist denn das schon wieder? Starke Schlagseite nach Steuerbord und gleichzeitige starke Vorlastigkeit verlagert von neuem das Boot. Der vordere Steuerbord-Tauchtank hat wohl bei dem letzten Auftauchversuch durch den schweren Bombentreffer seinen Teil abbekommen. Mithin lasse ich den achteren Backbord-Tank gegengeflutet und die übrigen Tauchtanks weiterhin ausblasen.

Aber warum meldet sich der Engländer nicht?

Wieder löst sich langsam das Boot vom Grunde! Ich lasse den Kompressor anstellen, der die Bootsluft ansaugt und in die Preßluftflaschen drückt, so lange, als die Luft nicht zu dünn im Boot wird. Bei einer Schlagseite von 12 Grad nach Steuerbord und bei einer Vorlastigkeit von etwa 20 Grad steigt das Boot — — es steigt — — es geht höher — — wieder 56 Meter — — 55 Meter — — 53 — — 50 — — 46 Meter — — immer noch diese unbequeme Schlagseite, immer noch die große Vorlastigkeit — — aber es geht höher — — 40 Meter — — 30 Meter — —

„Beide Maschinen halbe Fahrt!" zeigt der Maschinentelegraph jetzt an — neue Hoffnungen erfüllen alle — — „Vorsichtig auf Sehrohrtiefe gehen!" Der Kommandant befiehlt es und begibt sich jetzt wieder

in den Turm. — Inzwischen versuche ich durch alle möglichen Maßnahmen die Lage des Bootes zu verbessern. — Doch alles nützt nichts, das Boot ist zu schwer beschädigt. Aber es steigt weiterhin — — „12 Meter liegen an!" — „Sehrohr ausfahren!"
Es ist ein Meisterstück, das völlig vertrimmte Boot für einige Augenblicke auf der vorgeschriebenen Tiefe und in waagerechter Lage zu halten — — „Ja, zum Donnerwetter noch mal — ich sehe ja überhaupt nichts — was ist denn mit dem Sehrohr los, Reinhard? — Zentralsehrohr ausfahren!" — — "Nanu, auch nichts zu sehen! — Dann müssen wir uns einmal die Sache von draußen ansehen! — Klar zum Auftauchen!" — „Ist klar zum Auftauchen!" — „Schnellauftauchen!"
Der letzte Vorrat an Preßluft wird in die Tauchtanks geblasen — — die Batterien geben ihren letzten Strom her — — beide Tiefenruder liegen hart — — alle Pumpen lenzen Regler und Bilgen! — An den Schaugläsern im Turm wird es immer heller. Erst tief dunkelblau — — dann blau — — blaugrün — — grün — — hellgrün — — schneeweiß — — „Boot ist raus!"
Ein Jubel begleitet diesen Ausruf des Kommandanten, der nun das Turmluk öffnet und hochsteigt. — Es war genau 8 Uhr vormittags! — Dichter Nebel war aufgekommen und unsere Rettung! —
Mit beiden Dieselmaschinen äußerste Kraft voraus liefen wir nach Nordosten durch den dicken Nebel, der nicht die Bootsspitze erkennen ließ, ab. — Kurz und still dankten wir unserem Herrgott, daß er, wie so oft schon vorher, auch hier „seinen kleinen Finger dazwischen gehalten hatte" und uns wieder den Tag sehen ließ. Und schon triumphierte auch wieder das Grammophon durch das Boot, das wir alle, ohne Ausnahme, noch kaum 10 Minuten vorher, schon als unseren Sarg angesehen

hatten: „Jetzt geht's zur Heimat, zur schönen Heimat —
—" — und die Kiste Liebesgabenbier, die erst nach „Buchung der vorgenommenen 20000 Tonnen" geöffnet werden sollte, wurde im Laufe dieses Tages „lenz"! — Fünf Stunden und 37 Minuten lang sind gewaltige Anstrengungen von allen braven Bootskameraden gefordert worden. Von der Tiefensteuerleitung, die bei mir lag, mußten äußerste Maßnahmen ergriffen werden, die wohl einexerziert waren, aber bislang in einem solchen Ausmaß noch nicht ernstlich verlangt wurden.
— Äußerst wertvolle Erfahrungen für die weiteren Fahrten wurden gesammelt. —
Nach dem Auftauchen wurden mit Bordmitteln alle Beschädigungen, Undichtheiten usw., soweit es möglich war, beseitigt. Doch war das Boot wegen des einen gerissenen vorderen Tauchtanks nicht mehr tauchklar. Eine Unterwasserfahrt zum Angriff oder zur Durchquerung von Minenfeldern konnte nicht mehr durchgeführt werden. — Wie es nun einmal auf See ist, so verschwand der Nebel auch jetzt bald wieder, und in der Ferne erkannten wir an mehreren Rauchwolken unsere Verfolger, die im Nebel unsere Spur verloren hatten und unsere Verfolgung zur gleichen Zeit, als wir uns selbst schon aufgeben wollten — einstellen mußten, um sich nicht gegenseitig selbst zu rammen!
Wie war es nun möglich, daß unser Boot derart überrumpelt werden konnte? — Die Turmwache sah um 2 Uhr 22 Minuten nachts plötzlich den aus einer Dunstschicht im Osten mit höchster Fahrt auf uns zulaufenden „Zerstörer vom Dienst". Eine dicke schwarze Rauchwolke und eine weiße hohe Bugwelle näherten sich mit unheimlicher Geschwindigkeit dem ahnungslosen U-Boot. Klar hatte dieser Zerstörer sein Ziel vor sich, da unser Boot sich gegen den Horizont

Scharf abhob. — Unser Kommandant erkannte sofort die große Gefahr, und es begann das geschilderte Schnelltauchen, das laut Tagebuch 31 Sekunden gedauert hatte, d. h. von dem Augenblick „Alarm" bis zu meiner Meldung „10 Meter" (Tiefe liegen an), also bis unmittelbar vor dem ersten Wasserbombentreffer. Wenn wir auch nicht mehr tauchen konnten, so konnten wir doch weiter nach Osten ablaufen und verdächtigen Rauchwolken ausweichen. Da die Durchquerung der Minenfelder unter Wasser nicht mehr möglich war, liefen wir zur Heimkehr nicht Helgoland an, sondern fuhren um Skagen in die Ostsee und erreichten trotz schwersten Seeganges wohlbehalten nach weiteren sieben Tagen ununterbrochener Fahrt Kiel! — Am 19. Januar 1918 hatte dann doch die letzte und schwerste Stunde für UB 22 geschlagen: das Boot ging mit der getreuen Besatzung infolge Minentreffers 70 Seemeilen nordwestlich von Helgoland in der Nordsee unter! — Niemand wurde gerettet! — Ich selbst war nach zehnmonatigem Dienst auf diesem Boot kürz vorher als Leitender Ingenieur auf dem größeren Boot U 71 eingestiegen! — Schicksal! —

Pech und Glück
Von Otto Steinbrinck

Am Abend des 23. Juli 1917 stehen wir mit einem Geleitzug auf gleicher Höhe. Vier Fischdampfer sichern ihn auf allen Seiten. Ich überlege mit Gewald und dem Wachoffizier, wie wir angreifen sollen. Unverändert still, wie auf einem Tümpel, blank und hell schimmert die Wasserfläche, über ihr wölbt sich ein sternklarer, mondloser Himmel, der hin und wieder durch eine Wolke etwas verdunkelt wird. Für den Überwasserangriff ist es zu hell, für den Unterwasserangriff durch das Sehrohr zu dunkel. Wenn wir angreifen wollen, bleibt uns nichts anderes übrig, als uns überflutet hinzulegen und mit freien Augen zu schießen. Wir hatten dieses schwere Manöver schon wiederholt exerziert. Auf meine Tiefensteuerung konnte ich mich auch unter schwierigsten Verhältnissen verlassen. Ich rufe den Leitenden Ingenieur, zeige ihm den Geleitzug und erkläre ihm die Gefechtslage. Wie immer ist Hißbach schnell im Bilde und geht in die Zentrale mit dem Befehl, das Boot so weit zu fluten, daß der Turm nicht höher als 80 Zentimeter über die Wasseroberfläche ragt. Der Wachoffizier, Oberleutnant z. S. Rogge, und ich bleiben oben, die Wache wird unter Deck geschickt. Langsam wie ein Gespenst zieht der Geleitzug heran. Wir ducken uns tief, um die Silhouette des Turmes möglichst klein zu halten. „Es ist doch verteufelt hell," murmelt Rogge vor sich hin. „Der vordere Bewacher wird uns nur auf 400 Meter passieren; wenn er uns nur nicht sieht!" Aus den vorhergehenden Beobachtungen weiß ich, daß der dritte Dampfer der größte ist. Mit ganz wenig Fahrt gehen wir über den Achtersteven noch etwas näher heran, um diesmal sicher zum Schuß zu kommen. So —

jetzt wird die Entfernung gut. „Heckrohr fertig!" Doch was ist das? Das Boot, dessen Turmluk zur Befehlsübermittlung noch etwas offensteht, wird plötzlich stark achterlastig und sinkt tiefer. Nur noch eine Handbreit, und das Luk kommt unter Wasser. „Beide Maschinen halbe Fahrt voraus!" Mit einem Ruck schlage ich das Turmluk zu und versuche krampfhaft, es zu schließen, um einen Wassereinbruch in das Bootsinnere zu verhindern. Doch das Handrad läßt sich nicht drehen. Das Boot sinkt tiefer; schon schlägt das Wasser über meinem Kopf zusammen, während ich verzweifelt am Handrad rücke. Luftblasen ziehen an mir hoch. Das Angstgefühl, daß das Boot durch eigenes Verschulden untergeht, gibt einen langen Atem und gewaltige Kraft. Aber das Luk läßt sich nicht schließen. Ich muß mich loslassen und schieße an die Oberfläche. Immer noch blubbern die Blasen von unten rauf. „Mein Boot, mein Boot!" schreit es in mir auf. „Das ist das Ende! — Durch Tauchpanne gesunken, nicht im ehrlichen Kampf." Wenige 100 Meter zieht der Bewacher vorüber. Soll ich rufen? Nur den Bruchteil einer Sekunde wird dieser Gedanke wach. „Gefangennehmen lassen? — Niemals!" Und wie bei einem, der mit dem Leben abgeschlossen hat, kommt die große Ruhe über mich. Unendlich langsam, zum Greifen nahe, schiebt leise rauschend Schiff nach Schiff an mir vorbei. Jetzt hat der Schlußbewacher mich passiert. Ich schwimme mechanisch irgend wohin, in die Unendlichkeit. — Was ist das dort? Fast steht mir das Herz still. Zoll um Zoll hebt sich 30 Meter von mir entfernt ein schwarzer Gegenstand aus dem Wasser. Mit wenigen Stößen bin ich in der Nähe. Es ist die auf dem Vorschiff aufgesetzte Netzsäge des Bootes, an der eine menschliche Gestalt, mein Wachoffizier, angeklammert hängt. Wenige

Sekunden später taucht dicht bei mir, gleichfalls Zoll um Zoll, der Turm aus dem Wasser. Drei Stöße, und ich habe ihn erreicht, reiße das Luk auf. „Wieviel Wasser ist im Boot?" — „Unter Deck ist alles klar!" In aller Seelenruhe kommt die Antwort von unten. Im gleichen Augenblick fängt das Boot wieder an zu sinken, und schon werde ich wieder unter Wasser gezogen. Aber nur ein kurzer Augenblick, und dann ist der Turm wieder frei. Mit Preßluft steigt das Boot wie ein Nilpferd aus dem Wasser, unbeschädigt, ohne Panne. — Ich konnte es zuerst gar nicht fassen.

Wie war es gekommen? Der Steuermann hatte, als das Boot zu sinken begann, eisenfest das Luk zugehalten, damit ja kein Wasser einströmen sollte; und Hißbach sagte sich, daß wir unmittelbar vor dem Geleitzug stehen. Ein rasches Auftauchen könnte unsere Vernichtung bedeuten. Der nahe Bewacher müßte uns sehen und rammen. Daher versuchte er im festen Vertrauen, daß sein Kommandant sich selbst helfen werde, das Boot so langsam wie möglich wieder an die Oberfläche zu bringen. Erst als es zum zweitenmal zu sinken begann, gab er Preßluft. — Trotz allem Arger und Kummer über den Mißerfolg zog doch ein stolzes Vertrauen in mein Herz: Mit solchen Offizieren, mit solcher Mannschaft konnte man alles wagen! Nicht nur da, wo es auf Schneid ankommt, erst recht da, wo nur Besonnenheit das Boot retten kann, zeigt sich das wahre Können der Besatzung. In dieser schlimmsten Lage hatte die zuverlässige Zusammenarbeit auf UC 65 vom Kommandanten bis zum Rudergänger, vom Maschinisten bis zum Zentralheizer sich glänzend bewährt.

Torpedos, die uns nicht erreichten
Von Gustav Schultz

Es war an einem warmen Julitage 1917. Wir hatten schon mehrere Dampfer versenkt.

Nördlich der Shetlands, dort, wo es während des Sommers fast keine Dunkelheit gibt, kreuzten wir herum. In nördlicher Richtung kamen einige Rauchwolken in Sicht; wir steuerten sogleich darauf zu, und allmählich erschienen erst die Masten, dann die Schornsteine. Es waren zwei Fischdampfer, die friedlich ihre Netze zogen. Aber da sie sich im Sperrgebiet befanden, mußten wir sie ohne Warnung abschießen. Der Kommandant gab das Kommando: „Vorderes Geschütz klar!" Auf dieses Kommando hin eilte ich — meine Wache war kurz vorher beendet gewesen — schnellstens auf den Turm. Immer wurden Kurs und Fahrt gemeldet, um sie später in die Karte zur stetigen Feststellung des genauen Schiffsortes einzutragen.

Die Lage, in der wir uns befanden, erinnerte mich an den Untergang eines der letzten deutschen U-Boote, das in eine Falle gelockt und dann von einem auf der Lauer liegenden feindlichen U-Boot versenkt worden war. Darum gab ich den beiden seemännischen Maaten Befehl, scharf auf Sehrohre zu achten.

Die Fischdampfer haben wir nun auf Schußweite erreicht. Der erste Schuß kracht los, der Einschlag ist weit; der zweite kurz, so wechselt es ab. Jeder Schuß geht ins Leere. Die Fischdampfer weichen geschickt unseren Geschoßeinschlägen aus und scheinen uns davonlaufen zu wollen. Wir legen unsere Maschinentelegraphen auf „Äußerste Kraft". Der Abstand verringert sich kaum, wir müssen alles daransetzen, um sie nicht entwischen zu lassen.

Da auf einmal reißt uns alle der Ruf von Backbord auf: „Sehrohr in Sicht!", und schon sehen wir mehrere Wasserwirbel. Fächerartig kommen vier Torpedos angebraust; alles Oberflächenläufer, so daß wir ihre Laufbahnen gut erkennen können. Ein Ausweisen ist schier unmöglich. Nur dadurch, daß wir eine so hohe Geschwindigkeit aufgenommen hatten und das gegnerische U-Boot unsere Geschwindigkeit unterschätzt hatte und damit zu unserem Boot in eine achterliche Stellung gekommen war, und durch geschicktes Manövrieren gelingt es, den Torpedos auszuweichen.

Durch scharfes Beobachten und schnellen Entschluß sind wir wieder einmal dem Tode entronnen, wenigstens für heute, und steuern unser Boot auf 30 Meter unter Wasser ein.

Kapitänleutnant Schneiders Tod
Von Franz Wodrig

Unsere Ausfahrt stand unter einem sehr glücklichen Stern. Hindenburgs Geburtstag und strahlendes Wetter, und wir waren daher alle in bester Stimmung. Leider hielt sich das Wetter nicht lange, und schon auf der Dogger-Bank bekamen wir schwere See und Sturm, die uns bis zum Ende der Fahrt nicht mehr verlassen haben. Mit erheblichen Schwierigkeiten kamen wir in unserem Operationsgebiet an, wo wir tagelang bei dauernd schlechtem Wetter und Nebel kreuzten, ohne etwas zu sehen. So fuhren wir am 13. Oktober 1917 vormittags mit wenig Fahrt gegen die sehr hohe See — es war etwa Windstärke und Seegang 9 —, als gegen 10 Uhr der Kommandant heraufkam und mir sagte — ich hatte Wache —, wir müßten vor die See drehen, damit unten im Boot Reparaturen an der Maschine aufgeführt werden könnten. Das Boot schlingert vor der See nicht so stark. Nach etwa einer halben Stunde kam der Kommandant wieder herauf und befahl, wieder Kurs zu ändern; er stellte sich so auf die Leiter nach oben, daß er mit dem Oberkörper außerhalb des Turmluks war. — Ich machte ihn darauf aufmerksam, daß ab und zu solche Seen von achtern über die Brücke liefen, daß ich das Turmluk schließen müßte, damit das Wasser nicht in den Turm komme. Nach knapp zwei Minuten kam plötzlich eine besonders hohe See, die schon hinter dem Boot brandete, von achtem aufgelaufen. Ich sah sie rechtzeitig kommen und rief: „Herr Kapitänleutnant! Turmluk dicht!" Ich nahm an, er würde sich einfach falten lassen und ich könnte dann das Luk über ihm schließen. Offenbar haben ich und der Unteroffizier, der neben mir auf der Brücke stand, dem Kommandanten die Aussicht nach achtern versperrt, so daß er die Sachlage nicht richtig erkennen konnte; denn nur so kann ich es mir erklären, daß er plötzlich, anstatt nach unten zu klettern, nach oben aus dem Luk herausstieg und in dem Augenblick ganz frei und aufrecht auf der Brücke stand, als die See von achtern heraufspülte. — Ich stand viel tiefer als er und hatte infolgedessen die Möglichkeit, mich an beiden Seiten anzuklammern, während er sich nur an den Stahldrähten der Minenabweiser über ihm anklammern konnte. — Ich konnte nur noch das Turmluk dicht werfen und mich festklammern und habe dann nichts mehr gesehen, bis die See vorüber war; sie muß sehr hoch über uns hinweggegangen sein, denn ich war nach meiner Schätzung 30—40 Sekunden unter Wasser. Ich wurde losgerissen und fand mich, als die See vorüber war, unten auf der Brücke am Geländer wieder, und wäre auch über Bord gespült, wenn das Geländer mich nicht gehalten hätte. — Ebenso erging es dem Unteroffizier. — Der Kommandant muß, von der See erfaßt, nach vorn über die Brücke gerissen sein, und ist dann jedenfalls, ohne mit dem Bootskörper wieder in Berührung zu kommen, ins freie Wasser gelangt. — Er ist nirgends gegen das Boot geschlagen, da er keinerlei Verletzungen hatte, wie ich nachher festgestellt habe. — Als ich mich von dem schweren Anprall an das Geländer erholt hatte, merkte ich sofort, daß der Kommandant fehlte, und ich entdeckte ihn nach einigem Suchen 300 Meter hinter dem Boot auf einem Wellenkamm schwimmend. Ich drehte sofort mit hart Ruder, verlor ihn aber bald aus Sicht, da es sehr diesig und die See so hoch war. Als ich 180 Grad gedreht hatte, bekam ich ihn durch Zufall rechtsvoraus wieder in Sicht. Er schwamm noch sehr gut, so daß ich die besten Hoffnungen hatte, ihn in wenigen Minuten sicher und unverletzt wieder an Bord zu haben. Inzwischen hatte ich genügend Leute heraufbeordert und alle Vorbereitungen treffen lassen. Als ich in seine Nähe gekommen war — er schwamm jetzt ungefähr 15 Meter querab von unserer Brücke — wurde eine Boje mit einer Leine daran geworfen, die ganz dicht bei ihm ins Wasser fiel. Jetzt waren erst 4 Minuten vergangen, seitdem er über Bord gespült war. Ich konnte mit dem Boot nicht näher an den Kommandanten herangehen, weil die See so über das Boot brandete, daß er in Gefahr war, gegen das Boot geworfen zu werden. Obgleich jetzt die Rettung so nahe war, schienen seine Kräfte doch nachzulassen. Sein Kopf war hochrot vor Anstrengung, und er hatte sich eben vorher noch das Jackett ausgezogen, um besser schwimmen zu können. Er war sonst leicht bekleidet, hatte vor allen Dingen keine schweren Stiefel an, die ihn heruntergezogen hätten. Ich nahm an, die geworfene Boje würde von der nächsten See direkt an ihn herangetrieben und er würde sie dann mit einem Handgriff erreichen können. Statt dessen wurde er aber durch die See wieder abgetrieben. Als er dieses selber bemerkte, machte er einige verzweifelte Schwimmbewegungen auf die Boje zu — es war offenbar das letzte Aufgebot seiner Kraft —, konnte sie aber nicht erfassen und trieb, noch immer schwimmend, achteraus. Inzwischen war der Obermaschinistenmaat Reuß, mit Schwimmweste und Leine um, heraufgekommen und erbot sich, über Bord zu springen, um den Kommandanten zu retten. Ich mußte mit den Maschinen zurückgehen, um wieder in die Nähe des Kommandanten zu kommen. In diesem Augenblick verließen ihn die Kräfte, und der Kopf sank zur Seite. Der Körper lag flach auf dem Wasser. Da erst 7 Minuten vergangen waren, seitdem der Unfall passierte, nahm ich an, daß der Kommandant nur entkräftet sei und infolgedessen das Bewußtsein verloren habe. Ich hatte immer noch die Hoffnung, daß wir ihn retten würden. Der Unteroffizier sprang über Bord, war, durch die See getrieben, im Nu bei dem Kommandanten, faßte ihn um die Brust, und wir zogen ihn an der Leine wieder an Bord. — Der leblose Körper wurde auf die Brücke gebracht, wir preßten sofort das Wasser aus der Lunge — es war nur wenig — und brachten ihn dann nach unten, um sofort mit den Wiederbelebungsversuchen zu beginnen, die wir wegen des schlechten Wetters leider nicht oben an Deck in der frischen Luft anstellen konnten.

Kapitänleutnant Freiherr v. Speth-Schülzburg, der jetzt das Kommando des Bootes übernahm und der auch bei dem letzten Teil des Rettungsmanövers mit an Deck war, ließ mich nach kurzer Zeit von der Wache ablösen, damit ich die Wiederbelebungsversuche leitete, da ich darin ausgebildet war. — Wir haben nun alles getan, was in unseren Kräften stand und mit unseren Mitteln möglich war — Frottieren mit heißen Decken, Herzmassage, reiben des Körpers mit Spiritus, abgesehen von den ununterbrochenen Atembewegungen. — Nach dreiviertel Stunden etwa schienen die Bemühungen Erfolg zu haben. Das Gesicht, das vorher blau war, wurde wieder weiß und allmählich rot, es kam ab und zu Wasser aus Mund und Nase und die Augen bewegten sich schwach, so daß ich große Hoffnungen hatte und die Arbeit vierundeinhalbe Stunde fortsetzen ließ, ohne allerdings eine Herztätigkeit feststellen zu können. Nach Ablauf dieser Zeit traten ziemlich schnell die untrüglichen Anzeichen des eingetretenen Todes in Erscheinung, worauf wir dann tiefbetrübt unsere Arbeit einstellten. — Bis dahin hatten wir alle noch gehofft, und wir waren, obgleich wir auf diese traurige Wendung doch vorbereitet sein mußten, alle überrascht und tieferschüttert. Ich konnte den Tränen nicht wehren, sosehr ich mir Mühe gab, und ich schäme mich dessen nicht. In diesem Augenblick mußte ich daran denken, wieviel Gutes ich von dem Verstorbenen erfahren hatte, wie nett das Zusammenleben und -arbeiten war, und was er uns allen gewesen war. Sein braver Bursche, der ihm vier Jahre treu gedient hat und so sehr an ihm hing, weinte bitterlich. Den Körper legten wir in weiße Tücher, zurrten ihn in eine Hängematte ein, die Kriegsflagge darüber. Wir riefen dann die Freiwache zusammen (alle Leute, die augenblicklich nicht zur Bedienung der Maschinen usw. benötigt wurden), um eine kurze Totenfeier zu halten. Kapitänleutnant v. Speth hielt eine Ansprache, in der er die Verdienste des Verstorbenen würdigte, und ich sprach anschließend ein Gebet. Dann brachten wir die Leiche nach oben, und ich habe Sie dann mit Hilfe des treuen Burschen und eines anderen Matrosen der See übergeben. — Das weite Meer ist das schönste Grab für den echten Seemann, darüber waren wir uns alle einig. — Die ganze Heimfahrt stand unter dem Eindruck dieses schweren Verlustes, der Kommandant fehlte uns.

U-Boot-Alltag
Von Philipp Streng

Am 2. Oktober 1917 wurde U 73 in Hamburg in Dienst gestellt. Das Boot stellte einen neuen Typ dar. Wenn wir auch zu dritt (Kommandant, Wachoffizier und ich) nur einen Raum von 2,20 Meter Länge und 3,25 Meter Breite zur Verfügung hatten, so genügte er doch vollkommen, um darin 60 Akkumulatorenzellen, den gesamten Geschirr-, Kleider- und sonstigen persönlichen Bedarf außer den Seekarten, Büchern, Geheimkasten, Apotheke, zwei Sofabetten, einem Hängebett und einem Tisch unterzubringen. Außerdem führte mitten durch den Raum der Verbindungsgang von der Zentrale nach dem Vorschiff, in dessen Mitte unser auf sechs Zentimeter zusammenklappbarer Tisch stand. Alarm während des Essens war daher eigentlich verboten, wurde vom Feind jedoch nicht beachtet, so daß es schon mal vorkam, daß während des Essens plötzlich ein Flieger oder ein Torpedoboot auftauchte und sämtliche Schüsseln, die nicht ausgesprochen suppenähnlichen Inhalt hatten, mit einem Ruck auf die Sitzkissen flogen und man selbst, den Suppenteller noch in der Hand, schon in der Zentrale stand und die nötigsten Befehle erteilte.

Als eines der ersten dieser U-Boote hatte unser Boot einen wasserdichten durchgehenden Schacht für das eine Sehrohr, in dem dieses samt dem Beobachtenden auf- und abgefahren wurde. Wir waren gerade bei dem ersten Trimmversuch, als das Drahtfeil des Sehrohrstuhls von der Rolle Sprang. Gleichzeitig fingen drei Preßluftflaschen zu blasen an. Da wir den Schaden ohne Kran nicht beheben konnten, mußten wir umkehren.

Am 12. Dezember 1917 ging's von neuem los. Gegen Morgen des 13. Dezember wurden die Akkumulatoren geladen und Luft gepumpt. Kurz darauf wurde das Backbord-E-Maschinenlager warm. Docht war verfilzt. Kaum war der Schaden behoben, hakte die Kuppelung zwischen Diesel und E-Maschine. Sie wird nachgestellt, während wir mit einer Maschine immer weiter im Zickzackkurs fahren wegen feindlicher U-Bootgefahr. Nachts gegen zwei Uhr machte der Kommandant unvermutet Probealarm. Alles klappt wie am Schnürchen. Doch was ist das? Gerade hatte das Boot die Oberflächenspannung überwunden und das Turmluk kam unter Wasser, da stürzte durch den Turm eine Sintflut in voller Stärke des Lukes in die Zentrale. Keine Zeit zum Fragen. „Entlüftungen zu! Alle Mann achter raus! Vorderes Tiefenruder hart oben, hinteres hart unten! Nach achtern trimmen, Preßluft auf alle Tanks!" Das Preßluftüberdruckventil für die Tauchtanks zischt und heult, die Sintflut wächst. 7 Meter, 8 Meter, 8,5 Meter, 9 Meter Tiefe, da endlich kippt das Boot achterlastig (nach hinten) und fliegt wie ein Ball an die Oberfläche. Der Sturzbach verebbt. Ich springe pudelnaß auf die Leiter nach dem Turm, um zu sehen, was los ist. Schon höre ich einige urwüchsige Seemannsflüche. Beim Schließen des durch Federkraft ausbalancierten Turmluks sprang dieses unbemerkt wieder etwas zurück, so daß sich der Verschluß nicht unter, sondern über das Sil schraubte und damit die Möglichkeit nahm, daß das Luk durch den Wasserdruck sich, schließen konnte. Obwohl die ganze Sache kaum 20 Sekunden gedauert hatte, waren doch etwa 6000 Liter Wasser über den auf der Leiter stehenden Kommandanten und mich in die Zentrale gesoffen und hatte die Zentralbilge, in der sich die Geschützmunition befand, gefüllt. Den Granaten Schadete das Wasser ja nichts, da diese einzeln in wasserdichten Hülsen gelagert waren, aber schon am zweiten Tage pudelnaß zu werden und nichts zum Umziehen mitzuhaben, war unangenehm. Na, wir waren froh, nicht auf 1000 Meter gegangen zu fein. (U-Bootsausdruck für Absaufen des Bootes: Schnell auf 1000 Meter gehen! Turmluk auf! Die zum sterben abgeteilten Leute 136. Schanze antreten zum Särgeempfang!)

Inzwischen war natürlich die Überwasserfahrt aufgenommen und das Wasser mit der Hauptlenzpumpe ausgepumpt worden. Dabei mußte ich leider die unangenehme Wahrnehmung machen, daß die Werft allerhand Dreck in den tiefsten Tiefen gelassen hatte, denn dauernd schlug die Pumpe lenz (Saugte nicht mehr), weil die Siebkörbe verstopft waren. Was Siebkörbe reinigen auf dem U-Boot heißt, dessen wird sich mancher noch erinnern können. Na, endlich war es soweit, der Preßluftvorrat wieder ersetzt und ich stand so ziemlich im Adamskostüm da, während meine Sachen in der E-Maschine trockneten. Da kam vom Turm die Meldung: „Zerstörer Backbord achter aus!" Rein in die Zentrale. „Altes auf Tauchstationen! Tauchen!" Turmluk ist zu und runter unters Wasser. Von wegen! Das Boot wollte und wollte nicht runter. Ich lasse beide Reglertanks mit aller Macht fluten, einige bange Sekunden, und dann sauft das Boot so rasch unter Wasser, daß es mit Preßluft abgefangen werden mußte, wollten wir nicht in Gefahr laufen, Tiefsee-Forschungen anzustellen. Bald ist das Boot wieder tadellos im Trimm, das spezifische Gewicht des Wassers gemessen, wobei sich keine Veränderung zeigt. Trimm- und Reglertanks hatten denselben Stand wie vorher, obwohl durch das starke Fluten bedeutend mehr Wasser darin hätte enthalten sein müssen. Da mußte also beim Bilgelenzen Mist gemacht und die Reglertanks ebenfalls gelenzt worden fein. Die Sache war gut abgelaufen und von dem Zerstörer nichts mehr zu hören. Wir fuhren weiter unter Wasser und ich ließ mich vom wachhabenden Offizier ablösen, um meine sehr fragwürdige Toilette verbessern zu können. Da kommt die Meldung: „Backbord-E-Maschinenlager wird wieder warm. Die Maschine wird abgestellt und wir gehen auf etwa 40 Meter Tiefe, um das Lager in Ruhe aufnehmen zu können. Inzwischen habe ich meine getrockneten Sachen wieder an und gehe nach achtern, um mir die Lagerschalen anzusehen, als das Boot plötzlich stark auf die Nase fällt. Mit dem Ruf: „Alle Mann achter raus!" eile ich in die Zentrale, so schnell das geht, wenn in einem 60 Zentimeter breiten Gang 6 bis 8 Mann nach achtem und einer nach vorne will. Der vordere Tauchtank wird angeblasen und das Boot richtet sich wieder auf. Ausgerechnet bei „Hart-Oben" war die Sicherung des achteren Tiefenruders durchgegangen. Obwohl der Wachoffizier inzwischen auf Handbetrieb gegangen war, konnte er nicht vermeiden, daß das Boot 18 Grad vorlastig wurde. Die Sicherungen waren rasch wieder eingesetzt, und nachdem das Backbordlager nachgesehen und eingebaut war, tauchten wir auf.

Es war inzwischen Tag geworden und oben herrschte schwerer Seegang. Wollte mich nun etwas hinlegen und hatte gerade die richtige Klemmlage eingenommen, um nicht durch den Seegang aus der Koje zu fliegen, als der Steuermann meldete: „Kreiselkompaß versagt!" Eine nicht allein für den Seemann, sondern auch für das technische Personal unangenehme Meldung, da der Kreiselkompaß eine elektrische Anlage von einigen Kilometern Leitung für sich darstellt und sowohl Gleich-

als Wechselstrom zu seinem Betrieb verwendet. Ich stecke meinen Kopf in die „Mutter", so hieß der in der Zentrale stehende Hauptapparat, von dem aus die im Turm und achtern aufgestellten „Töchter" beeinflußt wurden, und hatte auch bald den Störenfried in Gestalt einer gelockerten Kollektorbürste gefunden. Der Apparat hatte dadurch feine normale Umdrehungszahl von 25000 Umdrehungen je Minute nicht mehr eingehalten und falsch angezeigt. Da sich der Kompaß infolge des starken Seegangs nicht so rasch wieder einschwingen konnte und wir auch alle etwas ruhebedürftig waren, gingen wir unter Wasser. Bis gegen Mittemacht hatte ich noch Wache und dann löste mich der Wachoffizier ab.

Gegen 2 Uhr am 15. Dezember 1917 wurde ich plötzlich geweckt mit dem Ruf: „Boot ist über Wasser." Mit einer Drehung stand ich in der Zentrale und versuchte, das Boot wieder runter zu bringen, was aber erst mit Fluthilfe gelang. Sofort wird das spezifische Gewicht gemessen und dabei ein Unterschied von 5/1000 festgestellt. Hatte das Wasser vorher 1,028 spezifisches Gewicht, so betrug es nun 1,033, was für unser Boot 2500 Liter Unterschied bedeutete. Aber noch was anderes mußte los sein. Das Boot wollte nicht zur Ruhe kommen. Gleich darauf meldete der Maschinist auch von achtern: „Im Hecktorpedoraum Wasser bis zu den Flurplatten!" Das erklärte wohl die Schaukelei — aber woher kam das Wasser? Wir tauchen auf und ich begebe mich auf die Suche. Bald ist es raus. Der Schmott, „unser U-Boot-Koch", hatte den Entlüftungshahn einer Trinkwasserzelle aufgelassen, wodurch bei der starken Vorlastigkeit die Zelle teilweise ausgelaufen war. Außerdem stellte ich fest, daß auch der Pumpenmaat wieder eine Dummheit gemacht hatte, denn im vorderen Trimmtank waren 200 Liter Wasser verschwunden, die sich im achteren Trimmtank wiederfanden, was bei einer Länge von etwa 30 Metern 6000 Meterkilogramm Lastigkeitsverschiebung ausmachte. An diesen Vorkommnissen merkten die Leute aber bald, daß an der Front zu fahren, doch was anderes war, als in Eckernförde auf dem Schulboot „Tauchübungen machen". Das Wetter wurde immer schlechter und wir gingen daher gegen Abend unter Wasser. Nachdem das Boot gut eingetrimmt und eine kleine Verstopfung der Lenzpumpe beseitigt, die Stopfbuchse der bis zu 10 Metern Tiefe funktionierenden Klosettpumpe nachgezogen war, machte sich im Boot ein ziemlich starker Überdruck bemerkbar. Um den zu beseitigen, wurde der Hilfskompressor angestellt. Aber lange dauerte der Spaß nicht, da barst mit Getöse die Hochdruckleitung und der Überdruck ward schlimmer als vorher. Noch schlimmer aber war der dadurch hervorgerufene Ausfall der achteren Torpedorohre und zweier Preßluftflaschen. Ich hatte mir das Ventil inzwischen als „Reparatur" einbauen lassen.

Gegen Morgen (16.12.1917) tauchten wir dann, vorsichtig durch das Sehrohr Umschau haltend, auf, wobei wir den Luftüberdruck im Boot erst durch ein für solche Zwecke im Luk eingebautes Ausgleichsventil dem äußeren Luftdruck anpaßten. Wir hatten etwa 180 Millimeter Überdruck gehabt, und der hätte genügt, um bei einem plötzlichen Öffnen des Turmluks uns das Blut aus Nase und Ohren zu treiben, falls nicht noch schwerere Beschädigungen eingetreten wären. Der entgegengesetzte Fall war bei einer der Probefahrten eingetreten, als, wir waren gerade aufgetaucht, die Dieselmaschinen angestellt wurden, ohne daß der hierfür vorgesehene Frischluftmast geöffnet war. Im Nu war der Maschinenraum, dessen Türen zuflogen, so luftverdünnt, daß die Dieselmaschinen stehenblieben und die Leute auf dem Boden saßen. Nur durch das rasche Öffnen des Luftmastes wurde größeres Unheil vermieden. Nie aber wurde später vergessen, den Luftmast rechtzeitig zu öffnen.

Das Wetter hatte sich leider nicht gebessert, so daß den wenigsten die gute Erbsensuppe am Mittag schmecken wollte. Wir versuchten, das geplatzte Hochdruckrohr mit den primitiven Bordmitteln zu löten, was aber nicht gelang, zumal das Rohr 120 Atmosphären auszuhalten hatte. Inzwischen schaukelten wir den ganzen Tag über Wasser weiter, und ich beneidete unsere Seeleute auf dem Turm nicht. Mein Versuch, mir oben auf dem Turm eine Zigarette anzustecken, wurde durch die dauernd überkommenden Seen vereitelt, und da im Boot nicht geraucht werden durfte, mußte ich mir den Genuß verkneifen. Gegen Abend gingen wir, ohne tagsüber etwas gesichtet zu haben, unter Wasser auf 50 Meter, wodurch das Boot ziemlich zur Ruhe kam, aber trotzdem immer noch langsam zwischen 5 und 10 Grad von einer Seite nach der anderen schaukelte. Das Essen schmeckte aber wieder und der Gott sei Dank seefeste Schmott wurde noch seine ganze übriggebliebene Erbsensuppe samt dem reichlichen Abendbrot los.

Ohne Zwischenfall fuhren wir dann bis zum nächsten Morgen in etwa 50 Meter Tiefe weiter, und der lang vermißte Schlaf konnte von den meisten Leuten nachgeholt werden, da bei dem Unterwasserfahren auf 40—50 Meter Tiefe nur ein Viertel der Besatzung benötigt wird und die Tiefensteuerung normalerweise so leicht ist, daß sie von einem Mann gut bewältigt werden kann. Im Halbschlaf lag ich während der ganzen Nacht auf meiner Koje, von wo aus ich sowohl Wasserwaage, beide Tiefenruderanzeiger und das Tiefenmanometer, die hauptsächlichsten Kontrollorgane für die Unterwasserfahrt, beobachten konnte. Morgens (18.12.1917) aufgetaucht, gondelten wir dann den ganzen Tag und die folgende Nacht trotz des schlechten Wetters mit großer Fahrt auf unserem ungefähren Kurs weiter, ohne jedoch genau zu wissen, wo wir waren.

Im Laufe des Morgens kommt Nebel auf, die See wird ruhiger, und wir schätzen unseren Standort auf etwa 20 Seemeilen von Land. Es wird langsame Fahrt gefahren. Kurz nach 11 Uhr steige ich auf den Turm, um zu sehen, ob die Luft rein ist zum Bilgelenzen. Ich habe den Kopf noch nicht richtig aus dem Luk raus und mit größter Verwunderung Sonnenschein und dicht voraus Land entdeckt, als der Kommandant schon „Alarm — Schnelltauchen!" brüllt. Zack! lasse ich mich durch den Turm in die Zentrale fallen. Da werden auch schon die Entlüftungen aufgerissen, ich selbst springe zur mittleren Entlüftung, da der sie bedienende Heizer nicht schnell genug durchkommen konnte, und schon ist das Turmluk zu und wir gehen infolge der größeren Landnähe, wodurch das spezifische Gewicht des Wassers verringert ist, im Nu unter Wasser. Kaum sind wir auf 10 Meter, da klatschen in unserer Nähe verschiedene Granatenaufschläge ein, die uns veranlassen, tiefer zu gehen. Das Boot ist sehr schwer. Der Steuermann meldet 40 bis 50 Meter Wassertiefe. Wir Sind auf 40 Meter. Oben flucht der Kommandant über den verdammten — Nebel, der plötzlich wie weggeblasen war und uns, etwa zwei Meilen von Land entfernt, einem englischen Dampfer kurz vor uns und zur Seite 6 bis 8 Fischdampfern im schönsten Sonnenschein präsentiert hatte. Der Steuermann wollte auch ein Sehrohr achteraus bemerkt haben. Wir drehen langsam nach

See zu. Plötzlich starke Schraubengeräusche in nächster Nähe. Gleich darauf schürfte an Backbord-Seite eine Stahltrosse entlang: Schleppgerät. Drehen sofort wieder auf alten Kurs. Das Boot ist infolge feiner Schwere stark achterlastig, es gibt einen ziemlichen Ruck, und dann bumsen wir mehrmals achtem auf dem Grund auf. Aber, Gott sei Dank, das Schleppgerät ist unter uns durchgegangen. Wieder wird abgedreht und mit kleinster Fahrt auf 45 Meter weiter gefahren. Das Boot läßt sich bei dieser Fahrt kaum noch halten. Trotz aller Mittel bleibt es 15 Grad achterlastig, was mit anderen Worten heißt, daß der vordere Teil des etwa 40 Meter langen Bootes in etwa 35 Meter Tiefe war, der achtere in etwa 50 Meter. Ein Glück war es, daß die Fischdampfer anscheinend keine Wasserbomben bei sich hatten, sonst wären wir erledigt gewesen. Eine Stunde schleichen wir so weiter, dabei etwa 2 bis 3 Seemeilen zurücklegend und öfters achtern Grund berührend. An ein Lenzen oder Anblasen der Tanks war nicht zu denken, da die See oben ruhig war und wir noch immer Schraubengeräusche feststellen konnten. Das Boot wird immer schwerer und wir beschließen, uns vorläufig auf den Grund zu legen, gehen langsam tiefer und liegen auf 55 Meter fest. Das Boot schwankt leicht hin und her und dreht sich auf 0 Grad. Nachdem wir dann längere Zeit gewartet und sich die Schraubengeräusche verloren haben, was durch unsere Unterwasserschallapparate festgestellt wird, machen wir uns an die Weiterfahrt. Die mittleren und achteren Tauchtanks leicht anblasend, wird das Boot vom Grund gelöst und mit halber Fahrt geht's weiter. Bei dieser Fahrt läßt sich das Boot mit etwa 6 Grad Achterlastigkeit halten. Die Tauchtanks werden vorsichtig entlüftet, was ich lieber vermieden hätte, doch war die Steuerung infolge der freien Wasseroberflächen in den Tauchtanks und durch das Bilgwasser zu schwierig. Wir gehen langsam höher und gegen 5 Uhr abends können wir auftauchen. Mit einer gewissen Erleichterung wird die frische Luft eingeatmet, denn während der etwa sechs Stunden wurde die Luft lediglich durch Kalipatronen gereinigt, ohne daß ich aus besonderen Gründen Sauerstoffzusatz anstellte. Gerade als ich auf den Turm komme, ließ der Kommandant fragen, woher die Ölspur käme, die unser Boot hinterließ. Ich konnte ihn durch die Auskunft „Bilgwasser" beruhigen. Bis 10 Uhr nachts war Luft und Ladung wieder ergänzt, worauf wir unter Wasser gingen, um etwas mehr Ruhe zu haben.

Während der Nacht versuchten wir, eine undichte Anlaßflasche, die auch den Grund zu unserem anormalen Überdruck bildete, dicht zu bekommen, aber leider vergeblich. Gegen Morgen (19.12.1917) wird aufgetaucht. Gleich nachdem die Ladung hinzugeschaltet, bricht am Steuerbord-Diesel eine Auslaßventilfeder. Wir fuhren jedoch mit 5 Zylindern weiter und beendeten erst die Ladung. Einer meiner Heizer fällt aus wegen schwerer Knieentzündung. Inzwischen meldet der Maschinist, daß beide Sternbuchsen lecken. Wohl die Folge der Grundberührungen. Gegen zwei Uhr stoppen wir den Steuerbord-Diesel und nehmen das Auslaßventil raus. Beim Einsetzen fällt die eine Spindelmutter in die Maschinenbilg und kann nur mit größter List und Tücke wieder hervorgeholt werden, wodurch die Reparatur ziemlich in die Länge gezogen wird. Auf Grund der verschiedenen Ausfälle und Havarien beschließt der Kommandant nur noch nach den Shetlandinseln zu gehen, um den dortigen Dampferweg zu beobachten und anschließend die Heimfahrt anzutreten. Die

Überwasserfahrt wird dazu benutzt, um an den Maschinen Diagramme zu nehmen und die Nockenwelle und Rollenspiele zu kontrollieren. Ziemlich starker Seegang. Doch sind beide Maschinen gegen Mitternacht wieder klar.

Die Nacht verläuft, abgesehen von zwei Kreiselkompaßversagern, die jedoch rechtzeitig bemerkt und abgestellt werden können, ruhig. Zur Übung wird kurz nach Mitternacht Probealarm gemacht, wobei alles tadellos klappt. Während der Nacht werden noch einige Überholungsarbeiten erledigt, und wir tauchen dann wieder auf.

Wir nehmen Kurs auf Lerwick. Der Seegang wird immer ungemütlicher. Trotzdem fahren wir die ganze Nacht durch über Wasser weiter. Gegen Morgen sichten wir drei kleine Dampfer, müssen jedoch tauchen, da zwei Zerstörer in voller Fahrt auf uns zukommen. Gehen sofort auf 50 Meter und die Zerstörer fahren unmittelbar über uns weg, ohne uns jedoch bemerkt zu haben. Backbordauspuffschieber und -ventil halten nicht dicht, so daß die Backbordmaschine voll Wasser läuft und das Boot schwerer wird. Gegen 9 Uhr tauchen wir daher wieder auf. Kurbeln die Backbordmaschine langsam durch, um das Wasser zu entfernen, und dann geht's mit äußerster Kraft weiter nordwärts. Kurz darauf sichten wir Backbord achteraus Rauchwolken. Wir drehen sofort darauf zu und können auch bald am Horizont einige Gittermasten ausmachen. Kriegsschiffe! Der Kampfesmut steigt. Die Maschinen müssen laufen, was das Zeug hält, aber wir kommen nicht näher. Durch F.-T. stellen wir fest, daß die Schiffe gewarnt sind und mit voller Fahrt ablaufen. Verfolgung daher nutzlos, und wir gehen wieder auf unseren alten Kurs. Inzwischen hatten wir auch durch aufgefangene Unterwassersignale die

Anwesenheit feindlicher Unterseeboote festgestellt, die wohl als Sicherheitsgürtel für die manövrierenden Schiffe dienten und durch die wir auch gesichtet worden waren. Kurz daraus kamen nämlich mehrere Vier-Schornstein-Torpedoboote auf uns zu, was uns veranlaßte unter Wasser zu gehen. Gegen 5 Uhr tauchen wir wieder auf. Es ist nichts mehr zu sehen. Wir fahren mit großer Fahrt weiter und befinden uns gegen Morgen (22. 12. 1917) auf dem Lerwick-Track (Dampferweg). Wir tauchen und beobachten bis gegen Mittag, Zickzackkurs fahrend, die Gegend, ohne etwas zu sehen. Beim Auftauchen müssen wir feststellen, daß das achtere Maschinenluk undicht ist. Einer der Heizer rutscht, kräftig Wasser schluckend und an zwei Tauen gehalten, nach achtern. Die Lukenverkleidung war durch den starken Seegang beschädigt worden und bearbeitete den Lukenverschluß. Nachdem der Heizer mehr unter als über Wasser arbeitend das Blech abgebogen und die Gefahr beseitigt hat, gehen wir wieder bis 4 Uhr auf 11 Meter, aber kein Schwanz ist zu sehen. Kaum sind wir aufgetaucht, kommt vom Turm die Meldung: „Starke Ölspur." Da nicht gelenzt wurde, mußte was los sein. Ich Sause auf den Turm und, o Schreck, wir schwimmen in einem Ölmeer. Mich am Minenabweiser mittels eines Seiles festhaltend, rutsche ich nach vorn. „Backbord vorderer Ölbunkerdeckel leckt stark, mehrere Schrauben los. Schraubenschlüssel, Hammer und Meißel, sowie noch ein Mann mit schwerem Hammer nach vorne!" Ein Stück Winkeleisen der Bootsverkleidung war durch den Seegang losgerissen und schlug dauernd gegen den Deckel. Mehr schwimmend als auf dem Boote liegend, meißelten wir das Winkeleisen ab und zogen die Schrauben wieder fest. Zum zweitenmal durchnäßt und halb erfroren, kletterte ich nach dreiviertelstündiger Arbeit mit dem Heizer wieder ins Boot. — Die Ölspur verläuft sich langsam. Der Deckel ist wieder dicht. Damit ich nun meine Sachen im E-Maschinenraum trocknen kann, bricht am Steuerbord-Diesel eine Auslaßventilfeder und am ersten Zylinder bleibt das Brennstoffventil haken. Eins, zwei schwere Explosionsschläge und schon steht die Maschine. Wir fahren mit einer Maschine weiter, und der Schaden ist gegen 7 Uhr behoben. Der Kommandant hatte inzwischen auf Heimatkurs gedreht, und wenn alles gut ging, konnten wir an Weihnachten bei der Flottille sein. Sind gegen Abend (23.12.1917) in der Nähe der Doggerbank und melden durch F.-T. unseren Standort, damit wir am 24. Abends abgeholt werden können.

Am 24. 12. 1917 morgens heult ein richtiger Orkan. Trotzdem treffen wir die beiden Tonnen in der „Friedrichstraße" (Ansteuerpunkt für die heimkehrenden U-Boote) und hören durch F.-T., daß U 77 mit uns einlaufen soll. Was nicht niet- und nagelfest ist, saust im ganzen Boot umher. Die schönen Berliner Pfannkuchen, die der Schmott in Anbetracht des Weihnachtsabends gebacken hat, kullern im Maschinenraum. An Essen ist nicht zu denken. Auf der Brücke hängen der Kommandant und der Steuermann mit Sicherungsgürteln festgehakt am Turm. Das Boot ist bis auf den Frischluftmast abgeschlossen, wie zur Unterwasserfahrt, und schwimmt wie eine Möwe auf den haushohen Wellen. Damit beim Aus-dem-Wasserkommen der Schrauben die Dieselmaschinen nicht durchrasen, sind die E-Maschinen zugeschaltet. Einmal reiten wir hoch oben auf einem Wellenkamm, dann sind wir wieder tief unten in einem Tal, und ab und zu drückt eine Welle das Boot direkt unter Wasser. Wir werden wie ein Ball hin und her geschleudert. Das Schiffspendel schwankt zwischen 45° Backbord und 45° Steuerbord hin und her. Unsere braven Maschinen halten aus und wir treffen den Fischdampfer „Quatsch", wo wir uns mit den Geleitbooten und U 77 treffen sollten. Aber weder Geleitboot noch U 77 sind zu sehen. Wir rutschen allein weiter. Bis auf drei Mann ist alles Seekrank. Ein Glück ist es, daß der Ölmaat einer von den dreien ist. Die meisten sind vollkommen stumpf gegen alles geworden. In den Ecken liegend, werden sie von einer Seite nach der anderen gestoßen. Blutige Köpfe und blaue Augen gibt's. Ich halte es unten kaum mehr aus. Es stinkt fürchterlich. Unter Aufbietung aller Willenskraft, halb kletternd halb fliegend, schwanke ich alle paar Stunden nach dem Maschinenraum. Der heiße Treibölschwaden und die verpestete Luft geben auch mir den Rest. Ich turne mich auf den Turm und hake mich fest. Der Wind und das eiskalte Wasser frischen meine Lebensgeister wieder auf. Zum drittenmal vollständig durchnäßt, rutsche ich wieder nach unten. Durch F.-T. erhalten wir die Nachricht, daß die Kreuzer „Nürnberg" und „Frankfurt" auf der Suche nach uns seien, ihren Standort jedoch nicht genau angeben können. Nachträglich hören wir, daß „Nürnberg" unter Land gehen mußte und „Frankfurt" ebenfalls abgedreht hatte, da das Wasser selbst durch die Schornsteine in die Heizräume schlug, wobei mehrere Heizer schwer verletzt worden waren. Wir trudeln die ganze Nacht und den nächsten Tag über weiter. Losgerissene Minen treiben an uns vorbei. Schneegestöber wechselt mit Hagel und Sonnenschein ab. Weiter und weiter geht's. Der Gedanke, uns auf Grund zu legen, um besseres Wetter abzuwarten, kam uns gar nicht. Auch hätte es bei diesem fürchterlichen Seegang kaum etwas genützt. Ich hatte mich gerade noch einmal auf den Turm geseilt, als wir schon fast im Dunkeln am 25. Dezember 1917 die Boje Norderney A sichteten. Gott Sei Dank! Rasch kletterte ich nach unten, und mein Ruf: „Boje Norderney in Sicht!" ging wie ein freudiger Ruck durchs ganze Boot. Die Schaukelei ließ nach und einer nach dem anderen sammelte sich hoch. Immer ruhiger fuhr das Boot und bald konnten vorderes und achteres Luk geöffnet werden. Was sogen sich da alle Lungen voll frischer Luft! Die alte Seemannsregel: „Besser warmer Mief als kalter Ozon," hatte einen starken Knacks bekommen. Und wie meldete sich jetzt der Appetit! Seit vorgestern Nacht hatte keiner mehr etwas Warmes zu essen gehabt und nur die wenigsten hatten überhaupt was zu sich nehmen können. Der Schmott ließ dreifache Rationen auffahren und alle stellten auch ihren inneren Menschen wieder auf zwei Beine.

Kurz nach 10 Uhr abends machten wir am Wohnschiff der V. U-Boot-Flottille fest. Die erste Fahrt mit dem neuen Boot war beendet. Zwar ohne Erfolg, aber reich an Erfahrungen. Schnell jedoch waren die beiden letzten Tage vergessen. Selbst die nachträgliche Feststellung, daß wir über unsere eigenen Minenfelder gefahren waren, konnte die Stimmung nicht beeinträchtigen. Manch kräftiger Grog wurde getrunken, und als man dann zerschlagen und hundemüde in die Koje sank, schlief man schon wieder mit der frohen Zuversicht ein, die nächste Fahrt soll aber besser werden.

Minen-Glück und U-Boot-Pech
Von A. Weinreich

Einmal hatten wir noch drei Minen in den Schächten stehen, nachdem wir alle Torpedos verschossen hatten. Da meldet der Ausguck eine hinter uns auftauchende Rauchfahne. Nach einiger Zeit kann ich ausmachen, daß es ein alleinfahrender Dampfer ist. Er fährt Zick-Zack-Kurs, doch lag seine Generalrichtung mit der unseren in einer Linie. Wir konnten seine Ausgangsposition bei Kap Bon ziemlich genau feststellen und so trotz aller Hasensprünge seinen voraussichtlichen weiteren Kurs mit allen Kanten und Ecken in die Karte eintragen. Da der Dampfer alle 10 Minuten feinen Kurs ja änderte, sah er uns nicht. Ihn mit Geschützfeuer anzugreifen, war nicht ratsam, So dicht unter Land. Neben allen anderen Unannehmlichkeiten, die wir uns zuziehen konnten, würde der Kahn einfach abdrehen, und feine schwer armierte Achterseite zeigen und sich mit seiner größeren Geschwindigkeit bald in Sicherheit bringen. Und wir hätten in einer durch die Reichweite seiner Kanonen diktierten Respektentfernung folgen dürfen.

Eine Hauptfehlerquelle in unserem allmählich Gestalt gewinnenden Plan, nämlich die uns unbekannte Geschwindigkeit des Dampfers, hatte ich mittlerweile ausgemerzt. Doch konnte mir sein Drehpunkt bei Kap Bon meinen ganzen Rechenschieber außer Rand und Band bringen. Immerhin, So ziemlich klar blieb ja, wo und wann unser Freund seinen Kurs wieder ändern müßte, um seinen Generalkurs beizubehalten; und so wußten wir, da und da besteht die größte Wahrscheinlichkeit, unseren Plan zum Erfolg zu bringen.

Unsere drei gefährlichen Eier wurden nun auf gut Glück auf dem voraussichtlichen Kurs des Dampfers ausgeladen. Nr. 1 kam genau auf den ausgerechneten Drehpunkt, Nr. 2 etwas links und Nr. 3 ein wenig rechts davon. Eine davon würde unseren Freund doch wohl mitnehmen!

Inzwischen hatten wir uns so langsam von dem Ort der Tat verholt und warteten in einiger Entfernung auf die Dinge, die da kommen sollten. Und sie kamen! — So, jetzt dreht er zum letzten Mal! Nach zehn Minuten muß die Sache steigen! Alles war bis zum Bersten gespannt. Langsam, ganz langsam, dreht sich der Zeiger der Uhr, viel zu langsam! Aber schließlich vergingen auch diese zehn Minuten. „Zehn Minuten sind um!" Diese Stimme klang sehr gedrückt, Sehr unsicher. Es war meine eigene.

„Da! — — er dreht Schon!" ertönt die Stimme des Kommandanten. Durch das Sehrohr kann er genau den Beginn der Kursänderung beobachten. Aber noch ehe der Knall der Detonation meine Ohren erreicht, höre ich die ruhige Stimme des Kommandanten: „Es hat ihm schon!"

Die kaltblütige U-Boot-Falle
Von Reinhold Salzwedel

Am 8. August 1917 war UC 71 in der Biskaya. Wind und See WNW, Stärke 2, langsam auffrischend. Um 12 Uhr mittags kam ein Dampfer in Sicht, der unter Wasser angegriffen wurde. Um 1,40 Uhr wurde aufgetaucht, da auf Torpedoschußentfernung nicht heranzukommen war. Ich ließ Feuer eröffnen, das aus einem 5 Zentimeter-Geschütz erwidert wurde. Es war ein Dampfer der Blue Funnel-Linie von mindestens 5000 Tonnen. Auf etwa 3000 Meter erhielt er zwei Treffer in die Maschine, schwarzer Qualm kam aus dem Oberlicht, und er blieb bewegungsunfähig liegen. Gleich darauf setzte ein Treffer im Achterschiff dieses in Brand. Der Dampfer stellte das Feuer ein und machte die Boote klar. Um 2,50 Uhr nachmittags befanden wir uns etwa 2000 Meter entfernt, als auf dem Dampfer eine starke Detonation erfolgte. Die achtern liegende Munition ging hoch, und das ganze Hinterschiff wurde bis zur Wasserlinie aufgerollt. Helle Flammen schlugen heraus. Zwei Minuten später schoß ich meinen letzten Torpedo auf den stilliegenden Dampfer und erzielte einen Treffer in der Maschine. Das Schiff sank langsam achtern tiefer, bis die See über die achteren Luken spülte, und blieb so liegen. 5 Boote mit je 9 Mann und ein Floß mit 12 Mann verließen das Schiff, blieben aber in der Nähe. Zugleich wurde die englische Kriegsflagge im Vortopp halb gesetzt. An Deck rührte sich nichts mehr.

Um 4,30 Uhr nachmittags tauchte ich ganz nahe hinter dem Schiff auf und nahm es unter Wirkungsfeuer. Etwa 10 Treffer zerstörten die Ausbauten oder schlugen in die Bordwände ein. Nach 25 Min. ging ich unter Wasser und fuhr noch einmal um den Dampfer herum. An Deck war alles Still. Der Dampfer war völlig Wrack. Um 5,20 Uhr nachmittags wurde unser unter Wasser auf etwa 300 Meter vorüberfahrendes Boot aus einem Unterwasser-Breitseitrohr des Dampfers mit einem Torpedo beschossen. Die Laufbahn ging dicht am Sehrohr vorbei über das Boot weg. Das Schraubengeräusch des Torpedos war im ganzen Boot sehr laut zu hören. Um 6,10 Uhr nachmittags trafen eine bewaffnete amerikanische Jacht und zwei Zerstörer ein. Die Dampferbesatzung ging wieder an Bord und löschte den Brand im Achterschiff. Um 9 Uhr abends kam leichte Dünung auf. Wind und See West-Nord-West, Stärke 4, dazu Regen. Ein Zerstörer nahm den Dampfer in Schlepp, warf ihn aber nach einer Stunde wieder los. Um 10,15 Uhr abends in dunkler Nacht tauchten wir auf und traten den Rückmarsch an. (Später hat sich herausgestellt, daß die U-Boot-Falle, das Q-Schiff „Dunraven", Kommandant Kapitän zur See Campbell, zwei Tage später bei dem Versuch des Einschleppens gesunken ist.)

Ein Munitionsdampfer zerplatzt
Von Kurt Zachow

Am 13. Oktober 1917 machte U 151, Kommandant Korv.-Kapitän Kophamel, einen langwierigen, vergeblichen Unterwasserangriff auf einen Dampfer. So mußten wir auftauchen zum Artillerieangriff. Nach 40 Schuß 15-Zentimeter brannte endlich das Achterschiff. Der Dampfer stoppte und stellte sein Schießen aus 2— 12 Zentimeter-Kanonen ein, hißte die weiße Flagge und die Besatzung segelte in zwei Booten davon. Er hieß „Caprera" (Italiener, 5040 Tonnen). Dauernd gingen am Heck Granaten hoch. Mit der Steuerbord-8,8-cm-Kanone schossen wir ihm jetzt ein paar Treffer in die Wasserlinie. Auch das Vorschiff fing an zu brennen. Die Flammen züngelten aus den Laderäumen hervor und liefen über das ganze Schiff. Im Nu war dieses ein Feuermeer. Die Feuergarben stiegen etwa 1000 Meter hoch und verbreiteten ein schauriges rotes Meer von Flammen. Man sah auf dieser Seite nichts mehr als Feuer, kein Wasser, keinen Himmel, alles rot! Dann kam eine furchtbare Explosion. Unser U-Kreuzer wurde hin und her gerüttelt. Eine große Hitzewelle schlug uns entgegen. Der ganze Dampfer wurde buchstäblich zerrissen und flog in die Luft. Nach einer Minute fetzte ein Hagel von Sprengstücken ein, der die bisher ruhige See aufwühlte, daß sie aussah wie ein Sturzacker. Wir lagen inmitten des Sprengstückeregens, der etwa eine Minute anhielt. Der Granatenhagel kam nieder in einem Umkreis von ungefähr 2500 Meter Durchmesser und wir lagen 800 Meter vom Dampfer ab! Jeder an Deck suchte sich da, wo er gerade stand, eine kümmerliche Deckung. Ich flüchtete mit Leutnant Köhler unter das vordere Kanonenrohr. Viele sprangen durch die Luken ins

Bootsinnere. So landete unser Schiffsarzt Dr. Specht unversehens — sagen wir: „im Lazarett." Kapitänleutnant d. R. Goldenstädt, genannt Zebu, steckte seinen Kopf in die Turmverkleidung und ließ seine Kehrseite dem Hagel ausgesetzt. Dicht neben ihm ging ein Sprengstück nieder. Dem F.-T.-Maat Starkloff wurde der Photoapparat aus der Hand gerissen und zertrümmert. Er selbst flog gegen das Backbord-8,8-Zentimeter-Geschütz. Leutnant z. S. Eichholtz fiel unter Zurücklassung seiner Silbermütze ins Turmluk hinein und kam zerschunden und benommen in der Zentrale an. Oberleutnant z. S. Niemöller lag der Länge nach hinter dem Turmwellenbrecher, der Kommandant hinter dem Brückenkleid. Leutnant z. S. Fein steckte mit dem Kopf unter den Tritten auf der Brücke. Nur die Beine waren sichtbar.

Ich glaubte, das Boot würde von dem Eisenhagel zertrümmert werden. Endlich war es zu Ende. Jeder kam aus seiner Deckung hervor, und nachdem wir sahen, daß noch alle lebten, löste sich die allgemeine Spannung in einem befreienden Gelächter. Niemand war verletzt, obwohl ein Duzend Sprengstücke an Deck lagen. — Die Stelle, an der eben noch der Dampfer geschwommen hatte, war leer. Eine riesengroße Rauchsäule verdunkelte den Himmel. Als Wolke zog sie langsam weiter. Wir fuhren den davongesegelten Booten nach. Vom italienischen Kapitän erfuhren wir, daß der Dampfer außer 5000 Tonnen Granatstahl, 600 Tonnen Granaten, 300 Tonnen Nitroglyzerin und 100 Tonnen Pikrinsäure geladen hatte. Das unerhörte Schauspiel lag uns noch den ganzen Tag in den Gliedern. —

Nachtgefecht
Von Erwin de Terra

Nach dem Einsetzen des unbeschränkten U-Boot-Krieges waren fast alle Dampfer bewaffnet. — Am Heck stand ein 8,8-Zentimeter- oder 10,5-Zentimeter-Geschütz, das durch aktive Mannschaften der britischen Marine bedient wurde, die ganz ausgezeichnet Schossen. Unser kleines Boot schlingerte und stampfte erheblich, was dem Geschützführer das Abkommen sehr erschwerte. Die Bedienungsmannschaften standen in der überkommenden See oft bis zur Brust im Wasser und mußten zum Teil angebunden werden, um nicht über Bord gerissen zu werden.

Wir konnten schließlich bei Tage die Dampfer nur noch unter Wasser mittels Torpedos angreifen. Die Zahl der Torpedos war aber beschränkt, — es hieß also bei dieser Lage wieder unser 10,5-Zentimeter-Geschütz zur vollen Wirkung zu bringen. Was bei Tage unmöglich geworden war, mußte nachts gelingen. — In der Dunkelheit ganz nahe an den Dampfer heran, 3—500 Meter Abstand höchstens, stets so, daß der Dampfer gegen die östliche Kimm stand. Wir konnten dann seinen Schattenriß sehr gut erkennen, unser niedriges Boot dagegen war gegen den dunklen westlichen Horizont fast unsichtbar. — Dann Schnellfeuer auf seine Brücke — meistens fünf Granaten. Die dadurch angerichtete Verwirrung war so groß, daß die Besatzung sofort die Rettungsboote fierte, sich schnellstens in Sicherheit brachte und den Dampfer aufgab. Daran, das eigene Geschütz Zu besetzen, dachte niemand. — Damit hatten wir das Gesetz des Handelns wieder an uns gerissen.

Kameraden, denen wir die gleiche Taktik empfahlen, schüttelten etwas besorgt den Kopf: „ — — und wenn ihr dann mal nachts einen Hilfskreuzer angreift, den ihr als solchen nicht erkennen könnt, dann schießt er euch in wenigen Minuten zusammen." — Aber wir machten unsere nächtlichen Überfälle weiter, bis es dann eines Tages doch anders kam, als wir erwartet hatten. —

Es war eine ruhige, warme Mittelmeernacht. — Ich stand als Wachhabender Offizier auf dem Turm und ließ mein Doppelglas ununterbrochen die Kimm entlangwandern. — Das scharfe Nachtglas zeigte die Grenze zwischen Himmel und Wasser als zwei verschieden helle Bänder, — die Trennungslinie war klar. Neben mir standen meine erprobten Ausguckposten und beobachteten den ihnen zugeteilten Abschnitt des Horizontes. — Leise schaukelte das Boot in der See, die Motoren brummten ihr gleichförmiges Lied und die tiefe Stille wurde nur unterbrochen, wenn eine größere See über die Tauchtanks hinwegrauschte.

Mein Glas wanderte die Kimm entlang. — Wurde Sie nicht an einem Punkt unklar? — Rauch? Ein Schatten? — Meine Augen ließen diesen Punkt nicht los. — Meldung an den Kommandanten: „3 Strich an Backbord ein Dampfer!" gab ich in den Turm hinunter.

Nach wenigen Minuten Stand Kapitänleutnant von Arnauld neben mir: „Wo?" Ich gab ihm die Richtung an. „Wir wollen ihn angreifen!" — Er prüfte die Beleuchtung. Im Osten war es klar. „Also, wir legen uns wieder neben ihn, so daß er gegen Osten steht, dann 5 Schuß auf die Brücke. — Den Artillerieoffizier und die Geschützbedienung wecken, im Boot alles auf Tauchstationen!"

In kurzer Zeit kamen die Leute an Deck, der Artillerieoffizier, Oberleutnant z. S. Loycke, meldete sich beim Kommandanten und wurde unterrichtet.

Vorn im Dunkeln klapperten Munitionsbüchsen, Granaten wurden klargelegt, drohend hob sich das lange Rohr unseres Geschützes.

Mittlerweile waren wir näher herangekommen. Der Kommandant ließ keinen Augenblick das Glas von den Augen. — „Er gefällt mir nicht, de Terra, — hat Klipperbug, die Masten etwas schräg, — scheint kein normaler Dampfer zu sein." — Aber Loycke und ich hatten keine Bedenken, — bei der Knappheit an Schiffsraum hat man eben alles eingesetzt, was fahren kann. —

Die Dieselmotoren wurden gestoppt, damit uns ihr Brummen nicht verriet, wir fuhren mit den Elektromotoren weiter. — Aus der Zentrale kam die Meldung des Leitenden Ingenieurs, daß alles zum Schnelltauchen klar fei.

Der Kommandant verteilte nun die Rollen: „Ich halte den Dampfer im Auge; de Terra, Sie passen auf den übrigen Horizont auf, damit uns niemand überrascht. Sie, Loycke, leiten das Feuer, — 5 Schuß auf die Brücke, dann Pause. Stoppt er nicht, dann weiterfeuern."

Wir waren schon auf 1000 Meter heran und liefen schräg von achtern auf den Dampfer zu. — „Kein Geschütz am Heck," bemerkte der Kommandant, „scheint doch harmlos." — Der Abstand wurde immer geringer, mit bloßem Auge erkannte man schon die Einzelheiten. Schwarz und dunkel, ohne den geringsten Lichtschein, stand der Dampfer gegen den langsam heller werdenden Horizont.

„Loycke, wenn wir querab sind, Feuererlaubnis. Aber Augen zumachen, Sonst sind wir durch das eigene Mündungsfeuer total geblendet!"

Man hörte jetzt das stampfen der Schiffsmaschine, aus einem Lenzrohr plätscherte Wasser, — wir waren höllisch nahe. — —

„Feuererlaubnis!" flüsterte der Kommandant. Fünf Schuß verließen hallend das Rohr, krachend hörte man den Einschlag, — dann für Sekunden eine unnatürliche Ruhe. — Wir starrten wie gebannt auf den Dampfer, der von uns weg zu drehen schien. — Aber da blitzte vor uns eine Kette von Feuer auf, heulend flogen Granaten dicht über unsere Köpfe. — „Hilfskreuzer!" rief Arnauld, — „Schnellfeuer!"

Der Aufschlag unserer Granaten mischte sich in das peitschen der Salven unseres Gegners. Es war ein Höllenlärm, und infolge des Mündungsfeuers der Geschütze war kaum etwas zu sehen. Wir konnten nur feststellen, daß der Gegner uns sehr weit ab vermutete, denn der ganze Segen ging über uns hinweg. — Aber wie lange noch, — dann sah er durch unser Geschütz, wo wir wirklich waren, nämlich direkt neben ihm, — und dann?? Aber er drehte weiter ab, anscheinend mit höchster Fahrt, sein Feuer hörte auf, er schien im Dunkeln zu verschwinden. — Auch wir hatten das Schießen eingestellt, da nichts mehr von ihm zu sehen war.

Da, auf einmal sahen wir ihn wieder, er drehte mit höchster Fahrt nach Steuerbord auf, jetzt lag er wieder quer zu uns, drehte weiter, — auf uns zu. Unwillkürlich wollte ich auch schon die nötigen Kommandos geben, um von ihm wegzukommen, doch in dieser Sekunde zeigte wieder einmal unser Kommandant, daß er auch die schlimmste Lage sofort übersah und blitzschnell die richtigen Entschlüsse traf. „Alarm, auf Tauchstationen, — alle Mann einsteigen, schnell, Schnell!"

Die Leute purzelten den Turm hinunter. — — „Hart Backbord! Steuerbord Maschinen äußerste Kraft voraus: Backbord Maschine äußerste Kraft zurück!"

Zu meinem Entsetzen drehte der Kommandant mit unserem Boot direkt auf den Dampfer zu. — Wollte er ihn rammen? Mit stiebender Bugwelle kam der Dampfer auf uns zu. Jetzt war wohl auch dort der Kommandant auf die Brücke gekommen und leitete selbst den Angriff auf uns. — Aber wir drehten immer noch auf ihn zu, — 60 Meter vor seinem Bug, die Katastrophe schien unvermeidlich, der Abstand wurde immer kleiner, er mußte uns vorn fassen und über den Haufen rennen. —

Aber unser braves Boot drehte jetzt auch schneller durch die Kraft der rasend wirbelnden Schrauben, — der Dampfer versuchte nachzudrehen, um uns noch zu fassen, aber wir lagen mit 20 Meter Abstand neben ihm, innerhalb seines Drehkreises, er konnte uns jetzt nicht mehr fassen. — Seine Geschütze feuerten über uns hinweg, sie konnten uns nicht erreichen, weil die Rohre sich bei ihm nicht so weit senken ließen. —

Und dann gab der Kommandant mit einer Ruhe, als seien wir im Hafen beim Prüfungstauchen, die notwendigen Kommandos zum Tauchen. — „Auf 50 Meter gehen!" Er selbst rutschte in den Turm, ich als Letzter ihm nach, riß das Turmluk zu, — es krachte oben immer noch von dem wie wild schießenden Dampfer, — und schon stand ich am Tiefenruder, wo der Leitende Ingenieur das Tauchmanöver eingeleitet hatte.

„Beide Maschinen halbe Fahrt voraus! Mittschiffs, recht so!" hörte ich aus dem Turm, wo jetzt der Kommandant stand. — Ich drückte mit den vorderen Tiefenrudern den Bug nach unten, — auf mein Kommando: „Alle Mann

voraus!" liefen unsere Leute nach vorn, um das Boot vorn schwerer zu machen, aber es gehorchte schon. Gurgelnd schlug das Wasser über uns zusammen, das Manometer Zeigte 5, 8, 15 Meter, — wir waren in Sicherheit. —
Da, ein Krach, — eine Detonation, die erste Wasserbombe. „Alle Mann auf Stationen!" Ich balancierte das Boot aus und meldete nach oben: „30 Meter eingesteuert!" — „Bug und Hecktorpedorohre klar!" klingelten die Telegraphen. Die Torpedoräume meldeten die Rohre schußklar. — „Schnell auf 10 Meter gehen!" kam die Stimme des Kommandanten aus dem Turm. — Bei 10 Meter konnten wir unser Sehrohr herausstecken und erkennen, ob noch ein Torpedoschuß auf unseren Freund möglich war.
„10 Meter!" meldete ich nach oben, als die befohlene Tiefe erreicht war. „Da geht er hin, nichts mehr zu machen," hörte ich im Turm sagen. Unser Dampfer machte, daß er von diesem gefährlichen Punkt, wo wir eben verschwunden waren, wegkam. — „Wieder auf 50 Meter gehen, Gefechtstiefenrudergänger können abgelöst werden," befahl der Kommandant.
Ein paar Minuten später ging ich nach vorn in den Offizierswohnraum. — Unsere Leute debattierten lebhaft das soeben Erlebte. „Donnerwetter," hörte ich sagen, „in seinen Drehkreis hineinfahren und dann so ruhig tauchen, als wäre es ganz selbstverständlich, fabelhaft."
Kurz darauf kam auch der Kommandant nach vorn und sagte lächelnd zu mir: „Na, de Terra, nun legen Sie mal die Platte aufs Grammophon: Hurra, wir leben noch!" Die einsetzende Musik wurde durch einen Pfiff am Sprachrohr unterbrochen: „Der Koch läßt fragen, ob er jetzt Kaffee ausgeben kann," meldete die Zentrale, denn unter Wasser darf kein Mann ohne Erlaubnis seinen

Platz verlassen, da die Gewichtslage des Bootes sich dadurch ändert. Lächelnd erteilte der Kommandant die Erlaubnis, denn es war mittlerweile 6 Uhr geworden und wir alle hatten plötzlich Sehnsucht nach einer Tasse starken Kaffee.

Stürmische Kriegsfahrt
Von Fritz Werschkull

Am 20. Dezember 1917 im Morgengrauen kommt ein Geleitzug in Sicht, den unser U 35 sofort angreift. Bald sinken zwei Dampfer, aber Kapitänleutnant v. Arnauld will auch den dritten schnappen. „Geschützbedienung sich klarmachen! Anzug Ölzeug!" Dann ist es am besten, nicht viel Kleider auf dem Leibe zu haben! So ziehen wir Unterzeug und Strümpfe aus und stehen fertig in Drillichzeug, Ölhose, Seestiefeln und Südwester. — „Preßluft auf 6, 7! Auftauchen! Geschützbedienung an Deck!" Als erster ist unser Kommandant auf dem Turm, und wir klettern wie die Katzen durchs Turmluk hinterher. Da ruft er aber auch schon: „Festhalten!" Jeder klammert sich eisern fest und läßt den ersten Brecher über sich hinwegbrausen. Netter Anfang!

Alle Tauchtanks werden ausgeblasen. Das Boot kommt höher aus dem Wasser. Man kann aufs Aufbaudeck gehen, um das Geschütz fertigzumachen. Ein Schießen ist aber auf diesem Kurse, quer zur See, nicht möglich. Deshalb legt unser Kommandant das Boot so, daß wir die See von achtem haben. Nun wird das Feuer eröffnet. Sofort schießt der Gegner aus fünf Geschützen, denn vom Geleitzug waren noch ein Dampfer mit einem und zwei Bewacher mit je zwei Geschützen übrig. Hatten wir einige Schuß mit achterlicher See abgegeben, so mußte jedesmal wieder quer zur See gefahren werden, um den Abstand zu halten. Da der Gegner aber mit großer Fahrt der Küste zustrebte, wurde der Abstand doch immer größer. Kam eine See, die uns Leute am Geschütz fortzuspülen drohte, So rief der 1. Offizier, Oberleutnant z. S. Loycke: „Achtung!" Wir sprangen auf Turm und Wellenbrecher, um Halt und Schutz vor der überkommenden See zu finden. Einige Granaten und Hülfen wurden allerdings von der See weggespült.

Wieder ist eine See über uns hinweggebraust. Wir kleben noch an Turm und Wellenbrecher, da ruft jemand: „Schubert!" Ich drehe mich nach dem Geschütz um, da sehe ich unsere Seemännische Nr. 2, Bootsmann Schubert, mit den Beinen über dem Geländer des Geschützpodests und dem Oberkörper außenbords hängen. Die nächste See ist im Anrollen und wird ihn unerbittlich mitreißen. Aber schon bin ich bei ihm, zerre ihn aufs Aufbaudeck, bekomme noch einen Halt am Wellenbrecher. Da rollt auch schon die See über uns hinweg. Gleichzeitig fühle ich mich aber auch am Kragen gefaßt. Ich halte Schubert mit aller Kraft fest und die kräftigen Fäuste der Kameraden Obermatrosen Otto und Roods ziehen uns auf den Turm. Schubert machte die erste Reise auf einem U-Boot mit und hat wohl den Achtungsruf vom 1. Offizier nicht gehört oder der See nicht solche Kraft zugemutet. Er gehörte auch nicht zur Geschützbedienung, wollte sich aber beim Herbeischaffen der Munition betätigen. Er wird ins Boot zurückbefördert und erhält eine nicht schlechte „Zigarre" vom Kommandanten. Schubert wußte nicht, wie ihm geschehen. Das Salzwasser war ihm schlecht bekommen. Die Kameraden haben es ihm erzählt, wie Obermaat Squara bei einer Sturmfahrt durch die Straße von Otranto am 7. Februar 1917 vom Turm heruntergewaschen worden war. Keiner hat ihn wiedergesehen.

Inzwischen gewann der Gegner immer mehr Abstand, und so mußte das Gefecht ohne Erfolg abgebrochen werden. — Am 23. Dezember 1917 bei Kap Palos wird ein Dampfer mit dem Geschütz angegriffen. Ich mußte dabei immer den befohlenen Schieber und die

Entfernung einstellen. Da die Nachtvisierbeleuchtung auf einem U-Boot nicht zu verwenden war, hatte ich mir nach der Umdrehungszahl des Handrades am Aufsatz die Entfernung so eingeprägt, daß es mir auch möglich war, diese bei Dunkelheit richtig einzustellen. Wir sind mitten im Gefecht, der Dampfer hat schon einige Treffer erhalten, da versagt unser Geschütz. Einige Sekunden Stille, dann geht unser Schuß los. Durch das Mündungsfeuer geblendet, taste ich nach meinen Handrädern und schon sitze ich mit einem Finger fest. Ich bin dem Bodenstück zu nahe gekommen. Zwischen diesem und dem Schutzblech des Brennzylinders befand sich bei gewöhnlicher Geschützstellung ein kleiner Zwischenraum. Dieser vergrößert sich, wenn das Rohr nach dem Schuß zurückläuft, bis Zu 30 Zentimetern, um aber gleich wieder die gewöhnliche Stellung einzunehmen. Eine feine Sache! Müssen wir jetzt Schnelltauchen, so kann ich vielleicht noch außerhalb des Bootes mit auf 20 Meter Tiefe gehen! Da sagt der Kommandant: „Er bläst ab." Das ist ein Zeichen, daß der Dampfer sich ergibt und wir das Feuer einstellen. Zu meinen Kameraden sage ich: „Aber mein Finger ist drin!" Sie helfen mir ziehen, aber er kommt nicht heraus. Noch ein Schuß muß gefeuert werden, und als das Rohr zurückläuft, ziehe ich schnell meinen Finger raus. Er war platt wie eine Briefmarke. Zu meinem Bedauern konnte ich für diese Reise nun am Geschütz nicht mehr mitkämpfen, aber als Rudergänger war ich immer noch zu gebrauchen.

U 110's letzte Fahrt
Von Bruno Schmidt

U 110 hatte unter Korvettenkapitän Kroll Anfang März 1918 in der Irischen See trotz starker Gegenwehr zahlreiche Schiffe versenkt. Nach außen hin war soweit alles sehr gut abgelaufen. Der Kommandant schoß glänzend, wir waren sehr vergnügt über den außergewöhnlich guten Beginn der Unternehmung und machten uns nicht viel aus der sehr starken feindlichen Gegenwirkung. Nur ich als Leitender Ingenieur hatte ziemlichen Kummer durch zwei unangenehme Maschinenpannen, die chronisch zu werden drohten. Die eine hatte ihre Ursache in dem eigentlich lächerlichen Umstand, daß die Werft Wilhelmshaven nicht in der Lage gewesen war, die schadhaften Kohle-Kontaktstücke des Turbo-Gebläse-Anlassers zu erneuern, trotzdem ich wiederholt und mit Nachdruck auf die sich daraus ergebenden Gefahrenmomente hingewiesen hatte. Die üblen Folgen blieben nicht aus. Wir waren kaum in der Irischen See, so verschmorte eines schönen Tages der Gebläse-Anlasser, und das Gebläse war unklar. Es dient zum Ausblasen des Wassers aus den Tauchtanks nach dem Auftauchen und ist mit der wichtigste Apparat des ganzen Tauchmechanismus. Gebläsehavarien konnten also im geeigneten oder besser im ungeeigneten Augenblick von katastrophaler Bedeutung werden.

Der Anlasser wurde zwar wieder instand gesetzt, verschmorte aber immer wieder von neuem nach zwei oder dreimaligem Ausblasen, so daß wir es schließlich vorzogen, möglichst mit Preßluft auszublasen, um das Gebläse zu schonen. Das war natürlich bei der starken feindlichen Gegenwirkung weniger als ein Notbehelf;

und wenn die Lage damals nicht so ernst gewesen wäre, hätte eine derartige Maschinenpanne es ohne weiteres gerechtfertigt, die Unternehmung abzubrechen und auf dem schnellsten Wege nach Hause zu fahren. Wie die Sachen aber damals lagen, mußte aus jedem Boot trotz aller Materialschwierigkeiten das Letzte herausgeholt werden. Jeder Leitende Ingenieur mußte von diesem Gesichtspunkte aus auftretende Havarien bewerten, und jeder Kommandant mußte danach seine Entschließungen für Abbrechen oder Fortführen einer Unternehmung treffen.

Jetzt kam die zweite Panne, die zwar vorerst weniger unangenehm in Erscheinung trat, die aber schließlich im entscheidenden Augenblick die unmittelbare Ursache zum Verlust des Bootes wurde.

Das Steuern des Bootes unter Wasser erfolgt mit Hilfe der Tiefenruder. Ohne diese Ruder wäre es praktisch unmöglich, unter Wasser zu fahren. Das Boot würde entweder an die Oberfläche kommen oder auf den Grund fallen. Die Ruder werden vom Bug- und Heckraum aus durch Motoren bewegt, der Antrieb der Motoren erfolgt durch Bewegen der Tiefenruder-Steuerräder von der Zentrale aus. Damit die Motoren die Ruderblätter nicht über die Grenzlagen hinauslegen können, sind an den Motoren automatische Grenzlagenabschalter vorgesehen, die wieder durch Federn betätigt werden. Diese Federn nun waren eine erhebliche Störungsquelle, besonders wenn das Federmaterial schlecht war. Unsere letzte gute Feder für das hintere Tiefenruder war gebrochen, und wir mußten eine der neuen schlechten einsetzen. Die Folge war mehrmaliges Versagen der Grenzlagenabschaltung im Laufe der nächsten Tage. Da dies ebenfalls eine chronische Havarie war, die — im ungeeigneten

Augenblick eintretend — ernste Folgen haben konnte, untersagte ich dem Bedienungspersonal der Ruder die Benutzung der Grenzlagen und markierte auf den Ruderlageanzeigen entsprechend neue Hartlagen durch rote Striche. Dies war die einzige Möglichkeit, Ruderhavarien zu vermeiden.

Nun kam aber eine neue Störung von außen her. Am 10. März setzte der Kommandant einen Anlauf an auf einen auslaufenden und einen einlaufenden Dampfer, deren Kurse sich kreuzen mußten. An der Kreuzungsstelle sollten beide Dampfer ungefähr gleichzeitig abgeschossen werden, der eine durch Bug-, der andere durch Heckschuß. Unangenehmerweise waren Zerstörer auf dem Platz, so daß mit sofortiger Gegenwirkung zu rechnen war. Der Anlauf war glänzend angesetzt und wurde ebenso glänzend ausgeführt. Der Bugschuß traf: Ergebnis ein 3000-Tonnen-Dampfer. Der Heckschuß hätte wahrscheinlich auch getroffen, aber als er fallen sollte, war der Torpedo schon raus, weil ein Torpedoheizer im Heckraum, als der Bugschuß fiel, aus Versehen oder vor Aufregung auf den Knopf gehauen und auch den Heckschuß gelöst hatte, ehe der Befehl kam. Unmittelbar nach den Schüssen kam Befehl: „Schnell auf 80 Meter gehen." Das Manöver wurde ausgeführt, das Boot kam aber nicht auf 80 Meter, sondern setzte sich bei 70 Meter mit starker Vorlastigkeit und ziemlicher Wucht auf Grund, da das Meer eben an der Stelle nur 70 Meter tief war. Gleich darauf fielen die Wasserbomben in ausgiebigem Maß. Da wir nicht wußten, in welchem Zustand das Boot durch die Grundberührung gekommen war, blieben wir ruhig liegen und ließen die Wasserbomben über uns ergehen. Es dauerte mehrere Stunden, ehe den Zerstörern die Sache zu langweilig wurde und Sie Ruhe gaben.

Gegen Abend tauchten wir vorsichtig auf und machten allerlei betrübende Entdeckungen. Erstens war der Bug total verbogen, zweitens hatten wir lecke Öltanks bekommen, drittens waren die vorderen Torpedorohre unklar. Ein Rohr war gerade abgeschossen. Die Mündungsklappe hatte bei der Grundberührung offen gestanden und ließ sich nicht mehr schließen. Das war aber nicht weiter gefährlich, sondern bedeutete nur Ausfall des betreffenden Rohres. Unangenehmer war dagegen die Sache beim zweiten Rohr. Das war gerade klargemacht worden, und die Mündungsklappe stand halb offen. In dieser Stellung war sie infolge der Grundberührung festgeklemmt worden und ließ sich weder ganz öffnen noch schließen. Der scharfe Torpedo steckte im Rohr. Er konnte nicht nach innen herausgezogen werden, denn die Bodenklappe durfte ja nicht geöffnet werden, solange die Mündungsklappe noch offen war. Er konnte aber auch nicht herausgeschossen werden, sonst wäre er gegen die halb offene Mündungsklappe gefahren und hätte mindestens die vordere Hälfte des Bootes mitgenommen. Schließlich durfte der scharfe Torpedo aber auch nicht im Rohr steckenbleiben, denn er konnte sich bei Seegang lösen, gegen die Mündungsklappe fahren und das Boot in die Luft sprengen.

Es mußte also unbedingt etwas geschehen, und wir Offiziere hielten unter dem Vorsitz des Kommandanten Kriegsrat ab. Obwohl die Lage eigentlich unangenehm ernst war, hatten wir den Humor noch lange nicht verloren. Der Kommandant erteilte dem Torpedooffizier, Leutnant z. S. Busch, das Wort zu einem vernünftigen Vorschlag. Hänschen Busch machte auch einen Vorschlag, der war zwar nicht sehr vernünftig, einen solchen gab es in dieser Lage überhaupt nicht, machte aber dafür seinem Urheber alle Ehre. Er wollte nämlich mit dem Tauchretter vorn ins Wasser gehen und unter Wasser durch die Mündungsklappe in das Torpedorohr kriechen und die Pistole vom Torpedo abschrauben. Die Ausführung dieses Unternehmens wäre mit außerordentlicher Gefahr verbunden gewesen, und der Vorschlag selbst zeugte von großer Aufopferung. In der Praxis war das Unternehmen aber nicht ausführbar, weil man in dem kalten Wasser mit dem Tauchretter nicht atmen konnte, besonders bei geringer Übung. Ich sagte das Hänschen Busch, er machte aber trotzdem den Versuch und ging ins Wasser, kam aber nicht ins Rohr hinein, weil er keine Luft kriegte. Wir zogen ihn also wieder heraus, und er mußte gehörig glühenden Grog trinken.

Ich schlug nun vor: den Torpedobugraum unter Preßluftdruck setzen, dann die Bodenklappe öffnen und den Torpedo nach innen herausziehen. Der Kommandant ließ es sich nicht nehmen, selbst mit in den Bugraum zu kommen, Hänschen Busch mußte natürlich auch wieder mit dabei sein, obwohl er noch vor Kälte zitterte, und ich machte den dritten. Der Kommandant instruierte Oberl. Rusteberg, ich meinen Ersten Maschinisten für alle Fälle, und nach Verabredung von Klopfsignalen schotteten wir drei uns im Bugraum ein. Wir riskierten immerhin nicht mehr oder weniger, als möglicherweise mit dem Bugraum „abzusaufen", wie der technische Ausdruck lautet. Glücklicherweise gelang es uns, nach Erzeugung eines gewissen Überdruckes im Bugraum den Torpedo hereinzuholen und vor dem eindringenden Wasserschwall die Bodenklappe zuzuschlagen. Hinterher atmeten wir erst tief auf, und der Kommandant entschied: „Jetzt fahren wir nach Haufe."

Gründe für diesen Entschluß waren mehr als genug vorhanden: Havarie am Gebläse, Havarie an den Tiefenrudern, verbogene „Schnauze", lecker Ölbunker (Sehr gefährlich, weil beim Unterwasserfahren Öl aufsteigt und die Ölspur das U-Boot verrät), Schließlich zwei Torpedorohre unbrauchbar. Andererseits: Dauer der Unternehmung bis jetzt 12 Tage, Ergebnis etwa 12500 Tonnen.

Wir waren in der Irischen See und wollten nach Emden. Durch den Englischen Kanal zu fahren, wäre mit dem havarierten Boot ziemlich ausgeschlossen gewesen. Der Rückmarsch durch den Nordkanal war uns aber auch nicht sympathisch, und so entschloß sich der Kommandant, um die Westküste von Irland herumzumarschieren, wo kaum mit feindlicher Gegenwirkung zu rechnen war. Vor dem Ausgang des Nordkanals wollten wir uns noch ein bis zwei Tage aufhalten. Da fuhren zwar wenig Dampfer, dafür aber ganz große. Außerdem war dort die feindliche Gegenwirkung gering.

Wir traten gleich den Marsch um Irland an und hatten während der nächsten Tage eine wundervolle Fahrt die Irische Küste entlang. Die Sonne brannte wie im Hochsommer, und wir waren den ganzen Tag an Deck. In der Nacht vom Montag Zum Dienstag hatten wir noch eine kleine Aufregung in Gestatt eines etwa 2000 Tonnen großen Dampfers, der plötzlich auf 300 Meter Entfernung längsseit war. Hänschen Busch hatte Wache und stand schon mit dem Überwasserzielapparat klar, als wir nach einer Minute mit dem Kommandanten an Deck kamen. Noch zwei Minuten, und der Dampfer hatte einen Torpedo.

Am Mittwochabend standen wir vor dem Nordkanal und kreuzten den ganzen Donnerstag über, ohne etwas zu sehen. Am Freitag früh wollten wir nach Haufe fahren. Die Nacht verlief ebenfalls ohne Zwischenfall, und am Freitag, dem 15. März, früh gegen 8,45 Uhr hatten wir uns gerade zum Frühstück gesetzt — Oberleutnant Rusteberg hatte Wache —, als plötzlich Obermaat Bergmann in die Messe polterte: Herr Kapitän, großer Dampfer in Sicht, mindestens 12000 Tonnen! Der Kommandant stürzte sofort an Deck, und gleich darauf kam Befehl zum Tauchen. Wir standen so günstig zu dem Dampfer, daß der Kommandant sofort den Anlauf fahren konnte. Punkt 9 Uhr fiel der Schuß: G 7 Torpedo, 250 Meter, Treffer Mitte, Dampfer liegt still. Ich hatte den Anlauf gesteuert, Hänschen Busch war im Turm. Jetzt mußte er runter ans Steuer, ich ging in den Turm, um mit zu begutachten, ob der Dampfer von dem einen Torpedo sinken würde oder nicht. Die Entscheidung war meistens sehr schwer zu treffen. Der Dampfer konnte so getroffen sein, daß er unter allen Umständen sank, aber das sinken konnte mehrere Stunden dauern. Uns kam es natürlich nicht auf die Zeit an, sondern nur auf die Tatsache, daß der Dampfer überhaupt sank. Diese Sicherheit hatte man aber meistens nur, wenn man sah, wie der Dampfer verschwand, und da spielte nun doch wieder die Zeit mit, die zur Beobachtung verfügbar war.

Hier lag die Sache so: Der Dampfer war etwa 12000 Tonnen groß („Emzone" 11000 Tonnen, wie ich später festgestellt habe). Er war offenbar schwer getroffen, hatte bereits die Boote ausgesetzt und gab mit F.-T. Hilfesignale. Sofort einen zweiten Torpedo zu schießen, hätte wenig Zweck gehabt, weil der Dampfer auch dadurch nicht gleich gesunken wäre. Außerdem wäre aber mit Rücksicht auf die Knappheit der Torpedos ein solches Verfahren durchaus zu verwerfen gewesen. Andererseits konnten — nach Schätzung des

Kommandanten — in einer Stunde feindliche Zerstörer zur Stelle sein; so lange durften wir also mit Rücksicht auf unser havariertes Boot, Ölspur usw. unter keinen Umständen warten. Der Kommandant entschied sich also: eine halbe Stunde warten, ist der Dampfer bis dahin nicht gesunken, aus unbedingt sicherer Schußstellung einen zweiten Torpedo feuern und wegfahren.

Um 9 Uhr war der erste Schuß gefallen, um 9,29 Uhr sank der Dampfer ganz plötzlich. Solange waren wir auf Sehrohrtiefe um den Dampfer herumgefahren, jetzt tauchten wir auf, um die Boote nach dem Namen des Dampfers zu fragen. Kaum waren wir aufgetaucht, da kam auch schon Befehl: „Auf 40 Meter gehen." Fünf Zerstörer waren in Sicht. Sie mußten zufällig in der Nähe gewesen sein und waren infolge der F.-T.-Signale früher als berechnet am Platze. Ich steuerte das Boot auf 40 Meter ein und übergab Leutnant Busch die Wache am Tiefenruder. Dann ging ich in die Messe zum Frühstücken.

Ich unterhielt mich gerade mit dem Kommandanten und Rusteberg über die Heimfahrt, da kam die erste Wasserbombe. Der Kommandant sagte: „Auf 60 Meter gehen!" Rusteberg und ich eilten in die Zentrale. Rusteberg nahm die Ruderleitung, ich kontrollierte die Preßluftschaltung. Dabei bemerkte ich, wie das Boot stark vorlastig wurde. Im selben Augenblick war wieder eine Wasserbombe gefallen. Die Vorlastigkeit hatte ihren Grund in einem Versagen des hinteren Tiefenruders. Bei dem Manöver „auf 60 Meter gehen" hatte Rusteberg „hinten hart oben" kommandiert und selbst am vorderen Ruder gesteuert. Der Matrose am hinteren Ruder hatte Statt 15 Grad — als neue Hartlage markiert — in die Grenzlage gelegt, weil gerade in dem Augenblick eine neue Bombe in unmittelbarer Nähe fiel, wodurch der Mann wahrscheinlich aus dem Gleichgewicht gebracht wurde. Unglücklicherweise versagte nun gerade in diesem kritischen Augenblick die automatische Grenzlagenabschaltung. Ich sprang sofort hinzu und riß die Preßluftkupplung herunter. Aber das Ruder ließ sich überhaupt nicht mehr bewegen. Es war in der Hartlage zu Blocks gefahren.

Durch die starke Vorlastigkeit war das Boot sehr schnell tiefer gekommen und wurde zu schwer. Die Saugpumpe saugte nicht mehr an, Trimmen half auch nichts, es blieb nur das unter diesen Umständen sehr bedenkliche Preßluftmanöver, bedenklich, weil das Boot dabei an die Oberfläche kommen konnte, wo die Zerstörer warteten.

Ich manövrierte also mit Preßluft, das Boot kam auch über 100 Meter — 500 Meter war es an dieser Stelle etwa tief — und stieg dann. Es gelang mir, das Boot auf 20 Meter abzufangen, wir fielen aber sofort wieder, kamen wieder auf über 100 Meter Tiefe und hatten Wassereinbruch im Bugraum. Ich rief dem Kommandanten zu, daß wir auftauchen müßten, und es gelang mir, das Boot mit möglichst wenig Preßluft und Maschinenmanövern an die Oberfläche zu bringen. Hier empfingen uns fünf Zerstörer mit rasendem Geschützfeuer. Unter diesen Umständen machten wir noch einen dritten Versuch, zu tauchen. Die Zeit hatte nicht genügt, um das Boot in Ordnung zu bringen. Das Boot klebte zuerst an der Oberfläche und fiel dann wie ein Stein. Wir sanken mit Vorlastigkeit wieder über 100 Meter, in die Zentrale strömte das Wasser unter dem ungeheuren Druck wie durch ein Sieb ein, und es gelang mir wie durch ein Wunder, das Boot mit dem Rest der

Preßluft und mit Hilfe der elektrischen Maschinen noch mal an die Oberfläche zu bringen.

Der Kommandant befahl: „Besatzung Schwimmwesten anlegen, außenbords gehen, Oberleutnant Rusteberg, Leutnant Busch, Operationsbefehle, Kriegstagebücher vernichten!" Ich erhielt Befehl, das Boot so zum Versenken anzustellen, daß es noch einige Minuten schwimmt, aber sicher sinkt.

Ich ging als Letzter aus dem Bootsinnern auf den Turm, nachdem ich das Boot zum Versenken angestellt hatte. Die Besatzung hielt sich an Deck und auf dem Turm fest. Die englischen Zerstörer umkreisen uns mit großer Geschwindigkeit und unterhielten ein heftiges Geschützfeuer. Als ein Zerstörer in einer Entfernung von etwa 50 Metern an uns vorbeifuhr und eine Bombe nach uns schleuderte, brachten wir drei Hurras auf S. M. den Kaiser aus. Hierauf befahl der Kommandant: „Alle Mann außenbords." Es herrschte mittlerer Seegang und dazu ziemliche Dünung, so daß die Leute sofort ein Stück vom Boot weggerissen wurden.

Wir vier Offiziere standen zuletzt allein auf dem Turm. Da das Boot jeden Augenblick sinken konnte, beschlossen wir, auch ins Wasser zu gehen. Oberleutnant Rusteberg ging zuerst außenbords, darauf der Kommandant und ich. In diesem Augenblick schlug eine Granate aus dem Turm ein und riß Leutnant Busch vom Turm herunter; er muß sofort tot gewesen sein.

Oberleutnant Rusteberg habe ich überhaupt nicht mehr gesehen. Die Zerstörer schossen noch eine ganze Weile, nachdem das Boot schon gesunken war, dann fuhren sie mehrmals über den Platz hinweg, wobei verschiedene Leute überrannt wurden. Auch der Kommandant ist auf diese Weise ums Leben gekommen. (F.-T.-Obergast Hubert Kremer hat hierzu folgendes ausgesagt: Der Zerstörer fuhr mit großer Fahrt ums Boot und, da wir auf einem Haufen trieben, immer durch den Haufen durch, wobei der Kommandant und sehr viele der Mannschaften untergegangen sind.) Schließlich fuhren die Zerstörer weg und kamen erst nach einer Stunde wieder. Inzwischen waren die Leute, die nicht durch Geschützfeuer getötet oder von den Zerstörern überrannt worden waren, zum größten Teil ertrunken. Ich wurde nach einstündigem Schwimmen in vollkommen entkräftetem und erstarrtem Zustande von einem Zerstörer ausgenommen.

Gänse im Hafen
Von Hero L. Akkermann

Ruhig und still liegt der Hafen von Emden im Sommersonnenschein. Auf einem U-Boot, das gestern von langer Reise zurückkam, ist Geschützreinigen. Von der „Rugia", unserm Wohnschiff, hört man ab und zu eine Stimme über das Wasser klingen. Sonst alles still, man kann es so gar nicht fassen, daß draußen eine Welt mit Wasserbomben und U-Boot-Fallen ist. Beim Geschützreinigen wird im Werfttempo gearbeitet; jedenfalls ist der Vormittag viel zu schade, als daß sich bei der Arbeit noch einer ein Bein ausreißen Sollte.

Hinten im Hafenbecken lärmen die Gänse des Feuerwerkers der IV. U-Flottille. Allmählich kommen die Gänseschreie den Leuten beim Kanonenreinigen zum Bewußtsein. Eigentlich ist man viel zu faul, in dieser wundervollen Sonne auch nur zu denken; aber Gänseschreien verbindet man doch immer mit einer runden gutgebräunten Sache, die mit Rotkohl und Äpfeln sich auch in der schlimmsten Kriegszeit essen läßt. Ja, und die Gänse waren das Steckenpferd des Feuerwerkers. Er hatte ja allerdings auch noch etwas Nebenbeschäftigung, aber, wie gesagt, zuerst in seinem Herzen kamen doch die Retter des Kapitols.

Nachmittags kommt der Feuerwerker aufgelöst auf das U-Boot. Weinend fast brüllt er: „Steuermann, Ihre Leute haben mir eine Gans geklaut!" Der Steuermann war auch nicht von gestern und hatte sich schon eine Menge Salz- und Grogwasser über und durch den Leib laufen lassen. „Kommt gar nicht in Frage, meine Leute klauen nicht!" — „Doch, es kann nur einer von Ihren Leuten sein, ein anderes Boot ist nicht her!" — „Mensch, das kann auch einer von der ‚Rugia' gewesen sein!"

„Nee, die von der ‚Rugia' sind zu solchen Sachen zu dämlich." — „Heißen Dank, aber von uns ist es keiner gewesen." — „Gut, ich werde die Sache Ihrem Kommandanten melden, und dann wollen wir mal sehen, wie der Stock schwimmt." — „Meinetwegen gehen Sie gleich zu Florian Geyer."

Der Kommandant war unten im Boot und hatte sich den Rest der Erzählung mitangehört. „Feuerwerker, was ist da los, Ihnen ist eine Gans gestohlen?"

„Jawohl, Herr Ka'leu', und das kann nur einer von diesem Boot gewesen sein." — „Feuerwerker, das ist stark. Aber damit Sie sehen, daß von meiner Besatzung keiner in Frage kommen kann, sollen Ihnen die Seemännische Nr. 1 und der Steuermann das ganze Boot zeigen. Alle Kisten werden aufgemacht."

Im Bugraum ging es los. Auch die Torpedos mußten aus den Rohren. Alle Backkisten auf. Oh, was hat der Feuerwerker alle Troyer und Unterhosen umgedreht, die schon vier Wochen Fernfahrt ohne Wäsche hinter sich hatten. Aber eine Gans — keine Spur, nicht mal eine lausige Feder. Klosett, auch Offiziersklosett, wo auf der Fernfahrt immer der Trockenproviant und die Butter verstaut wurden. Keine Spur. In der Deckoffiziers- und Offiziersmesse alle Schränke auf, die Kojen umgekehrt. Sherlock Holmes hätte Freude an diesem Systematischen Suchen gehabt.

Der Kommandant saß an seinem Schreibtisch (0,80x0,60) und schrieb an dem Bericht über die letzte Fahrt. „Feuerwerker, was gefunden?" — „Nein, Herr Ka'leu'!" — „Na, Soll ich hier Platz machen, damit Sie hier suchen können, oder glauben Sie mir das so, daß ich die Gans nicht habe?" — „Nein, Herr Ka'leu', das ist nicht nötig, aber die Gans muß hier an Bord sein!" — „Schön, wenn Sie den Vogel gefunden haben, dann zeigen Sie mir ihn mal. Ich möchte mal sehen, wie so'n Tier eigentlich aussieht, solche Sachen sind ja die reinen Raritäten."

Und dann ging es weiter bis hinten in den Heckraum. Alles negativ. „Na, Feuerwerker, was hab ich gesagt, bei uns an Bord ist das Biest nicht." Die Brust voll Zorn, brauste der Feuerwerker ab.

Und der Abend kam mit seinen weichen Farben, das Grammophon wurde an Deck geholt und die schönste Zeit des Tages begann.

Nachts um 12 Uhr geht der Steuermann noch mal durch das Boot, um zu sehen, ob alles in Ordnung ist. Vorn im Bugraum ist ein Heidenpalaver. Ein Lachen und Lärmen, und in der Mitte auf der Back steht ein Gänsebraten, wie er in Märchenbüchern immer abgemalt ist. „Na, ihr Brüder, das ist doch dem Feuerwerker seine Gans." — „Aber klar, Herr Steuermann." — „Wo habt ihr die denn bloß verstaut, wir haben doch alles umgekehrt."

Da erhebt sich ganz schüchtern der Kommandantenbursche und sagt: „Ja, Herr Steuermann, die hatte ich solange beim Kommandanten in der Backkiste verstaut, und der hat bei der ganzen Untersuchung drauf gesessen."

Auf Kreuzerfahrt
Von Josef Eichberger

Unser Kommandant auf U 139, Kapitänleutnant v. Arnauld, war ein Gentleman im wahrsten Sinne des Wortes. Nie hörte ich von ihm ein böses Wort. Wir alle liebten und verehrten ihn.

Wir kreuzten an den Küsten von Irland, Spanien und Frankreich. Am 1. Oktober morgens kletterte ich nach ein paar Stunden Schlaf aus meiner Hängematte. Wir waren 11 Mann in dem kleinsten Raum, der sogenannten Last, ganz unten im 2. Stock. Der Raum war nur so groß, daß eben ein ganz kleiner Tisch darin Platz fand. An der Decke waren außerdem noch drei große Preßluftbehälter angebracht, zwischen denen ich meine Hängematte aufgemacht hatte. Bei starkem Seegang wurden wir ganz fürchterlich hin und her geschleudert, daß man oft glaubte, das ganze Boot wolle umkippen. Morgens um 11 Uhr meldete unser Ausguck einen feindlichen Geleitzug von 14 Dampfern mit 4 Hilfskreuzern. Verfolgung und Schießereien gingen bis an den Abend. Sei es nun, daß ich durch den langen Dienst schläfrig war (auf einem U-Boot kann man immer schlafen, sogar im Stehen kam es manchmal vor) oder daß ich einen Befehl meines Ingenieurs nicht recht verstanden hatte. Im Boot herrschte gerade seit einiger Zeit große Ruhe, da der Kommandant einen Torpedoangriff fuhr. Leitender Ingenieur Fechter wollte eben ein Donnerwetter über mich ergehen lassen und belegte mich mit dem lieblichen Namen: „Du Sauzahn!", als der Befehl des Kommandanten erfolgte: „Torpedo los!" Da wir mit dem Bug ziemlich nahe (etwa 150 Meter) an dem Dampfer heran waren, detonierte der Torpedo bereits nach 8 Sekunden Laufzeit. Die Detonation erschütterte das Boot sehr stark. Kurz darauf krachte es, so daß ich glaubte, das Ende sei da. Das Turmluk sprang auf. Ein Strahl Wasser, so breit wie das Luk ergoß sich über den im Turm befindlichen Kommandanten, und der Steuermann und wir bekamen in der Zentrale auch noch unser Teil ab. Ich selbst war durch den kalten Wasserstrahl wieder ganz klar. Das einzige, was ich in dieser fürchterlichen Sekunde noch wußte, war ein kleines Stoßgebet; ich konnte nichts anderes denken, als daß es nun aus wäre. Gleichzeitig erklang der Befehl des Kommandanten und des Oberingenieurs: „Preßluft auf alle Tauchtanks!"

Und so schafften wir es doch noch mal und rutschten unter dem sinkenden Dampfer durch, der auch umgefallen war. Unser U 139 war zwar schwer beschädigt, aber unser Kommandant ließ auch jetzt nicht locker.

Am 14. Oktober 1918 hatten wir wieder einen Angriff gegen zwei Dampfer und ein Kanonenboot. Ich mußte diesmal in den Munitionsraum, da der eine Koch, der sonst diesen Dienst versah., beim Fischebraten war. Während ich noch die Nase voll der lieblichen Düfte hatte, stieg ich hinab und Granate auf Granate (kein leichtes Gewicht: 15 Zentimeter) wanderte durch den elektrischen Aufzug nach oben, wo unsere braven Artilleristen nach stundenlangem Kampf den Feind zwangen, sich zu ergeben. Mir lief inzwischen der Schweiß in Strömen am Körper herunter und ich weiß nicht mehr, war der Durst größer geworden oder der Hunger auf die saftigen Frikadellen. Daß mehrmals Einschläge in unserem Boot erfolgten, regte mich weiter gar nicht auf. Mein ganzes Denken war auf die leiblichen Genüsse gerichtet. Das Essen und vorher ein Schluck gekaperten Weines (heimlich getrunken, da Alkohol streng verboten war), gehört zu dem Besten, was ich jemals genossen habe.

UB 48 im Hafen von Carloforte
Von Johannes Schwabe

Aus einem Geleitzug von vier Dampfern mit der dazugehörigen Bewacherflottille hatten wir in etwa 20 stündiger Fahrt zwei Dampfer heraustorpediert. Den dritten hatten wir mit unserem 10,5-Zentimeter-Langrohrgeschütz in Brand geschossen, daß er sank. Vom vierten Dampfer blieb nur eine schwere Rauchfahne über dem nächtlichen Wasser hängen. Trotz schwerer Bestückung war er ausgerissen. Er sandte laute SOS-Rufe, die ich störte, so gut es ging. Aber sie setzten doch den Äther mächtig in Bewegung. Von allen Seiten funkten Kriegsschiffe, Dampfer antworteten. In meinen Kopfhörern war die Hölle los. Ich hatte rasend zu schreiben. Plötzlich meldet sich die Großfunkstation Capo-Sperone und rasselt ihre Meldungen herunter. Eine davon gefiel mir nach der Entzifferung besonders gut: Der große dem Angriff einer U-Boot-Flottille entflohene Dampfer „Kingstonien" habe sich in Richtung auf den Hafen Carloforte in Sicherheit gebracht. Ich brachte dem Kommandanten diesen Funkspruch. „U-Boot-Flottille", sagte der Alte, Oberleutnant z. S. Steinbauer: „Damit meinen die Brüder unser braves UB 48!" Carloforte liegt an der Südküste Sardiniens. Ein weiterer Funkspruch besagte, daß hierher sich auch ein anderer großer von einem U-Boot angeschossener Dampfer gerettet habe. UB 48 nahm also Kurs auf Carloforte.

Der Hafen von Carloforte war nur durch zwei lange Wasserarme zu erreichen. Der von Süden war günstiger, aber durch schwerere Armierung der Ufer gefährlicher. Diesen Weg wählten wir. Doch wie durch die Minensperre kommen? Wir legten uns unter Wasser auf die Lauer und warteten, bis ein Fischdampfer in diesen Südarm einbog, und fuhren in seinem Heckwasser in den Hafen. Der genaue Kurs wurde in die Seekarte eingezeichnet, so konnten wir ohne Gefahr durch Minen und Netze hier aus- und einlaufen, wenn es uns paßte. So weit war die Sache also geglückt. Bei der Unterwasserfahrt im Hafen beobachtete der Kommandant, daß der Dampfer „Kingstonien" am Pier lag. So legten wir uns nun gefechtsklar vor die Ausfahrt, um die „Kingstonien" beim Auslaufen zu erledigen. Sie tat uns diesen Gefallen aber nicht.

Um 3 Uhr morgens drangen wir wieder in den Hafen ein, über Wasser, noch geschützt durch die Dunkelheit, und sahen den Dampfer immer noch mit seinen beiden Schleppern längsseit liegen; genau wie vorher, Bord an Bord, mit einem Torpedo herrlich zu erledigen. Doch wir stahlen uns in der Dämmerung wieder aus dem Hafen, denn noch war kein Büchsenlicht.

Draußen holten wir noch einmal tief Luft, unser Alter spuckte sich in die Hände; dann kam der Clou unserer Vorstellung. — Das erste fahle Morgenlicht stieg auf. „Klar zum Gefecht!" „Auf Tauch- und Gefechtsstationen!" Alle Müdigkeit ist mit einem Schlage verschwunden. Die Kameraden mannen Munition an Deck, schnell wird in der Maschine noch einmal alles tüchtig geölt, durchgesehen. Ich überhole die Membranen meiner Unterwasserschall-Signalanlage.

„Beide Ölmaschinen volle Fahrt voraus!" Bei der Einfahrt hatte uns kein Poften bemerkt. Wir nehmen Kurs auf die „Kingstonien".

Unser Boot dreht in Schußrichtung auf sie. „Rohr Achtung — — " „Rohr los!"

Beide Kommandos fallen faft aufeinander. Zischend verläßt die Stahlzigarre das Rohr, um mit gewaltiger

Detonation in der Schiffsmitte, etwa im Maschinenraum, zu landen. In zwei Stücke zerrissen, sinkt das Schiff langsam in das gelbbraune Hafenwasser. Nur der Bug mit einem Geschütz ragt noch kurze Zeit aus dem Wasser. In unserem Geschützfeuer sacken die beiden Seeschlepper in Flammen und Rauch ebenfalls unter die Oberfläche.

Erledigt! Aber im Hafen liegen noch verschiedene Segler. Unsere Granaten Schlagen links und rechts in sie hinein. Überall lodern helle Flammen empor.

Nun aber wacht der Feind auf. Die an der Ausfahrt liegenden Forts und die Molenbatterien schießen wie toll; im Augenblick sind wir von einem Hagel von Geschossen eingedeckt. Nur gut, daß die lieben Leute ihre eigenen Geschoßaufschläge verwechselten. In der Erregung schoß jede Batterie zu weit; denn die gegenüberliegende Batterie dachte, nach den nach ihrer Seite zu liegenden Wasserfontänen zu urteilen, sie schösse zu kurz, und stellte daraufhin das Visier noch weiter ein.

Unser Geschützmann, wir alle, arbeiten rasend. Die zentnerschweren Granaten werden aus dem Boot durchs Luk von Hand zu Hand gemannt. Das Geschützrohr ist glühend heiß, nicht zum anfassen.

Granaten auf die Schiffe, Schrapnells auf die Forts und Batterien. In jede Ecke schießt unser Geschützführer. „Dat is jo een dullen Verkehr hier!"

Ein Motortorpedoboot fährt jetzt in wilder Zickzackfahrt hinter uns her, hält uns mit seinem Geschütz unter Schnellfeuer und versucht dabei immerzu einen Torpedoschuß anzubringen. — Da! — er schießt! Die Blasenbahn seines Torpedos rast auf uns los.

„Hart Steuerbord!" Das Geschütz schwenkt mit, eine 10,5 cm-Granate ihm ins Gesicht.

Schade um die Schöne Kommode, damit hätte die tapfere Besatzung noch manche Spazierfahrt machen können!

„Mittschiffs das Ruder!" Das dampfende Kanonenrohr setzt schon wieder das nächste Schrapnell in die zunächst liegende Molenbatterie. Wir sind an der Hafenausfahrt angelangt. Das Wasser ist tief genug zum Tauchen. Jetzt verstärkt sich das feindliche Feuer noch durch die Strandbatterien. Uns wird mulmig!

„Auf Tauchstationen, Schnelltauchen!" Wir sacken weg wie ein Stein. Erst während des Tauchmanövers sind die Ölmaschinen ausgekuppelt, die elektrischen Maschinen zur Unterwasserfahrt eingeschaltet. Der Schweiß bricht in Strömen aus den Poren, obwohl alles nur wenige Sekunden dauert.

Da brüllt es durch das Boot: „E-Maschinen springen nicht an!" Eisiger Schreck jagt jedem durch die Knochen. Langsam sinken wir weiter. Totenstille im Boot. Ich höre sogar das Tropfen der Wandfeuchtigkeit. — Dann die ruhige Stimme des Kommandanten: „Preßluft auf alle Tanks, Geschützbedienung an Deck!"

Die erste Granate heult schon wieder aus unserem Geschützrohr, mischt sich mit dem Hexensabbat der feindlichen Kanonade. Schießen, schießen, schießen! Die Luft bebt von den Explosionen. In unzähligen Fontänen zischt das Wasser empor. Die Hölle ist los!

Da, nicht zu hören, aber von jedem verstanden, kommt der Bescheid aus dem Boot: „E-Maschinen wieder in Ordnung!"

„Schnelltauchen!" Wieder geklemmte Finger, getretene Schienbeine, Ölmaschine aus, elektrische Maschinen eingekuppelt! Aber wir entkommen trotz einem Hagel von Wasser- und Luftbomben.

Dieser Angriff des kleinen U-Bootes UB 48 mit einem kleinen Geschütz auf einen schwerbewaffneten Hafen wurde nach dem Kriege als „Kriegsverbrechen" bezeichnet. Zeugenvernehmungen haben in ganz Deutschland stattgefunden. Überall dort, wohin uns UB 48er das wirre Nachkriegsschicksal verschlagen hatte, erreichten uns die Zustellungen der interalliierten Kommission. Zähneknirschend mußte auch ich „Richtern" gegenüber Zeugnis ablegen. Wir „Täter" sollten an den Feindbund ausgeliefert werden. Doch als sich ein ganzes Volk dagegenstellte, ging schon ein Ahnen von einer neuen Zeit um. Warum sollte unsere erfüllte Pflicht nicht gleichberechtigt sein der unserer damaligen Feinde?

U-Boot-Fahrer im Mittelmeer
Von Sigismund Prinz von Preußen

Mit berechtigtem Stolz fühlten wir U-Boot-Fahrer uns als Kämpfer mit entscheidender Waffe. Der Geist auf unseren U-Booten war hervorragend bis in die Tage des Zusammenbruches hinein, obwohl der Dienst auf die Dauer aufreibend war, abgesehen von den plötzlichen Kämpfen und den technischen Störungen, durch das dichtgedrängte Zusammenleben auf engstem Raum. Verglichen mit dem Kämpfer in Gräben und Trichtern war aber unsere Tätigkeit nichts, und alle Ehre gebührt jenen Feldgrauen, die dort ihren Mann gestanden haben.

Als Wachoffizier fuhr ich auf UB 49 unter Kapitänleutnant Hans v. Mellenthin und auf U 35 unter Kapitänleutnant Lothar v. Arnauld de la Perière. Beide haben für überragende Leistungen den Pour le mérite bekommen. Es war ein hohes Glück und eine Ehre unter solchen Kommandanten fahren zu dürfen.

Auf jeder Fahrt, die ich mitmachte, vom Adriatischen Meer aus, trat stets eine Lage ein, die kaum Hoffnung auf Heimkehr ließ. Einmal fuhren wir unter Wasser durch minenverseuchtes Gebiet, daß die Vertäuungen der Minen gegen unsere Bordwand klirrten. Ein andermal versagte das vordere Tiefenruder durch ein in das Gestänge im Mannschaftsraum eingeklemmtes Buch. Wieder einmal kamen wir untergetaucht an der italienischen Küste fest unweit einer Landbatterie und in der Luft befindlicher Flieger. Wasserbomben waren nicht selten und ich denke auch an einen nicht entlüfteten Tauchtank im Angesicht des Verfolgers. Am 6. November 1917 erlebten wir aber auf U 35 einen Fall, der in der Seekriegsgeschichte einzig dastehen dürfte.

U 35 lief über Wasser. Ich war als wachhabender Offizier auf dem Turm, als Leutnant z. S. de Terra aufschrie und sofort das Kommando: „Äußerste Kraft voraus!" und „Hart Backbord!" gab. Sofort gab ich die Kommandos ins Turminnere weiter zu den Kommandoelementen. Terra hatte 4 Strich an Steuerbord etwa 40 Meter entfernt einen Torpedoausstoßstrudel bemerkt, dem die Blasenbahn eines auf uns gerichteten Torpedos folgte. Aber auch sein Kommando hätte uns nicht retten können, wäre nicht der Torpedo mit seinen lautsurrenden Propellern dicht an unseren Köpfen vorbei, über unser Boot hinweg, zwischen Geschütz und Turm genau über den Wellenbrecher gesprungen. Wir mußten uns ducken und erhoben unwillkürlich die Arme wie zur Abwehr. Auf seinem Sprung verbog der Torpedo das Steuerbord-Geschützgeländer, riß einen Stahlstander ab und berührte das Zentralsehrohr. Laut klatschte er dann an Backbord neben dem Boot ins Wasser.

Unser Schreck war, wie man verstehen wird, ehrlich. Da wurde aber auch schon die Blasenbahn eines zweiten Torpedos gesichtet, die schon einen Schnittpunkt bildete mit der Mittschiffslinie von U 35. Der Torpedo hatte uns also unterlaufen. Gleich darauf folgte ein dritter Torpedo, der unser Heck beinahe noch erreichte, aber vorher plötzlich abdrehte, um einen Lauf als harmloser Kreisläufer zu beenden. In diesem Augenblick lief bereits ein vierter Torpedo auf uns zu. Aber nun hatten wir schon hohe Fahrt und waren nach Backbord abgedreht, So daß auch dieser Kreistäufer uns nicht erreichte. In wie geringer Entfernung das feindliche U-Boot sich befand, sahen wir, als sein Sehrohr beim Abdrehen von U 35 beinahe von unserem Heck gestreift wurde. Man hätte es mit einem Stein erreichen können. Wir feuerten mit dem 10,5 cm-Geschütz, aber es verschwand. Auch wir hatten es eilig und fuhren Zickzackkurse.

Ungemein imposant waren in südlichen Breiten bei warmer Witterung die Überwasserfahrten unter dem nächtlichen Sternhimmel. Unwillkürlich ließ man, wenig über der Wasseroberfläche, die Gedanken zu den Geheimnissen des Alls gleiten, bis wir wieder angreifen oder vor Verfolgern tauchen mußten. Bis zum November 1918 konnte ich so Dienst tun auf Frontbooten im Mittelmeer und dem Atlantik. Ich habe jeden einzelnen Kameraden als tüchtigen Soldaten schätzen gelernt und ich bin überzeugt, daß unsere heutigen deutschen Jungen ebenso tapfer aushalten werden, wenn's einmal wieder sein müßte, wie ihre Väter es taten an den vielen Fronten des Weltkrieges.

Griechischer Film
Von Wilhelm Jonas

Unser UC 37 kreuzt eines Tages vor dem griechischen Hafen Thira. Unser Alter, Oberleutnant z. S. Kümpel, hat eine Abwechslung für uns ausgeknobelt. „Freiwillige vor für Sprengung der Hafenanlagen Thira!"

Wie von einem Muskel bewegt, fliegen alle Hände hoch. Der Kommandant hatte es wohl nicht anders erwartet. Jedem der kaum dreißigköpfigen Besatzung wird eine Aufgabe zuerteilt. Der Landungstrupp hat schwere Pistolen umgeschnallt, um Hals und Arme die Schnüre der Sprengpatronen geschlungen. Auf jedem Schritt stolpert man selbst im Maschinenraum über bereitgelegte Handgranaten.

Mit äußerster Fahrt rast unser UC 37 auf die Hafeneinfahrt los. Schon längst muß man es an Land gesehen haben. Aber ungehindert werden die Leuchtfeuer der Molenköpfe passiert.

„Maschinen Stopp!" Da nun keine Dünung mehr lief, konnten die Luken geöffnet werden. Ein Motorboot kommt längsseits. Wir sind starr vor Verwunderung. Es ist kaum glaublich, aber das Motorboot will einen Lotsen bringen, in der Annahme, es handele sich um ein eigenes oder befreundetes Boot. Der Kommandant lehnt freundlich, aber entschieden das hochherzige Anerbieten ab.

„Halbe Fahrt voraus!" Mit einer halben Kreisschwenkung rauscht unser Boot an die Landungsbrücke. Dort steht ein Posten, das Gewehr geschultert. Das wird wohl der sein, der den Eröffnungsschuß auf uns abgibt, denke ich. Aber bei uns war schon lange ein Mann für diesen Fall klar. Der stand nur da, den Finger am Abzug seines Karabiners, und wartete, daß der einzelne Herr dort oben eine diesbezügliche Bewegung mache. Nichts geschieht! Erst als die seemännische Nr. 2 in breitestem Hamburger Platt dem griechischen Helden zuruft: „Hein, mook mol dee Lin fast!" kommt Bewegung in seine Gestalt. Tatsächlich nimmt dieser hellenische Marsjünger das Auge der Leine und legt es sorgfältig über einen Koller. Wenige Umdrehungen des Bugspills zurren das Boot an der Kaimauer fest.

Doch was nun kommt, gehört nicht mehr in den friedlichen Teil dieser Morgenidylle. Wie die Katzen klettern die Leute des Landungskommandos ans Land und stürmen los. Im Laufschritt zu den nächsten am Kai liegenden Leichtern und Kuttern. Sprengpatronen werden angeschlagen. Dort eine Flotte Fischkutter! Zwischen je zwei von ihnen eine Sprengpatrone; das genügt! Weiter! Die ersten Explosionen zerreißen die friedliche Morgenluft.

Da endlich erkennt der Feind, daß er es nicht als Vormittagsübung eines eigenen Unterseebootes ansehen darf, wenn hierbei die eigenen Fischkutter, in Stücke zerrissen, in der Luft umherfliegen. Maschinengewehre knattern, unsere Pistolen und Gewehre antworten. Das längst gesichtete Geschütz speit Tod und Verderben in die griechischen Maschinengewehrstände. Da — ein gewaltiges Krachen! Der große 15-Tonnenkran neigt sich langsam zur Wasserseite, saust dann blitzschnell wie ein getroffener Riese nieder. Hochauf schäumt das schmutzige Hafenwasser. Wilder hämmern die Maschinengewehre, aber schon kommen die gelandeten Leute im Laufschritt zurück. Nur einer, Bootsmann Richter, ist getroffen, wird von zwei Kameraden geschleppt; aber die Arbeit ist getan!

Der letzte Mann hat seinen Kopf eben unter dem Lukenrand, da knallt der schwere Deckel schon zu. „Maschinen volle Fahrt zurück!"

Wie Zwirnsfäden zerreißen die Festmacheleinen, Zum Losmachen war keine Zeit mehr.

„Schnelltauchen!" Gurgelnd schließt sich das von dem Fahrtmanöver aufgewühlte Hafenwasser über unserem Boot. „Auf 20 Meter gehen!" Alles wartet auf den zweiten Teil des Programms: die Wasserbomben. Aber Sie kommen nicht und so können wir auf Sehrohrtiefe gehen. Die Ausfahrt wird erreicht, mit voller Fahrt unter Wasser abgelaufen.

„Auftauchen!" Man mußte sich doch in aller Ruhe besehen, was man angerichtet hatte. Außerdem: genügend Wassertiefe war da, um einem Angriff in Ruhe entgegenzusehen. Doch nichts dergleichen kommt. Der Schreck mußte denen da drüben zu tief in die Glieder gefahren sein.

Die Schußverletzung des einzigen Verwundeten war ungefährlich, unsere Nerven aber hatten die nötige Auffrischung bekommen!

Unser Kommandant
Von Claus Boldt

Es war auf der Heimkehr von einer Fernfahrt. U 86 war auf eine Mine gelaufen. In gut der Hälfte des Bootes waren die in der Bilge untergebrachten Akkumulatorenbatterien zum Teil zertrümmert. Die ausgelaufene Schwefelsäure entwickelte in Verbindung mit dem Eisen des Schiffskörpers und dem von außen hinzutretenden Seewasser unangenehme Dämpfe und Gase, insbesondere das wenig bekömmliche Chlorgas. Der ganze Schwindel hatte sich zudem entzündet und brannte lichterloh, brannte zwei Tage lang. Der Kommandant steht auf der Brücke. Bei dem immer stärker werdenden Westwind rollt See nach See über das ganze Boot hinweg. Bei jeder See öffnet sich der zwei Meter lange Spalt des Druckkörpers und schließt sich wieder. Der Leitende Ingenieur hält dem Kommandanten Vortrag, daß in Spätestens einer halben Stunde das ganze Boot auseinanderbrechen würde, als plötzlich der Gedanke auftaucht: „Unten im Feuer liegen noch die Sprengkörper, jeden Augenblick kann das ganze Boot uns um die Ohren fliegen!" Und ich sage, man wird suchen müssen nach einem zweiten Kommandanten, der wie unserer in solcher Lage noch in demselben Bruchteil der Sekunde selber hineinstürzt ins brennende Boot und die schon heißen Sprengkörper an Deck holt und über Bord wirft, — im vollen Bewußtsein darüber, daß, wenn er nur einen Atemzug von dem Dreckzeug da unten in die Lunge bekommen würde, er ein toter Mann sein würde, und der dann später weder im Kriegstagebuch noch in Gesprächen den Vorfall überhaupt erwähnt. —

Mein Kommandant hatte am Abend die „Atlantian" aus einem Konvoi herausgeschossen. Er beabsichtigte einen zweiten Angriff auf denselben Konvoi. Das Land war nahe, viel Zeit war nicht zu verlieren. Es war drei Uhr nachts. U 86 stand wieder querab von der Mitte des Konvois. Hell stand der Mond am Himmel, heller noch strahlte das Nordlicht, 100 Meter lang meerleuchtete weißglühend das Heckwasser. Unser Kommandant rechnet, ob die Stellung schon zu einem Angriff auf eins der letzten Schiffe ausreiche, als plötzlich der feindliche kleine Begleitkreuzer zwölf kurze Blinke mit der Topplaterne: „Feindliches U-Boot an Backbord!" gibt, und im selben Augenblick wirft der kleine Kreuzer herum und hält mit äußerster Kraft und schäumender Bugsee direkt auf U 86 zu, während die ganze, wohl zehn Kilometer lange Linie aus Bug- und Heckgeschützen dunkelrotleuchtend herausfeuert, was herauszufeuern ist. Ein Anblick, dem bloßen Eindruck nach, schaurigschöner als die Seeschlacht am Skagerrak. Und da sage ich, man wird suchen müssen nach einem zweiten Kommandanten, der in dieser Lage seinerseits das Boot herumwirft und selber mit äußerster Kraft direkt auf den kleinen Kreuzer zuhält und der nicht rechts und nicht links nach den Geschoßaufschlägen sieht, sondern kalt die Entfernung zwischen sich und dem kleinen Kreuzer schätzt, um im letzten Augenblick zu tauchen, unter Wasser mit äußerster Kraft weiterzufahren und doch einen Angriff noch zu versuchen, und der dann im Kriegstagebuch nur berichtet: „Ein zweiter beabsichtigter Angriff war wegen zu ungünstiger Beleuchtungsverhältnisse und der Kürze der zur Verfügung stehenden Zeit (Nähe des Nordkanals) nicht durchführbar." — Es war drei Tage Später: U 86 stand im Ausgange des Englischen Kanals auf Position, als ein

Konvoi in Sicht kam, Stark gesichert: zwei Bewacherkolonnen zu je zehn Stück fuhren in breiter Formation dem Konvoi voraus. Dazu die üblichen Seiten- und Rückenbewacher. Nach langwierigem fünfstündigen Vorsetzmanöver griff unser Kommandant von vorne an. Die erste Bewachungslinie wird auf 40 Meter untertaucht, die zweite auf etwa 25 Meter. Der Kommandant steht aufs Sehrohr gelehnt, als er plötzlich mit dem Sehrohr zusammen herausgeworfen und dreimal von außen schwer gegen das Boot geschlagen wird. Das Boot haut ab auf 50 Meter Tiefe, der Konvoi rollt über uns weg. Wir tauchen auf. Was war geschehen? Die Suchtrosse eines Bewachers hatte das Boot gefaßt. Der an der Trosse befestigte Sprengkörper war zwischen Sehrohr und Minenabweiserdavid durchgeschlagen, hatte so von außen das Sehrohr gedreht und verbogen. Und ich sage: Man wird suchen müssen nach einem zweiten Kommandanten, der wie er, während seine Wachoffiziere sich noch ansehen mit Augen, die fragen: „Wie war es möglich, daß dieser Sprengkörper nicht detonierte und uns alle in ein besseres Jenseits brachte?" schon wieder Kurs und Fahrt zu einem neuen Angriff ansetzt, trotz des verbogenen Sehrohrs, und der, nachdem auch dieser und auch der nächstfolgende Angriff infolge Rammposition mit Bewachern im letzten Augenblick vorm Schuß vereitelt wurde, wieder und wieder angriff und fast 30 Stunden fang ohne Unterbrechung arbeitete, bis er schließlich einen Dampfer runter hatte. Das war morgens elf Uhr. U 86 hatte nur noch einen einzigen Torpedo. Wir gingen auf Nordkurs und die ersten Heimatgedanken schlichen sich schon in die Seele. Abends 10,30 Uhr. U 86 steht ungefähr querab von französisch Brest, als an Steuerbord gewaltige

Rauchsäulen in Sicht kommen. Zwölf der größten Schiffe der Welt, Truppentransporter, gesichert durch eine Unzahl modernster Vierschornstein-Zerstörer, wohl der bestgesichertste Konvoi, der je im Krieg gefahren ist, wälzt sich auf uns zu. Und da sage ich, man wird suchen müssen nach einem zweiten Kommandanten, der wie der unsrige trotz des verbogenen Sehrohrs und obgleich er genau weiß, daß selbst bei günstigstem Treffer es sehr unwahrscheinlich ist, eins dieser gewaltigen Schiffe durch einen einzigen Torpedo wirklich zum Sinken zu bringen — hineingeht in den Konvoi. Und unser Kommandant versenkte die „Cincinnati" (16300 Tonnen) und verhinderte so, daß dieses Schiff weiterhin wie bisher alle 30 Tage 32000 Mann nach Frankreich warf.

Und ich möchte nur eines noch erwähnen: Unser Kommandant war mit halbwrackem Boot glücklich in Wilhelmshaven angekommen. Schiff auf Schiff, das U 86 passierte, hatte die drei Hurras auf ihn ausgebracht. Der Flottenchef nahm selber die Musterung ab, vom Obersten Kriegsherrn lief ein persönliches Telegramm „Bravo dem tapferen Kommandanten!" ein. — Eine über alles geliebte Braut wartete seiner, die Hochzeit war angesetzt — aber unseren Kommandanten hielt nichts. Obwohl U 86 einer mehrmonatigen Überholung bedurfte, gönnte er sich keine Ruhe. Er fetzte seine zeitweilige Abkommandierung auf ein anderes Boot durch und ging sogleich wieder hinaus zu neuer erfolgreicher Fahrt.

Kriegs-Erinnerungen in Columbien
Von Hans Mellenthin

„Vom 11.—18. Januar 1937 geht das Linienschiff ‚Schleswig-Holstein' in Puerto Colombia vor Anker." Diese Nachricht ließ mich hier oben in Bogota, 1200 Kilometer von der Küste entfernt und — wenn nicht durch Flugzeug — nur auf beschwerlichem Reisewege den Magdalenenstrom abwärts auf einem Flußdampfer erreichbar, nicht mehr zur Ruhe kommen. Fest steht der Entschluß, koste es, was es wolle, mit den früheren Kameraden in Verbindung zu treten.

Kurz entschlossen wählt man als Kaufmann — denn Zeit ist Geld — den kürzeren Weg mit dem Flugzeug, sogar am 13., dem Unglückstag der U-Boot-Leute, und steht schon nach zweieinhalb Stunden an der Küste in Barranquilla. Der Kommandant, Kapitän z. S. Günther Krause, war auch früherer U-Boot-Kommandant. Überraschend war unser Wiedersehen, so herzlich und kameradschaftlich, als seien wir nie durch die lange Reihe von Jahren getrennt gewesen. Man sprach von alten Zeiten und von der jungen U-Boot-Waffe, und alles war wie früher. „Mein lieber Mellenthin, Sie können sofort wieder einsteigen," meinte der Kommandant, „es hat sich nichts geändert." So wurde es trotz aller Feierlichkeit zusehends gemütlicher, ich mußte sprechen über Wiedersehen und Freude. Und Schließlich erhob sich der Kommandant selbst an der langen Tafel, um seiner Wiedersehensfreude mit einem alten Kameraden Ausdruck zu geben, von dessen Taten die Kriegsgeschichte spreche. Er sprach so zu Herzen gehend über meine Kriegserlebnisse, wie ich es in den 12 Jahren meines kaufmännischen Lebens hier draußen nie mehr gehört hatte. Es war in der hohen Halle des großen tropischen Hotels, als höre man jemand aus längst vergangenen Zeiten sprechen, von Märchen, an die heute niemand mehr glaubt.

Und als wir dann zum Bordfest als seine Gäste im Kommandantenboot am Steuerbord-Fallreep hinaufkletterten, da empfing er uns, mit beiden Händen die meine umschließend. „Jetzt kommen Sie aber mit nach Costa Rica und steigen ein als mein Gast." Mit freudigem Herzen stimmte ich zu, und so saß ich denn in den dienstfreien Stunden zusammen mit alten Kriegskameraden, und wir sprachen von allem, was uns bewegte und uns schließlich in unserem Beruf trennte, als die düsteren Nachkriegsjahre mich 1922 hier draußen ein neues Leben, nur auf mich allein gestellt, beginnen ließen. — Ja, es waren noch andere weitere Kriegskameraden da: der 1. Offizier, Fregattenkapitän Kleikamp, der Navigationsoffizier, Korvettenkapitän Wagner, der als junger Leutnant unter dem erfolgreichen U-Boot-Kommandanten Hashagen am westlichen Ausgang des Kanals seine ersten Lorbeeren erkämpft hatte, und schließlich der 1. A. O., Korvettenkapitän Kuhnert, der als junger Fähnrich unter mir in der Maschinengewehr-Scharfschützenkompanie des Sturmbataillons der Marinebrigade Löwenfeld in der Uniform eines Musketiers seinen Dienst versah, und mit dem mich die seltsamsten Erinnerungen und Erlebnisse verbanden. Ich saß mit ihm zusammen in seiner Kammer, es ging an unseren Augen vorüber jene traurige Zeit, wo es hieß, die Vororte Berlins im Norden und Osten von kommunistischen Horden zu säubern, wo wir auf dem Verschiebebahnhof Ostrummelsburg unsere schweren Maschinengewehre verluden, und wo es uns Seeleuten schwer wurde, mit den Pferden — diesen „vierbeinigen Tieren, die den Seeleuten nach dem Leben trachten" — fertig zu werden. Es kam nach vielen häßlichen Erlebnissen der Augenblick, wo man von der Entente die Auslieferung der deutschen U-Boot-Kommandanten verlangte, und wo wir uns vorstellten, wie es wäre, wenn wir erst durch die Straßen Londons geschleppt werden würden. Es kamen schwere Stunden des Entschlusses, die Truppe, mit der man die schwersten Tage des Winters 18/19 und die Kämpfe im Sommer 19 durchgemacht hatte, jetzt zu verlassen, um einer unbestimmten Zukunft entgegenzugehen, um sich so wenigstens dem Schicksal der Auslieferung zu entziehen. Ich erlebe es noch, als wäre es heute, wie ich mich von meiner Kompanie, von den in diesen dunklen Zeiten treu ergebenen Männern auf unserem Musterungsplatz verabschiede, wie ich jedem die Hand drücke und ihnen allen eine bessere Zukunft wünsche und daß es ihnen beschieden sein möge, noch einmal ein nationales Deutschland zu erleben. Unter diesen Treuen befand sich auch der damalige Fähnrich Kuhnert, der heutige 1. A. O. der „Schleswig-Holstein". Unser Musterungsplatz war die große Halle eines Museums in der Prinz-Albrecht-Straße, und niemals wieder hörte ich ein so gleichmäßig schmetterndes „Auf Wiedersehen" als Antwort von meinen Männern und gewissermaßen als Geleitwort für mich, man sei doch nicht so ganz verlassen.

Das gleiche Schicksal mit mir teilte der Kompanieführer der Sturmkompanie, Kapitänleutnant Steinbauer, seinerzeit Kommandant von U B 48. Wir beide standen auf der italienischen Auslieferungsliste, weil unsere Boote als die erfolgreichsten ihrer Serie in ihrem Tätigkeitsgebiet sich besonders unliebsam bemerkbar gemacht hatten. Steinbauer ging damals nach Argentinien, ich über Holland nach Columbien. Als dann jedoch im Sommer 19 die Entente ihre Forderung der Auslieferung auf Grund der Ablehnung durch das deutsche Volk fallen lassen mußte, riefen mich meine Leute wieder. Und wir Sprachen über die Kämpfe im Ruhrgebiet 1920 und den an Verlusten so reichen Sturm auf Bottrop, besonders durch das Sturmbataillon der Brigade, wobei Oberleutnant z. S. Kukat durch Kopfschuß seinen Tod fand.

Ja, Kukat: ein Mensch mit faustdicken Nerven und einer unheimlichen Ruhe, selbst schon drei Jahre U-Boot-Fahrer und schließlich 1918 auch Kommandant eines Mittelmeerbootes. Wir kannten ihn beide genau, und ich erzählte ihm nochmals die letzte Fahrt, d. h. die Heimkehr aus Österreich nach Deutschland durch die Straße von Gibraltar. Über 30 Boote steuerten Ende November 1918 von Pola und Kartago der Heimat entgegen und mußten wohl oder übel dabei Gibraltar passieren. Die Engländer, die das wußten und sich auf Tag und Stunde den Zeitpunkt der Passage genau ausrechnen konnten, waren nicht in der Lage, auch nur ein einziges dieser Boote zu erledigen. Nur Kukat, immer ein Sonderling und Mann mit Seltsamsten Plänen, steuerte seinen eigenen Kurs; während alle übrigen Boote weit in den Ozean hinaushielten, nahm er Kurs auf Kap Trafalgar, eigentlich aus einem ganz einfachen Grunde: er hatte an Bord als Steuermann den Kapitän eines Handelsschiffes, das zusammen mit vielen anderen im Hafen von Cadiz den Krieg über interniert gelegen hatte.

Im Oktober 1917 lag ich nämlich mit meinem UB 49 schwer havariert durch einen unglücklichen Angriff in der spanischen Marinewerft des Hafens von Cadiz, Carracas, und zusammen mit meiner Besatzung hatte ich das Boot wieder einigermaßen instand setzen können. 6—8 deutsche Handelsdampfer lagen damals in Cadiz. Die Kapitäne dieser Schiffe ließen es sich nicht nehmen, uns einmal zu einem anständigen Essen einzuladen. Das war nicht einfach, da weder ich noch meine Leute sich außerhalb der Werftmauern aufhalten durften, und schließlich in der Werft war ja eine solche Einladung nicht durchführbar. Außer den Werftmauern umzog ein Wasserkanal die ganze Anlage, man war also doppelt gesichert und ein Entweichen nicht so recht denkbar. Jenseits des Werfttores, über eine Pontonbrücke erreichbar, lag aber ein Restaurant. Nach vielem Hin und Her wurde es uns dann ausnahmsweise gestattet, unter Bewachung eines Postens der Einladung der Kapitäne nachzukommen. So saßen wir mit diesen Herren zusammen, die, verglichen mit uns abgewehrten Seeleuten, den Eindruck von recht gut durch den Winter gekommenen deutschen Bürgern machten. Nur einer fiel mir auf, der schon in seinem Äußeren sich von seinen Kameraden unterschied, von mittelgroßer Statur, mit einem energischen Gesicht und ohne den üblichen Fettansatz seiner Kollegen. Ich ahnte nichts Böses, als wir uns durch Händedruck bedankten und plötzlich dieser untersetzte Kapitän mit dem energischen Gesichtsausdruck mich beiseitezog und mir halblaut zuraunte: „Herr Kapitänleutnant, ich weiß, Sie laufen morgen aus." Hierbei drückte er mit eiserner Kraft meine Hand, und wie mit einem Schlag wurde es mir klar, daß ich diesen Mann nicht mehr irreführen konnte. „Nehmen Sie mich mit," und hierbei forderten mich seine energischen blauen Augen eindringlichst auf, als wollten sie sagen „Lassen Sie mich in diesem Elend nicht zurück." Sofort mußte ich erkennen, mit wem ich es zu tun hatte, und so fragte ich ihn als den einzigen: „Können Sie schweigen?" Mit beiden Händen ergriff er

meine Rechte, und ich mußte ihm glauben, als er mir sagte: „Niemand wird es erfahren." „So seien Sie morgen nachmittag gegen 5 Uhr mit einem Dingi in dem Auslaufkanal, dann werde ich Sie mitnehmen."
Am heuen Tag manövrierten wir zwischen schußbereiten Kriegsschiffen hindurch, die sich zum Glück von ihrer Verblüffung nicht so schnell erholen konnten, wie wir fuhren. Und als ich nach Überwindung vieler Fährnisse am nächsten Nachmittag mich wirklich mit meinem U-Boot der freien See zu bewegte — lag voraus ein kleines Boot in der Fahrstraße. Ich stoppte, und ohne daß ich das U-Boot zum stehen brachte, schlug dieses Dingi längsseit, ein Bündel mit Sachen flog an Bord und an den Steigeisen und Stützleisten des Bootes schwang sich der Kapitän herauf, und meine Maschinen liefen wieder äußerste Kraft voraus, der Freiheit entgegen. Dies war der Kapitän, der ein Jahr später als Steuermann auf UC 52 Kukat den Wunsch geäußert hatte, doch an Cadiz schnell mal vorbeizufahren. Er wollte doch noch wenigstens einmal seinen Dampfer sehen, und so kam es zum Kurs auf Kap Trafalgar, als Kukat voraus ein dickes englisches Linienschiff ausmachte, auf das er sofort zum Angriff ansetzte. Zwei Zerstörer begleiteten den dicken Brocken, und trotzdem fiel, wie von Kukat nicht anders zu erwarten, ein Doppelschuß mit dem Erfolg von zwei Treffern; So sank am Kap Trafalgar am Tage vor Unterzeichnung des Waffenstillstandes das englische Schlachtschiff „Britannia" über Steuerbord kenternd in die Tiefe!
Das Kriegstagebuch dieses U-Boot-Kommandanten allererster Qualität erzählt dies genau so nüchtern und sachlich, wie er selbst immer war. Schlicht und einfach in seinem ganzen Wesen, hatte er es stets abgelehnt,

viel Aufhebens von seinen Erfolgen zu machen. Er kannte, kaum in die Heimat zurückgekehrt, wie wir Mittelmeerleute alle, nur den einen Gedanken, sich sofort wieder dem Vaterlande, wenn auch als ganz einfacher Soldat, zur Verfügung zu stellen und das Beste für die Heimat Zu tun.

Er ist, wie so viele, zu früh gefallen, besonders schmerzlich deshalb, weil er den Tod fand im Kampf gegen kommunistische Horden, eigentlich kein Kampf, sondern nur Hinterlist und Verrat. Er starb, wie viele der Besten, ohne das Wiedererstarken Deutschlands miterleben zu dürfen. Und wir gedenken seiner in der Kammer des 1. A. O. der „Schleswig-Holstein" auf fernem Meer.

Auf der Reede von Port Limon fällt der Anker, es wird der Landessalut für die Flagge von Costa Rica geschossen. Für mich, heißt es Abschiednehmen von alten Kriegskameraden! Das Kommandantenboot liegt klar, es schrillt die Bootsmannspfeife, ein Händedruck, ich melde mich von Bord; ein erlebnisreicher Abschnitt meines Auslandsdaseins ist zu Ende.

Die letzte Fahrt
Von Alfred Saalwächter

Als in den ersten Nachmittagsstunden des 6. November 1918 sch der Soldatenrat gebildet hatte, schiffte sich der Befehlshaber der U-Boote, Kommodore Michelsen, mit einem Teil der Offiziere und Mannschaften auf den auslaufbereiten U-Booten U 135 und U 62 ein und ging mit ihnen in See nach Helgoland. Alle kampfbereiten U-Boote sollten dort zusammenkommen, um einem etwaigen Angriff des Feindes auf deutsche Häfen die Stirn zu bieten. Unser Auslaufen ging glatt, obwohl wir von allen großen Schiffen angemorst wurden, nach Namen und Reifeziel. Antwort wurde von uns nicht gegeben. Nachts um 11 Uhr machten wir im Helgoländer U-Boot-Hafen fest. Im ganzen lagen hier dann 16 U-Boote. Die Insel war noch ruhig. Vor der Insel lag das 1. Linienschiffsgeschwader zu Anker, dessen Haltung nicht zweifelsfrei war. Neben dieser Sorge um einen zuverlässigen Stützpunkt stand die, nun die noch in See befindlichen U-Boote, die zum Einlaufen in die Heimathäfen Funknachricht bekommen hatten, auf einem minenfreien Weg zurückzuführen. Wir hatten uns gerade hingelegt, als die Nachricht kam, daß auf dem Oberland Unruhen unter den Matrosen-Artilleristen ausgebrochen seien, die um sich griffen. Der Befehlshaber der U-Flottille beschloß darauf, am folgenden Morgen die Insel mit den U-Booten zu verlassen. Die den Hafen bestreikenden Geschütze waren in den Händen der Aufrührer. Unangefochten erreichten er und ich unsere U-Boote, da auch die gegen den Befehlshaber der U-Flottille aufgebotene Soldatenwache von 9 Mann nach vor unseren Augen erfolgtem Laden ihrer Gewehre bei unserem ruhigen

Näherkommen uns mit gesenkten Augen passieren ließ. Auf dem Oberland wehte bereits die rote Flagge. Wiederum heimatlos geworden, liefen die U-Boote eines nach dem anderen aus, gefolgt von Torpedobooten, Geleitbooten und Fischdampfern, insgesamt wohl an 50 Fahrzeugen, die die Kriegsflagge führten. Das war am 7. November mittags. 6 weitere U-Boote, die eben aus Emden gekommen waren, schlossen sich der langen Reihe der U-Boote an. Es gelang auch, die in der Nacht aus Helgoland auf Vorposten gelegten, unter Wasser befindlichen U-Boote wieder heranzuführen, so daß jetzt 21 Boote im Kielwasser von U 135 folgten. Inzwischen wurde durch Funk bekannt, daß auch Borkum meuterte. Auch Sylt wurde bald unzuverlässig. Nun mußte auch den in See befindlichen U-Booten die Nachricht über die beunruhigende Lage in Deutschland übermittelt werden. Das war unendlich schwer. Daß den auf hoher See befindlichen U-Booten, die nach erfolgreicher Fahrt auf der Heimreise waren, diese Nachrichten falsch entziffert oder falsch geschlüsselt vorkommen mußten, weil sie nicht begreifen konnten, daß so etwas in Deutschland möglich sei, dafür nur eines von vielen Beispielen: Von U 60 ging folgender Funkspruch an meine persönliche Anschrift ein: „Richtigkeit Unterschrift im Minensignal (Soldatenrat) und Signal Nr. 1401 drahtlos bestätigen durch Namen eines gemeinsamen gefallenen Freundes." Als ich an U 60 daraufhin funkte: „Rudi Seuffer", da wußte ich, daß wir beide unseren gefallenen Freund beneideten.

Bis zum bittren Ende
Von Emil Ruf

An 16. April 1915 kam ich an Bord von U 35 unter Kapitänleutnant Kophamel. Ich nahm an zwei Nordsee-Fernfahrten teil und machte dann im Spätjahr 1915 die Überfahrt nach dem Mittelmeer mit. Diese dauerte 21 Tage, da wir nicht durch den Kanal konnten, sondern ganz um England herumfahren mußten. Um unbemerkt so schnell wie möglich ans Ziel zu kommen, wichen wir jedem Fahrzeug aus oder tauchten. Als wir die Meerenge von Gibraltar passiert hatten, atmeten wir wieder leichter. U 35 war das erste Boot im Mittelmeer nach U 21, das in Konstantinopel seinen Stützpunkt hatte. Weitere Boote folgten.

Kurze Zeit nach der Ankunft in Cattaro erhielten wir einen neuen Kommandanten, Kapitänleutnant von Arnauld de la Perière, da Kapitänleutnant Kophamel Chef der Unterseeboot-Flottille im Mittelmeer wurde.

Die Erfolge unseres Bootes hingen aufs engste mit der Persönlichkeit unseres neuen Kommandanten zusammen. Er sorgte für uns in allen Dingen, verlangte aber natürlich unbedingte Pflichterfüllung. Wir machten eine Fernfahrt nach der anderen; jede war reich an Erfolgen. Einmal haben wir 80000 Tonnen versenkt, ein andermal sogar 25 Dampfer und 29 Segler mit insgesamt 91000 Tonnen. Das war die größte Versenkungsziffer, die ein Boot aus einer Fernfahrt überhaupt erzielt hat.

Anfang Oktober 1916 hatten wir drei deutsche Offiziere in einer spanischen Bucht abzuholen. Spanien war neutral und Seine Küsten wurden durch Fischdampfer und U-Boote scharf bewacht. Wir fuhren unter Wasser heran, tauchten mitten unter der Bewachung und den spanischen Fischerbooten auf, übernahmen von einem Fischerboot die drei Männer und verschwanden wieder unter Wasser. —

Am 24. Februar 1917 versenkten wir einen französischen Truppentransportdampfer. Den Führer des Transports wollten wir gefangennehmen, als ein feindlicher Kreuzer in Sicht kam. Schleunigst mußten wir tauchen. Sofort schossen wir einen Torpedo ab, der aber leider fehlging. U 35 kam nicht schnell genug auf Tiefe, und schon hagelte es Wasserbomben. Das Boot zitterte in allen Fugen. Das Licht erlosch. Es war stockdunkel. Die Glasscheiben der Manometer und der Maschinentelegraphen gingen in Scherben. Der Steuerbord-E-Motor blieb stehen. Ein neuer Krach im Boot. Schnell wurde die Notbeleuchtung eingeschaltet. Vom Turm kam die Anfrage des Kommandanten: „Ist Boot in allen Räumen dicht?" Von überall wurde gemeldet: „Boot ist dicht!" Inzwischen waren wir auf 50 Meter Tiefe angekommen. Noch immer explodierten um uns herum die Wasserbomben, aber nun doch in weiterer Entfernung. Wieder einmal kamen wir mit dem Leben davon.

In der Nacht zum 3. August 1917 machten die Italiener einen schweren Fliegerangriff auf den österreichischen Kriegshafen Pola. Sie hatten es hauptsächlich auf die deutschen Unterseeboote abgesehen. Ein Glück war es, daß unsere Werftliegezeit dem Ende zuging und unser Boot schon tauchklar war. Als in der darauffolgenden Nacht der Fliegerangriff wiederholt wurde, mußten wir uns die ganze Nacht auf Grund legen, um uns vor den einschlagenden Bomben zu schützen.

Wegen des hohen Seegangs fuhren wir einmal im Oktober 1917 mit geschlossenen Tauchklappen, obwohl dann das Tauchen langsamer geht. Plötzlich kam ein

Zerstörer in Sicht. Die Alarmglocke ertönte: „Schnelltauchen!" Aber das Boot ging nicht runter. Es bekam Schlagseite, und wir glaubten zu kentern. „Bodenventil auf! — Fluten!" Aber die Schlagseite wurde immer noch stärker. Da kam endlich der Zentralheizer Kirst dahinter, daß in der Zentrale die Tauchklappen 6 und 7 Steuerbord nicht geöffnet waren. Der Zentralmaat hatte sie vergessen aufzumachen. Kaum waren die Klappen offen, da sauste das Boot natürlich mit drei Tonnen Untertrieb schnell weg. Nur durch das gute Funktionieren unserer Hauptlenzpumpe war es möglich, das Boot auf 50 Meter Tiefe aufzufangen. Es war auch höchste Zeit, denn schon war der Zerstörer über uns und warf mehrere Wasserbomben. Die Vorsehung wollte, daß wir mit dem Leben davonkamen. — Dieses Erlebnis zeigte, wie ein Mann die ganze Besatzung in Todesgefahr bringen konnte. Der Zentralmaat wurde bei unserer Rückkehr sofort abkommandiert.

Am 24. Dezember 1917 jagten wir, beide Maschinen äußerste Kraft, einem Geleitzug nach, der aus vier Dampfern mit starker Bewachung bestand. Solch ein Angriff kostete viel Schweiß, denn wir fuhren oft einige Stunden lang mit beiden Ölmaschinen über Wasser den Dampfern nach. Plötzlich: „Alarm! Tauchen!" Die ganze ausströmende Hitze und der Öldunst der Motoren blieben natürlich im Boot, und das Thermometer stieg bis zu 60 und 65 Grad Wärme. Der Schweiß rann nur so vom Körper, daß er förmlich in den Schuhen stand. Man trocknete abwechselnd seine Kleider im E-Motorenraum. In Solchen gefahrvollen Stunden zeigte sich besonders die Kameradschaft auf einem Unterseeboot, denn es ging für jeden, vom Kommandanten bis zum untersten Matrosen oder Heizer, auf Tod und Leben. Wir im Motorenraum konnten uns natürlich nicht hinsetzen oder schlafen, denn bei solch einer Fahrt ging es meist nicht ohne Schaden der Motoren ab. Da gab es Kühler auszuwechseln, Ölleitungen dicht zu machen oder Kompressorventile einzuschleifen. Wir hatten besonders mit unseren Zylinderdeckeln Pech. Inzwischen arbeitete unser Kommandant im Turm. Alles war still im Boot, nur ab und zu waren kurze Befehle und das Surren der E-Motoren hörbar.

Am nächsten Morgen hatten wir den ganzen Geleitzug (vier Dampfer) abgeschossen. Die Begleitfahrzeuge waren allein übriggeblieben.

Am 1. Februar 1918 brach mittags bei der österreichischen Kreuzer-Flotte eine Meuterei aus. Kein Schiff durfte mehr auslaufen. Wir zogen uns in die Innenbucht von Cattaro zurück, um weitere Befehle abzuwarten. Die Meuterer wurden von den eigenen Forts beschossen. In der Nacht lagen wir auf Vorposten in der Innenbucht. Die nicht meuternden österreichischen Schiffe durften einlaufen. Beinahe hätten wir da den Kreuzer „Kaiser Karl" torpediert, da er nicht rechtzeitig das Erkennungssignal zeigte. Zwei Tage später war die Meuterei erstickt, die Rädelsführer erschossen. Wir fuhren nun wieder aus der Innenbucht heraus auf einen neu angegebenen Liegeplatz, durften aber einige Tage nicht an Land, da Urlaubssperre verhängt war.

Am 10. Februar 1918 fuhren wir wieder zu einer Fernfahrt aus. Drei Tage Später geriet unsere Batterie in Brand; konnte zum Glück jedoch wieder in Ordnung gebracht werden.

Mitte Oktober 1918 traten wir die Heimreise nach Deutschland an. Am 14. November liefen wir mit unserem langen Heimatwimpel und trotz des Umsturzes mit wehender Kriegsflagge in Warnemünde ein. Wir hatten keinen Teil an der Revolte, sondern kämpften so lange, bis wir durch die Waffenstillstandsbedingungen gezwungen waren, unser gutes und seetüchtiges Boot dem Engländer auszuliefern. Ich selbst fuhr noch mit nach Harwich, um unser Boot mit noch 29 Booten abzugeben. Unter englischer Flagge mußten wir in den Hafen einlaufen. Wie es mir, der ich ohne Unterbrechung auf ein und denselben Boot nahezu vier Jahre gefahren, dabei zumute war, kann man sich denken. Mit wehem Herzen mußten wir unser wohl erfolgreichstes Boot abliefern, das von 1915—1918 allein unter Kapitänleutnant von Arnauld etwa 200 Schiffe mit insgesamt 500000 Tonnen versenkt hatte.

Von unseren Eindrücken bei Erfüllung dieser letzten schweren Pflicht spricht folgender Bericht, den ein Teilnehmer auf einem anderen Boot 1918 niedergeschrieben hat:

Der Waffenstillstand verlangte die Auslieferung der U-Boote. Wir glaubten damals noch, mit der genauen Ausführung der Bedingungen unserem Vaterlande Schwereres ersparen zu können. So furchte unser Boot an einem Wintermorgen die stahlblaue See, als im Westen Mastspitzen auftauchten, die mit Windeseile emporwuchsen, zu Schiffen wurden und sich vermehrten, bis der ganze Horizont im Westen voll von ihnen schien.

Mit zusammengebissenen Zähnen standen wir auf der Brücke. Kein Wort fiel. In uns allen arbeitete es schwer. Da kamen sie herangebraust, die englischen Zerstörer und Kleinen Kreuzer, die U-Boot-Feinde, und auf allen wehte der Union Jack. Vier Jahre hindurch hatte der Kampf gedauert, und stets hatte es geheißen: „Schnelltauchen! 1. Rohr fertig!" Und heute fuhren wir wehrlos dem Feind entgegen. Die Torpedos lagen entschärft hinter den Rohren. Unwillkürlich wollte man schreien: „Alarm! Schnelltauchen!" Auf den englischen Schiffen konnte man jetzt schon Einzelheiten erkennen. Mit den drei letzten Hurras auf unsere alte, stolze Flagge holten wir sie nieder, daß es zum Engländer hinüberschallte; der letzte Kampfruf. Wahrhaftig, wir hatten den Krieg nicht verloren. Wir hatten unsere Pflicht getan!

Die englischen Flottillen hatten sich formiert. Jede Gruppe unserer Boote war geführt und auf beiden Seiten eingeschlossen von englischen Zerstörern. In einiger Entfernung stand eine Gruppe englischer Kleiner Kreuzer. Sämtliche Geschütze waren drüben besetzt. Sie wirkten fast lächerlich, diese Vorbereitungen gegen uns gänzlich Wehrlose. Die Engländer hatten ihre neuesten und besten leichten Seestreitkräfte uns entgegengeschickt. Unsere Boote arbeiteten schwer in dem frisch einsetzenden Sturm. Kurz nach Mittag trat aus dem Dunst vor uns ein Leuchtturm heraus, bald darauf Molenanlagen, Häuser, Bäume: England. In der Luft wimmelte es von Fliegern. Langsam mit den elektrischen Maschinen arbeitend, lagen wir in der Einfahrt, als uns der englische Kreuzer „Centaur" passierte. Bis auf die Maschinenwache standen unsere Leute an Deck angetreten. Die Engländer hatten dies ausdrücklich befohlen, um einem Gewaltakt vorzubeugen. Um 5 Uhr nachmittags am 22. November 1918 kam das Motorboot längsseit, das uns die englische Besatzung brachte und damit auch äußerlich die Freiheit nahm. Die englischen Offiziere zeigten uns ein ernstes, zurückhaltendes Wesen. Sie sagten uns selbst, daß sie in uns den tapferen geschlagenen Gegner achteten, während sie die meuternden Matrosen unserer Hochseeflotte verachteten. Ich werde den Blick nicht vergessen, mit dem der englische Kapitänleutnant das Boot übernahm. Die Übernahmeformalitäten gingen glatt vonstatten. Ich sprach nur Deutsch, die Engländer nur Englisch. Wir verstanden uns trotzdem. Als ich wieder den Turm betrat, wehte die englische Flagge am Heck. Ich wußte ja, so mußte es kommen, aber doch durchschüttelte es mich: diese Flagge auf dem deutschen U-Boot!

Langsam glitt unser Boot in den Hafen hinein, lag dann an englischer Boje fest. Ein englischer Zerstörer brachte uns wieder hinaus zu unserem Begleitdampfer. Maschinengewehre und Geschütze waren befetzt, überall standen Posten. Keiner von uns sprach ein Wort.

— —

U-Boot-Treue
Von Carl-Siegfried Ritter v. Georg

Im Juli 1918 mußte ich mein braves Boot U 101 abgeben, um einen der neuen U-Kreuzer in Dienst zu stellen. Mit wehem Herzen verabschiedete ich mich von der herrlichen Besatzung, mit der mich zahllose gemeinsam bestandene Gefahren und Erfolge innig verbunden hatten. Man kannte sich genau, wenn man wochenlang gemeinsam in einer Röhre gehaust hatte. — U 101 ging bald mit einem neuen Kommandanten wieder in See. Nur zufällig traf ich das Boot bei der Rückkehr von dieser Unternehmung in Kiel und freute mich über die Anhänglichkeit der alten Kameraden. Dann verlor ich die Fühlung mit meiner prächtigen Besatzung, und bald nahmen die Ereignisse des Novembers 1918 unser Denken und Handeln ganz in Anspruch.

U 101 mußte wie alle fahrbereiten U-Boote entsprechend dem Diktat von Versailles abgegeben werden. Es wurde mit den übrigen Booten der 2. U-Flottille von der alten Besatzung nach England überführt. In geordneter Formation näherten sich die deutschen U-Boote der englischen Küste, am Heck wehte unsere stolze, so oft siegreiche Flagge, der wir jeden Morgen und Abend bei Flaggenparade die Ehre erwiesen hatten, jene Flagge, die stolz am Heck wehte, als wir unter den Hurras der Kameraden in Helgoland oder auf der Jade nach erfolgreicher Fahrt einliefen, jene Flagge, die wir in manchem Artilleriekampf gegen den Feind gesetzt hatten, jene Flagge, die für uns ein Heiligtum, ein Talisman war, jene Flagge, die den Inbegriff aller soldatischen Tugenden, ja das Vaterland selbst und die Heimat für uns verkörperte.

Englische Torpedo-Boote kommen in Sicht, um eine Beute, die ihnen nur durch Meuterei zugefallen ist, in Empfang zu nehmen. Befehlsgemäß werden nun die Flaggen auf den deutschen Booten gleichzeitig niedergeholt. — Auf U 101 geht der älteste seemännische Unteroffizier, Obermaat Hoffmann, ans Heck, holt die Flagge nieder, rollt sie zusammen und Steckt sie unters Lederpäckchen. Der Kommandant des Bootes beobachtet den Vorgang, und zur Rede gestellt, antwortet Hoffmann: „Die Besatzung bittet, daß wir diese Flagge unserem alten Kommandanten, der so viele Fahrten mit uns erfolgreich durchgeführt hat, bringen dürfen." — Der Wunsch wurde verständnisvoll gewährt.

Ich selbst war während dieser Tage in Kiel, da der von mir übernommene U-Kreuzer nicht mehr fertig zur Indienststellung geworden war. — Rote Matrosen, Bürschchen, die nie an dem Feind waren, machten die Straßen unsicher und waren in die Wohnungen von Vorgesetzten eingedrungen. — So kam es, daß, als in diesen Tagen plötzlich drei Mariner vor meiner Haustür standen und nach mir fragten, es bei meiner Familie erstreckte Gesichter gab. Welche Freude für mich, als ich gleich darauf meiner alten Nr. 1, d. h. meinem ältesten Seemännischen Unteroffizier Obermaat Hoffmann, und einem Matrosen und Heizer meines alten Bootes fest die Hände drücken konnte. Schnelles, hastiges Fragen beim Eintreten:

„Wie geht es euch, wo ist unser Boot?"

Eiserner Ernst liegt auf den wettergebräunten Gesichtern der U-Boot-Fahrer, doch die Augen leuchten wie einst, als wir im harten Artilleriekampf mit dem Gegner standen. Ich führe die braven Kameraden ins Zimmer, sie bauen sich in einer Reihe vor mir auf — eisige Stille — das Herz fängt weh an zu schlagen —

knisternd fällt eine Umhüllung zu Boden — und ungeachtet der gleichzeitig in ganz Deutschland tobenden Revolution schenkt die brave Besatzung ihrem Kommandanten die stolze, siegreiche Flagge: Schwarz, weiß, rot. Kein Wort unterbricht die feierliche Stille, doch ich schäme mich nicht, es zu sagen, Tränen flossen aus den Augen, die unerschrocken jahrelang dem Tode getrotzt hatten.

Das war der Geist, der auf all unseren U-Booten herrschte, jener Frontgeist, aus dem heraus Taten vollbracht wurden, von denen selbst heute noch unsere ehemaligen Gegner mit Hochachtung berichten. Das ist der Geist, der, neu erwacht, Deutschland wieder zur Gleichberechtigung unter den Völkern und zur wirtschaftlichen Gesundung gebracht hat.

Die Flagge von U 101 wurde auf Befehl des Führers am Skagerrak-Gedenktag 1935 mit dem Ehrenkreuz für Frontkämpfer geschmückt und bei der Einweihung des Marine-Ehrenmals in Laboe in die Ehrenhalle zum Gedächtnis für kommende Geschlechter eingebracht.

Der letzte Salut
Von Helmut Lorenz

Beschädigungen durch Wasserbombentreffer zwangen mich, im März 1918 mit meinem UC 48 den neutralen Kriegshafen El Ferrol in Nordwestspanien anzulaufen, um zu reparieren. Auf Druck der Entente wurde ich dort gegen jedes Völkerrecht interniert, zusammen mit UB 23, das hier schon kampfunfähig lag. Anfangs Februar 1919 bekam ich Befehl, beide U-Boote übergabebereit zu machen. Ich sollte sie den Spaniern, diese wollten sie dem Feindbund übergeben. Die verbitterten Wachoffiziere beider Boote schlugen vor, die U-Boote zu versenken. Die Mannschaften standen dahinter. Versenken ging nur außerhalb der Hafenbucht, wo wir 30 Meter Tiefe hatten. Die größte Schwierigkeit bot mein Ehrenwort, Spanisches Hoheitsgebiet nicht zu verlassen. Daher mußte ich die Boote innerhalb der Spanischen Hoheitsgewässer versenken und benötigte hierbei spanischer Zeugen. Niemals hatte ich glücklicherweise mein Ehrenwort geben müssen, die Boote nicht zu zerstören oder zu versenken.

Ganz unmöglich schien es mir, am Tage aus diesem befestigten Hafen auszulaufen. Am 13. März 1919 hörte ich, daß für das Hafengebiet eine gewisse Alarmstufe befohlen war. Gegen 1 Uhr mittags teilte mir der Hafen-Admiral unfreundlich und kalt mit: beide Boote sollten sofort ins Dock, in dem das Wasser abgelassen würde. Um den Admiral herum standen 30 bis 40 Offiziere und Zuschauer. Ich bestieg den Kommandoturm von UC 48 und ließ UB 23 neben uns festmachen. Kurz entschlossen kommandierte ich: „Hart Backbord!" gehe höhere Fahrt und verlasse das Hafenbecken, UB 23 neben mir im Schlepp. Trotz aller Gefahr stehen die braven Besatzungen hinter mir.

Wilde Erregung bei den Spaniern. Ich muß äußerste Kraft laufen — die schlechten Schleppleinen brechen —, UB 23 bleibt hilflos im inneren Hafenbecken liegen. Die Besatzung des Bootes ist nur mit Gewalt herunterzuholen. Bei diesem Ringen stürzt Oberheizer Heyse ins Wasser. — Mit rauschender Fahrt braust UC 48 15 Meter am Kriegsschiff „Rio de la Plata" vorbei. Auf der Heckgalerie ein kleiner dicker Kapitänleutnant —, er kann nicht schnell genug die Wache zu Ehrenbezeugungen auf die Beine bringen! — An der inneren Hafenmole verdöste Posten unter Gewehr. — UC 48 durchfurcht nun die große Hafenbucht. Hinter uns heulen Sirenen, auf „Rio de la Plata" gellen Hörner: Alarm! Der kleine Kreuzer an Backbord kann uns nichts tun, da bald ein größerer Dampfer vor seiner Schußlinie liegt. Gefährlicher wird die Vorbeifahrt an den modernen Schlachtschiffen „Alfons XIII." und „Espana". — Fischerboote kommen uns von draußen her im Schwarm entgegen. Zwei bohren wir bei unserer wilden Fahrt in den Grund. Spanische Flüche umschwirren uns. — Jetzt ein Kanonenschuß. Blind. Die beiden Schlachtschiffe halten das wohl für den Beginn eines Saluts für die deutsche Flagge, sie machen Ehrenbezeugungen und blasen mit Hörnern die Wache an Deck. — Jetzt der zweite Schuß von „Rio de la Plata". Die 15er Granate fährt zwischen die Fischerboote und erntet: „Carambas!" und „Caranchos!" Drüben an Land sehen Menschenmassen wild gestikulierend und schreiend.

Da kommt Torpedoboot T 41 durch die Hafeneinfahrt zurück. Es läßt sich nicht täuschen, dreht auf und verfolgt uns, hat jedoch innerhalb der vielen Fischerboote schweres Manövrieren. Die großen Schiffe können nicht feuern, weil uns T 41 zu dicht auf den Fersen ist. Es kommt näher, macht klar Schiff zum Gefecht! Wir müssen jetzt im Bereich der Batterien aus den Bergen und der Forts fahren, dazu in der schlauchartigen Hafeneinfahrt bei wilder Strömung. Fort La Palma dippt plötzlich die rot-gelbe vor der Schwarz-weiß-roten Kriegsflagge. Das Fort an Steuerbord ahmt dies nach. Die übrigen Forts schweigen. Außerhalb des Hafens erreiche ich die Stelle mit 30 Meter Wassertiefe ganz kurz vor T 41. Ich stoppe im toten Winkel der Batterien. T 41 setzt ein Boot aus, holt meinen Wachoffizier Wolters an Bord. Stolz glaubt der Kommandant die Flucht von UC 48 verhindert zu haben. Als Wolters ihn höflich fragt, ob wir uns innerhalb des spanischen Hoheitsgebietes befinden, muß er zustimmen. „Ich habe Auftrag vom Kommandanten UC 48, Ihnen mitzuteilen, daß UC 48 hier versenkt wird!" Wolters hebt die Hand. Auf dieses Zeichen hin lasse ich die Ventile öffnen. Kommandant T 41 Schickt in wilder Wut ein Boot mit bewaffneter Mannschaft und läßt feuern. Die Fahrzeuge schlingern wild im hohen Seegang. UC 48 will nicht sinken, da die See es dauernd hochwirft. Mannschaft steht an Deck. Ingenieur-Aspirant Voß klettert unter Einsatz seines Lebens noch einmal ins Boot herab, reißt weitere Ventile auf. Die Spanier wollen trotzdem das Boot entern. Um einen Kampf Mann gegen Mann zu vermeiden, gebe ich Befehl: „Alle Mann aus dem Schiff!" Die Leute tragen sämtlich Schwimmwesten, doch das Wasser ist eiskalt, es setzt starken, verschiedenartigen Strom. Wir treiben schnell auseinander. Schließlich werden wir aber gerettet, — zuletzt auch ich. Ein Spanischer Unteroffizier setzt mir zwar zunächst einen Revolver an die Stirn, zieht mich aber kurz darauf ganz freundschaftlich in das

Boot, gerade in dem Augenblick, da UC 48 mit wehender Flagge über das Heck versinkt. Die Spanier heben die Hand an die Mütze. Auf Druck der Franzofen wurden wir 8 Monate in Spanien in Haft gesetzt. Eines Tages traf die Kunde ein von der Versenkung der deutschen Hochseeflotte mit wehenden Toppflagen in der Bucht von Scapa Flow. Eine größere Rechtfertigung für unsere Tat konnte es nicht geben Ihr Kameraden: Wolters, Winkelmann, Voß, Rügge, Kerbel, Ullrich, Oppermann!... Mit Wehmut gedenken wir jener deutschen Soldaten, die bei der Versenkung von UC 48 ihr Leben opferten, des Oberheizers Harry Heyse von UB 23 und des Oberheizers Karl Hartling von UC 48, die nach Treiben im eiskalten Wasser an Lungenentzündung starben. Beide gehören mit zu den ersten Kämpfern, die in der hoffnungslosen Lage Deutschlands für die nationale Erhebung ihr Leben hingaben.

Der deutsche Frontsoldat hat seine Pflicht im Kriege voll erfüllt. Auch der deutsche U-Bootfahrer stand bis zuletzt am Feind. Seine Leistung und Wichtigkeit war so groß, daß Versailles uns die U-Boote nahm.

Man kann wohl Schiffe vernichten, Waffen untersagen, aber Geist läßt sich nicht zwingen!

In den Jahren unserer Wehrlosigkeit erfuhren wir, daß Mannschaft mehr ist als zufälliges Schicksal. So mußten unter den Männern, die Deutschland nicht aufgaben, viele aus der Mannschaft des großen Krieges sein. Unter ihnen standen die alten U-Boot-Kämpfer.

Der Führer gab uns Ehre und Waffe zurück.

So galten deutsche U-Boote wieder Wache, die friedliche Arbeit des Volkes zu schützen.

Unsere Mitarbeiter

Karl Acksel, geb. 1896, Monteur, 1914 Kapitulant S. M. S. „Prinz Heinrich", „Amazone", „Seydlitz", Maschinistenmaat, UC 26. Einziger Überlebender UC 26. Engl. Gefangenschaft 1916—19, 1920 Monteur. 1921 Elektro-Meister. SA-Mann, Gastwirt, 1937 Angestellter der Luftwaffe.

Hero L. Akkermann, 1914—18 auf verschiedenen U-Booten, Lehrer an der U-Schule Eckernförde, Leiter eines Sonderkommandos in Reval.

Lothar v. Arnauld de la Perière, geb. 1886, 1903 Seekadett, 1914 Kapitänleutnant, Adjutant des Admiralstabschefs, 1915 U-Boot-Schule. Kommandant U 35. Landet 1916 in Spanien, Pour le mérite, 1917 Bild des Kaisers, 1918 Kommandant U 139. Insgesamt höchste Tonnageziffer fast $^1/_2$ Million Tonnen. Auf einer Fahrt allein einmal 91000 Tonnen, 54 Schiffe. Insgesamt 200 Schiffe versenkt. 1919 Kommandeur des Sturm-Bataillons der 3. Marine-Brigade (v. Löwenfeld), als Kriegsverbrecher verfolgt. 1922 Korvettenkapitän auf „Hannover", 1925 auf „Elfaß", 1926 Admiralstabsoffizier der Marine-Station der Nordsee, 1928 Kommandant der „Emden", 1930 Kapitän zur See. 1930 Vorsitzender des Erprobungsausschusses für Schiffsneubauten, 1931 Abschied. In türkischen Diensten. 1937 Konteradmiral.

Curt Beitzen, geb. 1885, 1904 Seekadett, 1914 S. M. S. „Thüringen", 1915—18 Kommandant UB 24, U 75, U 98, U 102, versenkt Juni 1916 H. M. S. „Hampshire" mit Minen. Eisernes Kreuz 1. Kl., September 1918 letzte Ausfahrt. Seitdem verschollen mit U 102.

I. Claus Boldt, geb. 1895, 1914 Leutnant zur See, S. M. S. „Großer Kurfürst", 1918 Wachoffizier U 86. Oberleutnant zur See, Eisernes Kreuz 1. Klasse. Mai 1921 in Ketten zum Reichsgericht geschleppt, wegen „Kriegsverbrechens" unschuldig zu 4 Jahren Gefängnis verurteilt, flieht am 17. November 1921 abenteuerlich ins Ausland. Steckbrief. Im Wiederaufnahmeverfahren 1926 freigesprochen. Kaufmann in

Südamerika. Stirbt am 26. Februar 1931 durch Unfall in Cali (Kolumbien).

Friedrich Christiansen, geb. 1879, Kapitän, Flieger, 1914 Bootsmannsmaat d. R., 1918 Kapitänleutnant d. R., erfolgreichster Seeflieger. Versenkt U-Boote, pour le mérite und mehrere Rettungsmedaillen. 1920—30 Kapitän der Handelsmarine, 1930 Kommandant des Flugschiffes Do X, 1933 Ministerialrat, Fliegerkommodore, 1935 Kommandeur der Fliegerschulen, 1936 Generalmajor.

Karl Dönitz, 1910 Seekadett, 1914—18 Wachoffizier und Kommandant auf U-Booten. Eisernes Kreuz 1. Klasse, Oberleutnant zur See. 1918 engl. Gefangenschaft. 1935 Kapitän zur See. 1937 Führer der Untersee-Boote.

Josef Eichberger, geb. 1897, Mechaniker, November 1917 auf U 139 bis November 1918. Seit 1922 Bez.-Monteur, 1934 Elektromeister.

Hans Fechter, geb. 1885, 1905 Eintritt in die Marine, 1914— 17 Leitender Ingenieur U 35. Hausorden von Hohenzollern. 1917—18 Leitender Ingenieur U 139. 1921—25 Referent in der Marineleitung, 1925—28 Leitender Ingenieur Kreuzer „Emden". 1931—33 Stationsing. beim Kommando der Marinestation der Nordsee. 1933—35 Flottening. 1935 Inspekteur der Schiffsmaschinen-Inspektion. Konteradmiral (Ing.).

Walter Forstmann, geb. 1883, 1900 Seekadett, Rettungsmedaille. Kommandant U 11, 1911 Kapitänleutnant, 1912 Roter Adlerorden, 1914 Kommandant U 12, 1916 Pour le mérite, 1917 Kaiserbild, Chef der III. U-Flottille. Zweiterfolgreichster Kommandant, fast 400000 Tonnen versenkt. 1919 Korvettenkapitän a. D., 1922 Dr. rer. pol., Direktor in der Schwerindustrie. Goldenes Sportabzeichen.

Carl-Siegfried Ritter v. Georg, geb. 1886, 1905 Seekadett, 1914—16 S. M. S. „Kolberg", S. M. S. „Regensburg", 1916

Kapitänleutnant, Kommandant U 57, versenkt engl. Kl. Kreuzer, 1917 Kommandant U 101, 1918 Pour le mérite, Max-Josef-Orden. Kommandant U 148, 1919—20 Marine-Brigade von Löwenfeld. Als „Kriegsverbrecher" angeklagt, 1923 freigesprochen. 1920 Abschied. Kaufmann. Vorstandsmitglied eines großen Autowerkes.

August Haiungs, geb. 1891,1913 Matrose. 1915—18 U 35. 1918 U 139. 1936 Barkassenführer.

Otto Hersing, geb. 1885, 1903 Seekadett, 1914 Kommandant U 21, gibt den ersten scharfen U-Boot-Torpedoschuß der Weltgeschichte ab. Versenkt am 5. 9. 1914 den engl. Kreuzer „Pathfinder" als erstes feindl. Kriegsschiff. 1915 Kapitänleutnant, versenkt vor den Dardanellen die engl. Linienschiffe „Triumph" und „Majestic". Pour le mérite. Die in unserem Buch enthaltenen Erlebnisse hat er mit vielen anderen in seinem Buch „U 21 rettet die Dardanellen" (Wien 1932, Amalthea-Verlag) beschrieben. 1916 versenkte er den franz. Panzerkreuzer „Admiral Charner", 1918 Halbflottillenchef, 1919 Riga, 1920 Reichsmarine, 1922 Korvettenkapitän, 1924 Abschied, Landwirt.

Wilhelm Jonas, geb. 1892, Schlosser. 1910 Masch.-Assistent. 1915 S. M. S. „Frankfurt". 1916 U-Schule. 1917—18 U 39, UC 22, UC 37. Ober-Maschinistenmaat, Techn. Nr. 1. Eisernes Kreuz 1. Klasse. 1937 SA-Verwaltungs-Oberscharführer.

Paul König, geb. 1867, Kapitän der Handelsmarine, 1914 Kapitänleutnant d. R. 1916 Führer des Handels-U-Bootes „Deutschland" aus zwei Amerika-Reisen. Dr. h. c. Eisernes Kreuz 1. Klasse. 1917 Führer einer Sperrbrechergruppe. 1919—31 Abteilungsleiter im Norddeutschen Lloyd. Stirbt am 8. August 1933 und ruht in Gnadau.

Otto Krüger, geb. 1887, 1906 Schiffsjunge. 1914 Ober-Steuermaat. 1915 U 46, U 64. Beim Untergang U 64 in

Gefangenschaft. 1918—19. 1920 Minensuchboote M 2 und M 82. 1933 Marineangestellter.

Arthur Lange, geb. 1884, 1903 Eintritt in Marine, 1912 U-Boot-Lehrgang. 1913—17 Leitender Ingenieur U 10, U 47, U 84. 1918 II. Flottillen-Ing. beim Stabe der IV. U-Boot-Flottille, Eisernes Kreuz 1. Klasse, 1919 Halbflottillen-Ing. beim Stabe der X. Nordsee-Minensuch-Halbflottille. November 1919 ausgeschieden. Seitdem in der Textilindustrie.

Werner v. Langsdorff, geb. 1899, Kriegsfreiwilliger, verwundet, Eisernes Kreuz 1. Klasse, Leutnant, Flugzeugführer, Dipl.-Ing., Dr. Ing., Teilnehmer an vielen Flugwettbewerben, Erstlingsflügen, internationalen Spitzenleistungen. Weitgehende völkische Aufklärungs- und Kampftätigkeit seit Kriegsende. SA-Sturmführer, Versammlungsredner, Führer des N.S.-Fliegerkorps, Dr. Ing. habil., Professor für Flugtechnik an der Technischen Hochschule Karlsruhe.

Helmut Lorenz, geb. 1889, Seekadett 1909, 1916 U-Flottille Flandern, 1916—19 Kommandant UC 14, UB 10, UC 48, 1918—20 spanische Gefangenschaft, Kapitänleutnant, Eisernes Kreuz 1. Kl., Rettungsmedaille am Bande, 1920—25 Kaufmann, 1925—37 Schriftsteller, 1930 SS-Führer, 1932 Stabsführer, SS-Sturmbannführer.

Hans v. Mellenthin, geb. 1887, 1906 Seekadett, 1914 Kommandant des türkischen Torpedokreuzers „Berk-i-Satwet". Auf Schiff, dessen Achterteil durch Minentreffer weggerissen, nach Konstantinopel zurück. 1915 Torpedoboot-Kommandant, erfolgreich im Dardanellenkampf. 1916 Kapitänleutnant Kommandant UB 11, UB 43, 1917 UB 49. Mit havariertem Boot in Spanien, dort geflohen. 1918 Pour le mérite, Kommandant U 120. 1919—20 Marine-Brigade von Löwenfeld. 1920—37 Kaufmann in Südamerika.

Karl Pickert, geb. 1890, 1909 Matrose S. M. S. „Brandenburg", 1915 U-Deutschland, 1919 Rhein-Schiffsführer, 1927—37 Kapitän eines Ruhrschiffes.

Sigismund Prinz v. Preußen, 1914 Kriegsfreiwilliger, I. Matrosen-Artillerie-Abt., 1914—17 Flotte, 1918 Wachoffizier U 35 und UB 49. Eisernes Kreuz 1. Klasse. Nach dem Krieg in den Tropen.

Wilhelm Reinhard, geb. 1894, 1912 Marine-Ing.-Anwärter. 1913 S. M. S. „Rheinland", 1914—15 S. M. S. „Westfalen", 1916 Marine-Ing.-Aspirant. Leitender Ing. UB 22 und U 71. Eisernes Kreuz 1. Klasse. 1919 Freikorps. 1920—34 Oberingenieur in der Industrie. „Viele „Vortrage über U-Boot-Wesen. 1934 Kapitänleutnant (Ing. E), 1936 Korvettenkapitän (Ing. E).

Hans Rose, geb. 1885,1903 Seekadett, 1914 Kapitänleutnant, Torpedoboot-Kommandant, 1915 U-Boot-Schule, Kommandant U 2, 1916 Lehrer an der U-Boot-Schule. April 1916 Kommandant U 53, fährt im September 1916 nach Amerika, landet in Newport, fährt ohne Betriebsstoffergänzung zurück. Erfolgreich im Handelskrieg. 1917 Kaiserbild. Dezember 1917 Pour le mérite, 1918 Admiralstabsoffizier im Stab des Befehlshabers der U-Boote, November 1918 Korvettenkapitän a. D., 1923 bei Ruhreinbruch durch Belgier gefangen, Abteilungsleiter in der Industrie, Sturmführer.

Ernst Rosenthal, geb. 1894, Sechseinhalb Jahre auf Segelschiffen gefahren. 1914 abenteuerliche Heimkehr aus Südamerika. 1915 U-Boot-Lehrabteilung. 1916—18 U 64. Januar 1918 durch Torpedo linken Unterarm verloren. Eisernes Kreuz 1. Klasse, Silbernes Verwundeten-Abzeichen. 1919 Reichsbeamter. Dirigierender Oberbeamter im Versicherungswesen. 1924—37 Nautischer Sachbearbeiter in Schiffahrtsgesellschaft, Leiter von Bergungsaktionen.

Emil Ruf, geb. 1894, Schlosser, 1914 U-Boot-Waffe, 1915 bis Dezember 1918 auf U 35. Eisernes Kreuz 1. Klasse. 1919—30 Reichsbahnschlosser. 1930—34 arbeitslos. 1935 Feldhüter.

Alfred Saalwächter, 1901 Seekadett, 1916—18 Kommandant U 25, U 46, U 94, 1. Admiralstabsoffizier beim Befehlshaber der U-Boote, Hausorden von Hohenzollern, 1926—28 Kommandant Kreuzer „Amazone" und „Schlesien", 1928—30 Chef des Stabes der Flotte, 1933—37 Inspekteur des Bildungswesens der Marine, Vizeadmiral.

Reinhold Saltzwedel, geb. 1889, 1909 Seekadett, 1914 S. M. S. „Kaiser", 1915—17 Oberleutnant zur See, Kommandant UB 10, UC 10, UB 17, UC 11, UC 21, UC 71, UB 81. Pour le mérite August 1917. UB 81 läuft am 2. Dezember 1917 im Englischen Kanal aus eine Mine und sinkt, Reinhold Saltzwedel fällt.

Alfred Schirmer, geb. 1892, 1909 Eintritt in die Marine. 1914—18 Leitender Ingenieur UB 1, UC 7, UB 19, U 22. Eisernes Kreuz 1. Klasse. 1919—37 II. Marinebrigade, Küstenabwehrabt. VI, Schiffsstammdivision der Nordsee, Linienschiff „Braunschweig", R. W. M., Verbands-Ing.-Offizier, Stabsoffizier, Infpektions-Ing., Stations-Ing., Kommandeur der Marineschule Wesermünde, Kapitän zur See (Ing.).

Bruno Schmidt, geb. 1888, 1906 Ing.-Anwärter. 1916 S. M. S. „Hessen", Skagerrakschlacht, 1917 Leitender 3ngen(eur U 110, 1918 engl. Gefangenschaft. 1920 Abschied. Eisernes Kreuz 1. Klasse. 1921 Dipl.-Ing. 1922 Abteilungsleiter, 1923 techn. Leiter, 1925 Geschäftsführer, 1930 Generalvertreter, 1933 Dr. Ing.

Rudi Schneider, geb. 1882, 1901 Seekadett, Rettungsmedaille als Leutnant zur See, Juni 1914 U-Boot-Waffe, Kapitänleutnant, Kommandant U 24. Versenkt das englische Schlachtschiff „Formidable" (erster Unterwasser-Nachtangriff!), zerstört Benzolfabrik Harrington. Hausorden von Hohenzollern. Wird am 13. Oktober 1917 in der nördlichen

Nordsee im Sturm von Schwerer See über Bord gerissen. Auf See zwischen Shetlands-Inseln und Norwegen bestattet.

Karl Schön, 1904 Marine-Ing.-Anwärter. 1912 U-Boot-Kursus. 1913 Leitender Ingenieur U 9, 1915—17 U 70, Flottillening., Marine-Oberingenieur, Eisernes Kreuz 1. Klasse. Seit 1919 selbständiger Kaufmann.

Gustav Schultz, geb. 1885, 1902 Eintritt in die Marine, 1914—18 Steuermann auf U 4, U 17, U 52, Eisernes Kreuz 1. Kl., Leutnant z. S., 1919—21 Kommandant von Minensuchern, 1921—37 Lotse.

Otto Schulde, geb. 1884, 1900 Seekadett. 1914 S. M. S. „König". 1915 U-Boot-Schule. Ende 1915 Kommandant U 4, 1916 Kommandant U 63. Versenkt den englischen Kreuzer „Falmouth". 1917 1. Admiralstabsoffizier beim Befehlshaber der deutschen U-Boote im Mittelmeer, 1918 Korvettenkapitän, Chef der 1. U-Boot-Flottille im Mittelmeer. pour le mérite. 1924—27 Kommandeur der III. Marine-Artillerie-Abteilung. 1927 bis 1929 Kommandant „Elsaß". 1930 Konteradmiral, Inspekteur des Bildungswesens. 1933 Chef der Marinestation der Nordsee. 1934 Vizeadmiral. 1936 Admiral.

Johannes Schwabe, geb. 1895, Schlosser, 1914 Maschinistenanwärter U 8. 1914—16 U 33, 1916—18 UB 48. 1918—19 in Spanien krankheitshalber interniert. F.-T.-Obermaat. Eisernes Kreuz 1. Klaffe. 1924 Werkmeister, Betriebsleiter, 1930—37 Hausmeister.

Walther Schwieger, geb. 1885, 1903 Seekadett, 1914 Kommandant U 14, Dezember 1914—16 Kapitänleutnant, Kommandant U 20. Versenkt 1915 den englischen Hilfskreuzer „Lusitania". 1917 Kommandant U 88. Juli 1917 Pour le mérite. 190000 Tonnen versenkt, Am 6. September 1917 lief U 88 in der Nordsee auf eine Mine und sank mit der ganzen Besatzung.

Otto Steinbrinck, geb. 1888, 1907 Seekadett, 1911 Leutnant zur See, U-Boot-Waffe, 1914 Kommandant UB 10, UB 18 in Flandern. März 1916 Pour le mérite, 1917 Kommandant UC 65, Kapitänleutnant. Versenkt englischen Kreuzer „Ariadne", 1918 Kommandant UB 57, April 1918 Admiralstabsoffizier im Stab des Führers der U-Boote Flandern. Steht mit 24 Fernfahrten und 216 versenkten Schiffen an der Spitze. Mit 230000 Tonnen erfolgreichster Flandern-Kommandant. November 1919 Abschied. Vorstandsmitglied in der Schwerindustrie. SS-Standartenführer.

Philipp Streng, 1909 Eintritt in die Marine, Torpedolaufbahn, 1914 S. M. S. „Elsaß". 1916—18 Leitender Ingenieur auf UC 23, UC 66, UB 73. September 1917 besondere Belobigung wegen Rettungshilfe bei Torpedoexplosion auf U 72 in der Werft (7 Menschen aus gesunkenem Boot befreit). Eisernes Kreuz 1. Klase. Marine-Ingenieur, Marine-Brigade von Löwenfeld, 1936 Major (E) der Luftwaffe.

Erwin de Terra, 1912 Seekadett. Im Krieg Wachoffizier auf U 35, Eisernes Kreuz 1. Klasse, Oberleutnant zur See a. D., Kaufmann.

Hans Walther, geb. 1883, 1902 Seekadett, 1913 Lehrer an der U-Boot-Schule, Kommandant U 3, 1914 Torpedooffizier S. M. S. „Augsburg", 1915 U 9, Kommandant U 17, 1916 Kommandant U 52. Versenkte 1916 englischen Kleinen Kreuzer „Nottingham", französisches Linienschiff „Suffren", 1917 englisches U-Boot C 34. Pour le mérite. 1917 Chef U-Boot-Flottille Flandern I, 1921 Korvettenkapitän, 1929 Kapitän zur See a. D., Führer des Verbandes der Unterseeboot-Kameradschaften, 1936 Kapitän zur See (E).

Otto Weddigen, geb. 1880, 1901 Seekadett, Rettungsmedaille, 1908 U-Boot-Ausbildung, 1909—10 Wach-Offizier auf U 1, U 2, U 4. 1910 Kommandant U 4, U 3, 1912 Kapitänleutnant. U 9 versenkt 1914 die englischen Panzerkreuzer „Aboukir", „Hogue", „Cressy" und „Hawke". Pour le mérite als erster Seeoffizier im Weltkrieg. 1915 Kommandant U 29. Sinkt mit ganzer Besatzung nach englischem Rammstoß am 26. März 1915.

Bernd Wegener, geb. 1884, 1903 Seekadett, 1914 Kapitänleutnant, Kommandant U 27. November 1914 Eisernes Kreuz 1. Klasse. Versenkt englisches U-Boot E 3 und Flugzeugmutterschiff „Hermes". Letzte Ausfahrt am 1. August 1915 zur Westküste Englands. Versenkt einen englischen Kleinen Kreuzer, einen Truppentransporter und 12 Dampfer. Am 14. August 1915 wird U 27 durch die englische U-Boot-Falle „Baralong", die mit amerikanischen Abzeichen und Flagge fährt, aus dem Hinterhalt versenkt. Die Überlebenden, darunter der Kommandant, werden schwimmend mit Gewehren weiterbeschossen. Einige retten sich auf den Dampfer „Nicosian", und werden dort von Baralongleuten meuchlings ermordet.

A. Weinreich, geb. 1886, 1900 zur See auf Segelschiffen. 1906 Steuermann, 1908—09 S. M. S. „Königsberg". 1910 Schiffer. Gesundheitsbeamter. 1915—18 UC 8, UB 11, UC 22, UB 68. Eisernes Kreuz 1. Klasse. 1937 Gesundheitsinspektor.

Fritz Werschkull, geb. 1893, 1907 Schiffsjunge. Kahnführer. 1914—18 auf U 35. Eisernes Kreuz 1. Klasse. 1919 Haff- und Flußflottille, Ostpreußisches Freiwilligenkorps, 1920 Reichs-Wasserschutzpolizei. 1930 Seesteuermann für kleine Fahrt- Hauptwachtmeister der Wasserschutzpolizei.

Franz Wodrig, geb. 1891,1910 Seekadett. 1914—16 Seekrieg von Konstantinopel aus. 1916 Führer einer MG.-Abteilung auf Gallipoli. Herbst 1916 Wachoffizier auf U-Booten. Eisernes Kreuz 1. Klasse. Am 25. Dezember 1917 mit ganzer Besatzung U 87 gefallen.

Kurt Zachow, 1913 Ing.-Aspirant, 1914—15 auf Torpedobooten, Oktober 1915 U-Schule. 1916 Leitender

Ingenieur UB 23. Eisernes Kreuz 1. Klasse. 1917—18 Leitender Ingenieur U 151. Marine-Oberingenieur. 1923 Bauer.

Von Werner von Langsdorff erschienen früher im Verlage C. Bertelsmann, Gütersloh:

Flieger am Feind
Einundsiebzig deutsche Luftfahrer erzählen. 26.-30. Tausend. 355 Seiten und 83 dokumentierte Fotos. Leinen 4,40 RM.

Flieger und was sie erleben
Siebenundsiebzig deutsche Luftfahrer erzählen. 11.-20. Tausend. 384 Seiten und 98 dokumentarische Fotos. Leinen 4,40 RM.

Deutsche Flagge über Sand und Palmen
53 Kolonialkrieger erzählen. Mit Geleitworten von General P. v. Lettow-Vorbeck und Reichsstatthalter Ritter v. Epp. 1.-10. Tausend. 380 Seiten und 80 dokumentarische Fotos. Leinen 4,40 RM.

U-Boot im Sturm Bild: R. Nelson

Otto Weddigen

Karl Schön

Bernd Wegener

Walter Forstmann

Rudi Schneider

Walther Schwieger

Otto Hersing

Hans Fechter

Lothar v. Arnauld

August Haiungs

Karl Dönitz

Otto Schultze

Curt Beitzen

Hans Walther

Karl Pickert

Paul König

Hans Rose

Ernst Rosenthal

Arthur Lange

Friedrich Christiansen

Karl Achsel

Alfred Schirmer

Otto Krüger

Wilhelm Reinhard

Otto Steinbrinck

Gustav Schultz

Franz Wodrig

Philipp Streng

Adolf Weintreich

Reinhold Saltzwedel

Kurt Zachow

Erwin de Terra

Fritz Werschkull

Bruno Schmidt

Hero Akkermann

Josef Eichberger

Johannes Schwabe

Sigismund v. Preußen

Wilhelm Jonas

Claus Boldt

Hans v. Mellenthin

Emil Ruf

Carl-Siegfried v. Georg

Helmut Lorenz

U 9 fährt westwärts — Bild: Plang

Tauchen — Bild: F. v. Amelunxe

Unter-Wasser-Fahrt · Bild: W. Schäfer

Auftauchen · Bild: Plange

Deutsche U-Boot-Flottille in Cattaro.   Bild: E. de Terra

U-Kreuzer U 139 unterwegs.   Bild: O. Plate

U-„Deutschlands" erste Heimkehr   Bild: F. Krapohl

U 17 übernimmt Torpedos   Bild: G. Schultz

Im Torpedoraum UB 16 Bild: R. Nelson

U 52 im Schwimmdock Wilhelmshaven Bild: G. Schulz

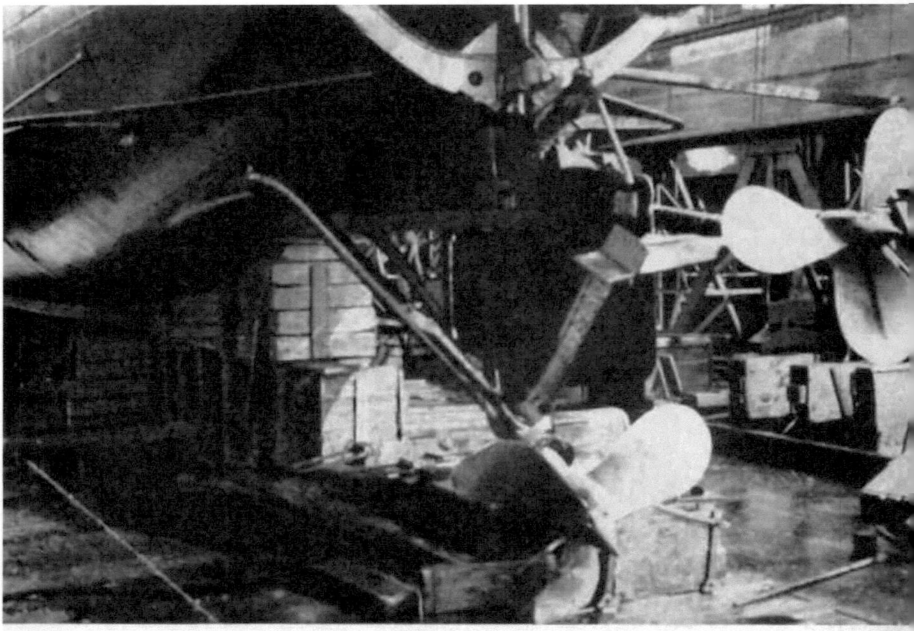

U 22 nach Minenexplosion im Schwimmdock

Bild: A. Schirmer

U 151 gerammt

Bild: R. Zachow

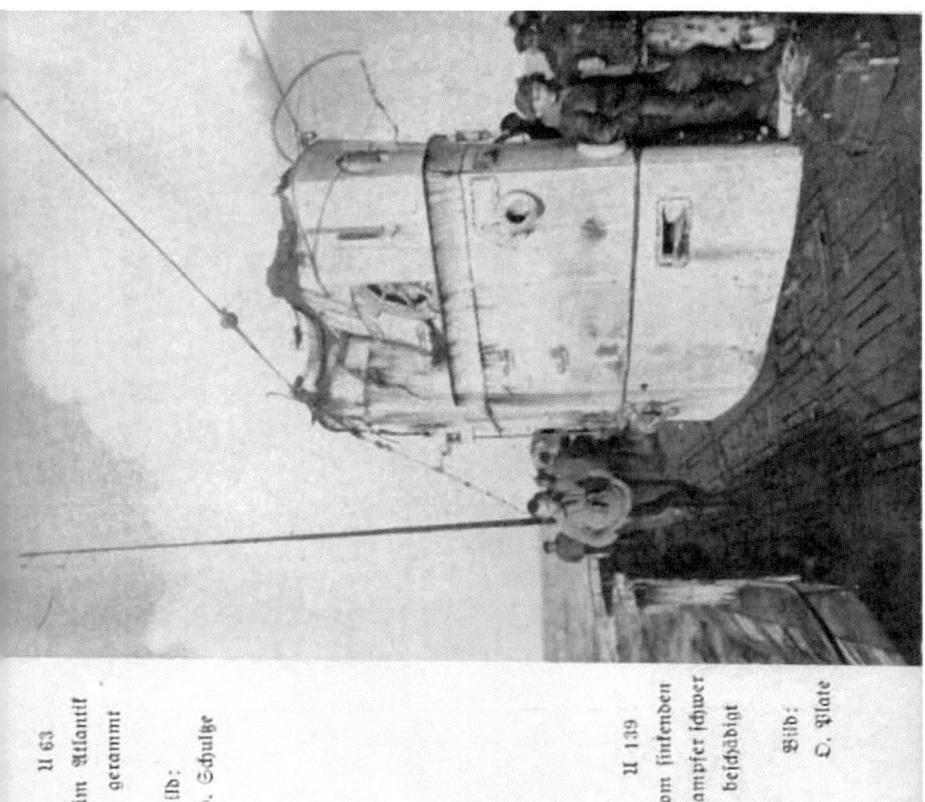

U 63
im Atlantik
gerammt

Bild:
O. Schulze

U 139
vom sinkenden
Dampfer schwer
beschädigt

Bild:
O. Plate

U 30 wird gehoben Bild: A. Kramsta

Bewaffneter Dampfer wird von U 35 angehalten Bild: E. de Terra

D. San Giovanni-Batista sinkt — Bild: R. Timm

D. „Karonga" nach Torpedotreffer — Bild: O. Schultze

Torpedoaufbahn
Bild:
G. de Terra

D. „Attualita"
wird versenkt
Bild:
P. Ritter

D. „Sierra" brennt — Bild: R. Timm

Ein Munitions-Dampfer zerplatzt — Bild: R. Zachow

Ein Segler wird gesprengt   Bild: P. Ritter

Dreimastbark „Acadia" kentert   Bild: G. Schultz

Brausebad auf U 35   Bild: Rohr

Standortbestimmung im Atlantik   Bild: J. Eichberge

Rettungsboote D. „Wentworth" Bild: G. Schultz

U 35 trifft einen Kameraden Bild: E. de Terra

U 52 im Sturm — Bild: G. Schultz

UB 21 im Sturm vor Helgoland — Bild R. Nelson

Achterschiff U 52 bei schlechtem Wetter   Bild: G. Schulz

Eine Mine geht hoch   Bild: G. Schulz

Der Kommandant wird naß
Bild: R. Timm

Sinkender Dampfer
Bild: G. Ruf

Überlebende treiben Bild: J. Eichberger

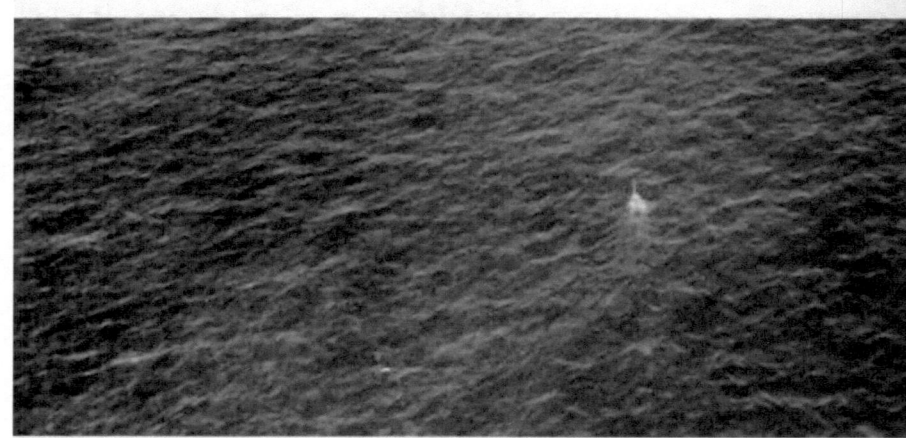

Deutsches U-Boot getaucht. Fliegerbild Bild: W. v. Langsdorff

Deutsches U-Boot über Wasser. Fliegerbild Bild: W. v. Langsdorff

Ausgesperrt — U B 2   Siegreiche Heimkehr

Bilder: R. Nelson

U 35 kehrt siegreich nach Cattaro heim   Bild: E. de Terra